徐京平 著

探索与构建
EXPLORATION AND CONSTRUCTION

新时代中国绿色金融体系
CHINA'S GREEN FINANCIAL SYSTEM IN THE NEW ERA

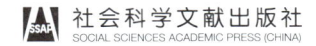

社会科学文献出版社
SOCIAL SCIENCES ACADEMIC PRESS (CHINA)

前　言

绿色金融的核心是将自然资源的存量与人类经济活动造成的自然资源损耗，进行金融资源的优化再分配。绿色金融的发展有利于优化产业结构，有助于推动我国经济的提质增效。同时，构建绿色金融体系还有利于我国金融体系与国际接轨，提高我国在国际金融市场中的地位及核心竞争力。

当前，我国进入了经济结构调整和发展方式转变的关键时期。2021年的中央经济工作会议和政府工作报告均将"做好碳达峰、碳中和工作"列为年度重点任务之一。关于碳达峰和碳中和的重大决策，凸显了我国生态文明建设的战略定力和大国担当，向世界释放了中国坚定走绿色低碳发展道路的信号。实现绿色发展是我国碳达峰和碳中和的必由之路。绿色金融是我国通过绿色发展实现生态文明和美丽中国建设目标的重要抓手，同时也是建立健全绿色低碳循环发展经济体系的重要一环。然而，从实际情况来看，虽然"绿色金融"概念较热，但在具体实践中发展绿色金融困难重重，如绿色金融业务风险较高而收益偏低、信息沟通机制有待完善、金融机构缺乏专业领域的技术识别能力、相关政策不完善等。发展绿色金融是一项系统性工程，需要各种金融机构、金融产品整体性、协同性地推进。同时，发展绿色金融产品和服务也是有序推进绿色金融市场双向开放的重要手段。

本书共分为九章。第一章分析绿色金融的宏观背景与现实基础，第二章研究国外的绿色金融实践，第三章探讨我国绿色金融发展需求、现状与问题，第四章至第八章分别对绿色信贷、绿色债券、绿色基金、绿色保险、碳金融进行专题研究，第九章探讨我国绿色金融体系的构建。

在本书写作过程中，本人借鉴了大量专家学者关于绿色金融的研究成果，在此表示诚挚的感谢。由于本人水平有限，因此在写作过程中难免出现疏漏，恳请广大读者给予指正，以便使本书不断完善。

作者

2021 年 5 月

目 录

第一章　绿色金融的宏观背景与现实基础 ……………………… 1
　　第一节　绿色金融的宏观背景 ………………………………… 1
　　第二节　绿色金融的现实基础 ………………………………… 8

第二章　国外的绿色金融实践 …………………………………… 14
　　第一节　绿色金融体系建设的国际经验 ……………………… 14
　　第二节　国外绿色金融实践与案例研究 ……………………… 17

第三章　我国绿色金融发展需求、现状与问题 ………………… 45
　　第一节　我国绿色金融发展的现实需求 ……………………… 45
　　第二节　我国绿色金融产品的主要构成 ……………………… 50
　　第三节　我国绿色金融发展的重点领域 ……………………… 55
　　第四节　我国绿色金融体系发展的经验和教训 ……………… 60

第四章　绿色信贷 ………………………………………………… 72
　　第一节　绿色信贷的内涵和理论基础 ………………………… 72
　　第二节　我国绿色信贷的发展历程及现状分析 ……………… 88
　　第三节　绿色信贷机制的构建与完善 ………………………… 98

第五章　绿色债券 ………………………………………………… 107
　　第一节　发展绿色债券的国际经验 …………………………… 107
　　第二节　我国绿色债券的发行条件和流程 …………………… 111
　　第三节　我国绿色债券的发展现状 …………………………… 129

1

第六章　绿色基金 ································· 138
第一节　发展绿色基金的国际经验 ····················· 138
第二节　我国绿色基金的发展现状 ····················· 141
第三节　我国绿色基金的发展路径 ····················· 150

第七章　绿色保险 ································· 152
第一节　绿色保险的主要内涵 ························· 152
第二节　我国绿色保险的发展现状与建议 ··············· 161
第三节　我国绿色保险制度的建设 ····················· 165

第八章　碳金融 ··································· 183
第一节　碳金融的特征和功能 ························· 183
第二节　国际碳市场的发展现状与趋势 ················· 186
第三节　碳金融发展的国际协议及制度安排 ············· 193
第四节　我国碳金融市场的发展现状 ··················· 198
第五节　我国碳金融市场体系的构建 ··················· 207

第九章　我国绿色金融体系的构建 ····················· 211
第一节　加强中央政府的规范和引导 ··················· 211
第二节　充分发挥地方政府的扶持和规划作用 ··········· 217
第三节　推进金融机构强化对绿色产业的投融资 ········· 224
第四节　企业的绿色转型 ····························· 230
第五节　消费者绿色消费意识的培育和形成 ············· 237

参考文献 ··· 244

第一章　绿色金融的宏观背景与现实基础

在经济全球化背景下，发展绿色金融是顺应国际金融市场发展趋势、推动我国经济可持续发展的重要要求。随着经济全球化的不断发展，国际社会和各国政府越来越关注经济增长和生态环境的协调发展。在这种背景下，各国纷纷响应联合国发展绿色经济、保护生态环境的号召，绿色金融的概念也由此被提出。各国开创性地将环保因素引入金融活动过程中，通过创新绿色金融产品和绿色金融服务来保护环境，将经济效益和生态环境效益结合起来，以求实现可持续发展的目标。

第一节　绿色金融的宏观背景

一　绿色金融的起源与内涵

（一）绿色金融的起源

1. 国际可持续发展理念的兴起

可持续发展的概念最先在 1972 年瑞典斯德哥尔摩举行的第一届联合国人类环境会议上被正式讨论。该会议通过了《联合国人类环境会议宣言》，确认了全球环境保护 7 点共同看法以及 26 项具体原则。1987 年，世界环境与发展委员会在《我们共同的未来》中提出了可持续发展战略，把"持续发展"定义为"既满足当代人的需要，又不对后代人满足其需要的能力构成危害的发展"。1997 年，日本京都举行的联合国气候变化大会通过了《京都议定书》，确认了减少温室气体排放的三种市场机制——国际排放贸易机制、联合履约机制和清洁发展机制。这三种机制促成了碳排放权交易市场的产生。2009年，联合国气候变化大会在哥本哈根召开，达成了不具法律约束力的《哥本哈根协议》。2015年美国、中国等194个缔约方签署《巴黎协定》，发达国家继续带头减排，并加强对发展中国家的资金、技术和能力建设的支持，帮助减缓和应对气候变化。2017年6月1日美国总统特朗普提出退出《巴黎协定》。

2016年，G20杭州峰会上，中国向其他G20成员发出倡议，推动《巴黎协定》获得普遍接受和早日生效。此外，G20绿色金融研究小组提交了《2017年G20绿色金融综合报告》，指出为支持在环境可持续前提下的全球发展，有必要扩大绿色投融资。

2. 绿色金融的国际起源

绿色金融发端于20世纪70年代的西方发达经济体。1974年，联邦德国便以"生态银行"命名成立了第一家政策性环保银行，专门负责为一般银行不愿接受的环境项目提供优惠贷款。1991年，波兰也成立了环保银行，重点支持促进环保的投资项目。2002年，世界银行下属的国际金融公司联合荷兰银行等几家知名银行召开会议，提出了关于企业社会和环境责任的基本原则。2003年，花旗银行等10家国际性银行接受了"赤道原则"。"赤道原则"要求金融机构在投资项目时综合评估该项目对环境和社会所产生的影响，鼓励金融机构利用金融工具推动环境保护及社会协调发展，强调环境、社会与企业发展目标的统一。

（二）绿色金融的内涵

"绿色金融"的含义最初来源于生态银行。[①] 1988年春，世界上首家以保护生态为目的的银行——德意志联邦共和国金融中心在法兰克福成立。这类银行以促进生物和生态事业发展为目的，由于其主要经营自然和环境保护信贷业务，因此它们又被外界称为绿色银行。

随后，伴随可持续发展概念的提出，金融业的绿色革命悄然来临。

---

① 赵静：《实施绿色金融措施保护环境概论——以英国"绿色金融项目"为例》，《法制与社会》2009年第4期。

第一章 绿色金融的宏观背景与现实基础

1987年,世界环境与发展委员会在《我们共同的未来》中为世界各国的环境政策和发展战略提出了"持续发展"的基本指导原则。1992年,联合国环境与发展大会又发布了《里约环境与发展宣言》和《21世纪议程》等文件,标志着可持续发展从理论走向实际。1994年3月,中国政府为履行联合国环境与发展大会上所做出的承诺,在国务院第十六次常务会议上讨论并通过《中国21世纪议程》,议程要求在社会生活中的各方面贯彻实施可持续发展战略。随着可持续发展战略在广泛领域达成共识,倡导绿色观念也逐渐被人们认可。由于当时与环境保护有关的事物都形象地被冠以"绿色"的字样,如国际上的"绿色经济""绿色人居环境",国内的"绿色消费""绿色食品"等,绿色金融也顺应了这种绿色潮流,被赋予了新的时代内涵。

目前,国外学者对绿色金融进行了多种诠释。Salazar认为,绿色金融连接了金融和环保两大产业,是力求在环境保护中实现经济发展的伟大创新。[1] Cowan指出,绿色金融主要研究的是绿色经济的资金融通问题。[2] Marcel Jeucken在《金融可持续发展与银行业:金融部门与地球的未来》一书中从银行等金融机构与可持续发展的关系出发,指出环境问题给银行带来了机遇与风险,银行应制定与可持续发展相适应的战略。[3] 2000年第四版《美国传统词典》将绿色金融定义为一种营运战略,用来研究金融部门如何通过金融业务的运作及多样化的金融工具,如信贷、保险和证券等,实现环境保护和经济的可持续发展。

国内学者也从多个角度对绿色金融进行了研究。2014年,李晓西等发布的《中国绿色金融报告2014》说明了可持续发展与绿色金融之间的关系:一方面,绿色金融有益于传统产业的绿色改造和现代绿色产业的成长与发展;另一方面,绿色金融又关乎金融业自身营运的绿色特性,将生态

---

[1] Salazar, J., Environmental Finance: Linking Two World. Presented at a Workshop on Financial Innovations for Biodiversity Bratislava, 1998, (1): 2-18.
[2] Cowan, E., Topical Issues in Environmental Finance. Research Paper Was Commissioned by the Asia Branch of the Canadian International Development Agency, 1999, (1): 1-20.
[3] Marcel Jeucken, *Sustainable Finance and Banking*: *The Financial Sector and the Future of the Planet* (London: Earthscan Publications Ltd, 2001).

观念引入金融，促进金融业的可持续发展。代玉簪和郭红玉认为绿色金融的核心要点是通过金融机构的管理政策与业务运作实现环境保护和金融机构的可持续发展，进而实现经济的可持续发展。[①] 刘博从国际实践中形成的产品与服务出发，认为绿色金融涵盖两个方面，一是为有利于环保的企业提供的金融产品和服务，二是与碳交易市场和碳金融相关的产品和服务。[②]

2015年4月23日，中国人民银行发表工作论文《构建中国绿色金融体系》，指出绿色金融体系是通过贷款、私募基金、保险、发债和发行股票等相关金融服务将社会闲置资金有效引领到节能环保、清洁能源、清洁建筑、清洁交通等绿色发展产业的一系列制度、政策安排。2016年，国务院发展研究中心"绿化中国金融体系"课题组在《发展中国绿色金融的逻辑与框架》一文中指出国际上对绿色金融大体有狭义和广义两种定义：狭义定义想要确定特定金融资产有多大比例是"绿色"的，重点在于评估环境状况，确定绿色金融支持的重点行业、重点技术等；广义定义想要确定金融系统在可持续性方面的整体目标，侧重于绿色金融对经济转型、经济稳定和经济增长等方面的影响。

2016年8月31日，中国人民银行等七部委联合发布《关于构建绿色金融体系的指导意见》，将绿色金融定义为应对气候变化、支持环境改善、实现资源节约高效利用的一种经济活动，即对节能、环保、清洁能源、绿色建筑、绿色交通等领域的项目投融资、风险管理、项目运营等所提供的金融服务。该定义明确了绿色金融的服务目标和支持领域，对构建国内绿色金融体系以治理环境污染和支持经济转型有重大指导意义。

概括来看，尽管国内外学者对绿色金融的认识不尽相同，但在绿色金融的目标上基本能达成共识。绿色金融的目标可归纳为两个方面，一是在可持续发展背景下，金融机构通过环境风险与机遇管理实现自身的可持续经营；二是将社会资金引向污染治理和节能减排等绿色产业，促进产业结

---

① 代玉簪、郭红玉：《商业银行绿色金融：国际实践与经验借鉴》，《金融与经济》2015年第1期。
② 刘博：《国外商业银行绿色金融政策及其借鉴》，《现代管理科学》2016年第5期。

构调整，最终实现经济的可持续发展。目前，我国绿色金融侧重于第二个目标。

此外，国际上有许多与绿色金融相近的术语，如可持续金融和环境金融。目前各界对可持续金融、绿色金融以及环境金融这三个概念的区分不是很清楚，对此联合国环境规划署官员亨特先生曾表示，可持续金融是一个平衡环境和社会发展的概念。有学者认为可持续金融主要立足于金融机构，包括两层含义，一是金融机构能够长期有效运营和稳健发展，二是金融机构对可持续发展具有贡献。而绿色金融则主要关注对生态环境的保护，致力于推动金融活动与生态平衡、环境之间的协调健康发展，最终实现经济的可持续健康发展。还有学者认为三者既有相同之处，也有不同的地方。相同之处在于它们都是融资活动机制的安排。不同之处则在于，可持续金融是一个内涵广泛的概念，是由联合国定义的；绿色金融是一个形象的概念，是指所有跟环境保护有关的金融产品和服务；环境金融是一个范围更明确的概念，是指减少排放、环境保护所涉及的相关的产业与事业。

关于绿色金融的定义，目前学术界并没有一个完全统一的认识，而如果参考绿色经济[①]的概念，绿色金融可以表述为以市场为导向，以传统产业金融为基础，以金融、环境的和谐为目的而发展起来的一种新的金融形式，是产业金融为适应人类环保与健康需要而产生并表现出来的一种发展状态。通俗地讲，绿色金融就是指金融业在投融资行为中要注重对生态环境的保护及对环境污染的治理，注重环保产业的发展，通过对社会资源的引导作用，促进经济的可持续发展与生态的协调发展。可见，绿色金融不仅仅是对传统金融的延伸，更是现代金融发展的一个重要趋势。从金融活动的过程来看，它与传统金融一脉相承，但其更加强调维护人类社会的长远利益及长远发展，把经济发展和环境保护协调起来，减少传统金融业的负面效应，促进经济健康有序发展。

---

① 英国经济学家皮尔斯 1989 年出版的《绿色经济蓝皮书》提出"绿色经济"的概念。绿色经济是以市场为导向，以传统产业经济为基础，以经济、环境的和谐为目的而发展起来的一种新的经济形式，是产业经济为适应人类环保与健康需要而产生并表现出来的一种发展状态。

二 绿色金融的国际背景

随着人类社会的发展和生产力的进步，环境保护问题日渐成为世界关注的主要议题之一。发达国家的经济发展经历了"先污染、后治理"的模式。20世纪六七十年代，罗马俱乐部基于对发达国家发展方式的担忧和质疑，深入探讨了关系人类发展前途的人口、资源、粮食和生态环境等一系列根本性问题。1972年，该俱乐部发表了著名研究报告《增长的极限》，提出"地球已经不堪重负，人类正在面临增长极限的挑战，各种资源短缺和环境污染正威胁着人类的继续生存"。"先污染、后治理"的发展模式阻碍了经济的可持续发展，发达国家最终意识到，经济发展要走可持续发展道路。

发达国家推动绿色金融发展，早期主要依靠国际组织和商业机构，它们分别提出了具有代表性的"赤道原则"和"社会责任投资原则"。"赤道原则"由银行机构提出，2003年，花旗银行、巴克莱银行、荷兰银行、西德意志银行等10家国际性银行宣布实行"赤道原则"。随后，汇丰银行、摩根大通、渣打银行等金融机构也宣布接受"赤道原则"。在"赤道原则"的起草中，国际非政府组织发布的《关于金融机构和可持续性的科勒维科什俄宣言》（Collevecchio Declaration，以下简称《宣言》）对其产生了基础性影响，特别是《宣言》中规定金融机构应遵守的六项原则：可持续性、不伤害、负责任、问责度、透明度以及市场和管理。

"社会责任投资原则"主要由商业机构，特别是NPO（Non-Profit Organization，非营利组织）和NGO（Non-Governmental Organization，非政府组织）等社会力量共同推动。欧美等发达国家通过该原则促使被投资商业机构重视自身社会责任，重视商业机构发展与社会发展、环境保护的均衡，这已成为投资领域一个相当流行的趋势。该原则的理念是将传统经济的"成本-收益"分析方法从单纯的经济层面推广到社会和环境层面，权衡社会环境成本与社会环境效益，要求任何投资行为都应该达到经济、社会、环境的三重底线标准，据此做出的投资决策才符合社会责任规范。

通过自下而上的商业机构和社会组织的不断推动，国际社会对于发展绿色金融已形成共识。2015年12月，《联合国气候变化框架公约》近200个缔约方在巴黎气候变化大会上达成《巴黎协定》，为2020年后全球应对气候变化行动做出安排，标志着全球经济活动开始向绿色、低碳、可持续转型。2016年9月6日，在中国的倡议下，G20绿色金融研究小组正式成立，G20峰会发布的《二十国集团领导人杭州峰会公报》首次将绿色金融写入其中。G20绿色金融研究小组发表的《2017年G20绿色金融综合报告》明确了绿色金融的定义、目的和范围，识别了绿色金融面临的挑战，提出了推动全球发展绿色金融的七个选项，成为国际绿色金融领域的指导性文件。2021年，G20主席国意大利将可持续金融和应对气候变化作为重点工作之一，嵌入全球经济风险分析、疫情后经济复苏、金融监管、基础设施融资等多项议题。在G20的推动下，许多国家开始发布支持本国绿色金融或可持续金融发展的政策框架或路线图，许多国家和地区首次发行了绿色债券，各种绿色金融产品不断涌现，全球范围内开始形成发展绿色金融的热潮。

三 绿色金融的国内背景

随着经济的高速发展，经济发展方式面临挑战，产业结构调整迫在眉睫，从而对绿色经济发展提出新的要求。中国经济在过去40多年保持了较高速度的增长，GDP平均增长率接近10%，中国的GDP目前位居世界第二，成为仅次于美国的经济总量大国。截至2020年，GDP达到101.6万亿元，占全球经济比重预计超过17%。人均GDP突破1万美元，这标志着我国向高收入国家又迈进坚实一步。2019年，全国居民人均可支配收入达30733元，比2015年增长39.9%，中等收入群体规模持续扩大。2020年，全国居民人均可支配收入达32189元，比上年增长4.7%。[①] 中国已经由改革开放初期的低收入国家发展为中等偏上收入国家。然而，随着经济的迅猛发展，粗放型的资源消耗出现了爆发式增长，"三高"产业的产能扩张对环境产生了破坏性的影响。有效的环境保护机制并未完全建立，无法有效地遏制环境恶化的趋势，导致污染范围大幅扩大，污染物排放量大幅提高，生态环境迅速恶化，部分地区甚至出现了退化，资源和环境的约束逐

---

① 《中华人民共和国2020年国民经济和社会发展统计公报》，http://www.stats.gov.cn/tjsj/zxfb/202102/t20210227_1814154.html。

渐显现。近年来，雾霾问题、垃圾问题、水污染问题等越发严重，影响范围逐步扩大，有些甚至成为全国性问题。这些问题都是中国粗放型、高消耗型的经济模式发展到一定阶段的必然结果。环境破坏的结果是巨额的环境污染成本。《中国环境经济核算研究报告》显示，近年来环境污染成本占 GDP 的比重始终在 3%左右；《OECD 中国环境绩效评估报告》显示，2020 年中国受环境污染影响造成的损失占 GDP 的 13%左右。

严峻的环境形势迫使中国亟须从资源消耗型经济过渡到资源节约型和环境友好型经济，因此，中国进入了经济结构调整和发展方式转变的关键时期。国务院发展研究中心原副主任刘世锦认为，中国经济正在经历的转型包括经济结构、增长动力和增长色彩转变三层含义。所谓增长色彩转变，是指如果过去是灰色或黑色增长，那么未来将是绿色增长，即以清洁、低碳、低耗为代表的可持续增长。这个调整和转变的核心内容包括发展绿色产业以及改造传统产业。绿色产业，即生产过程中能够统筹环境因素、做到节能减排的产业，在我国以环保新兴产业为主。2010 年发布的《国务院关于加快培育和发展战略性新兴产业的决定》中，将"节能环保、新一代信息技术、生物、高端装备制造、新能源、新材料、新能源汽车"七个产业作为现阶段重点培育对象。对传统产业的改造是将中国大量的、传统的高污染行业，按照可持续发展的方式进行绿色改造。这些行业由于不规范的生产流程而导致对环境影响的潜在成本较高，因此对这些行业进行改造是必须的。例如，中国钢铁生产大省——河北省正在着手准备对其钢铁产业进行重组。另外，各地区在结构调整的过程中也不能忽视技术进步。目前，发展迅猛的互联网技术已把社会改变成信息化社会。因此，在发展过程中，我们需要把绿色发展与科技及文化发展相结合，统筹考虑，使各方互相促进，合理推动社会经济的转型。

第二节 绿色金融的现实基础

一 生态经济可持续发展为绿色金融提供保障

经济的绿色可持续发展使中国的绿色金融市场获得迅速发展。生态经济可持续发展主要是依据马克思主义的基本原理，科学分析当今世界上客观存在的全球性问题，对人类社会发展特别是进入现代化社会之后的世界经济社会全部因素和整个自然因素相互作用的发展进程的具体情况进行分析得出来的。

（一）生态经济学视野下的现代经济社会是一个有机整体

现代经济社会是一个生态经济有机整体，主要由经济社会和自然生态融合而成。由于古代的生产方式落后、生产工具简陋，人类征服和改造自然的能力有限，因而人类对自然过程的干预还保持在一个有限的范围内。自然界可以依靠自身稳定恢复机制自发调节。但是，随着人口的迅速增加、生产力水平的提高和科学技术的进步，人类与自然的关系发生了戏剧性的变化，人类对自然资源进行开发利用，因而人、社会和自然界的依存关系逐渐削弱，经济与地球生态系统的关系日益紧张。越来越多的证据和事实表明，经济发展所必需的一切物质资源归根结底都要来自自然界；人类生存与发展所进行的经济活动和繁衍，总是离不开一定的生态系统，还和一切与物质资料有关的周围的环境存在一个互相平衡和协同发展的问题。

现代生态经济系统是由生态系统和经济系统相互作用而形成的不可分割的统一体。人类必须通过自己的经济活动持续不断地为生态系统输入、输出物质和能量，调整自身的生态经济行为，以增强生态环境的自我更新能力和自然资源的持续供给能力，进而维持生态系统的动态平衡和持续生产力。

现在人类有了更强的生态意识，认清了经济与地球生态系统的内在依存关系。理论与实践都证明，社会越进步，经济越发展，技术越先进，生物圈、技术圈和智慧圈之间就越相互依存、相互融合、相互作用，成为不可分割的经济有机整体。

（二）生态经济协调发展规律是人类社会经济活动所共有的生态经济规律

生态经济系统的运动过程，实际上是一个旧平衡不断被打破和新平衡不断被建立的过程。人的一切经济活动过程都离不开自然生态系统，其是利用特定的自然环境，改善生态条件，使之适应人类生存和发展的需要而进行的。如果离开了生态、经济两个系统的相互作用，就没有生态经济系统及其运动的规律。人类不仅是社会经济系统的主体，而且是自然生态系统的控制者和协调者，推动着生态经济系统按照它本身所固有的规律不断运动、变化，并向前发展。

因此，社会经济系统的社会物质再生产和自然生态系统的自然环境再生产之间相互平衡和协调发展，是生态经济系统进化发展的总体趋势。两种再生产相互平衡和发展的规律是支配生态经济发展全局的规律，也是一切经济社会形态下人类社会经济活动所共有的生态经济规律。

对于这个规律，人类已经清楚地认识到，并进一步合理利用该规律为社会经济发展服务，人类正在把一个朝着恶性循环演变的生态经济系统，建设成一个持续、稳定、协调及适度发展的生态经济系统。社会主义制度不断地为生态经济协调发展规律开辟充分发生作用的广阔道路。

党的十八大提出的"大力推进社会主义生态文明建设，努力建设美丽中国，实现中华民族永续发展"，是中国社会主义经济社会发展的新战略目标，并且，国家把改善人民生活环境、提高人民生活质量规定为经济社会发展的主要奋斗目标。习近平在全国生态环境保护大会上指出，绿色发展是构建高质量现代化经济体系的必然要求，是解决污染问题的根本之策。必须树立和践行绿水青山就是金山银山理念，贯彻创新、协调、绿色、开放、共享的新发展理念。这些标志着中国经济社会发展战略转移到人与自然、社会经济与生态和睦相处、协同发展的轨道上来，为绿色金融的发展奠定了基础。

（三）现代经济发展是社会经济系统和自然生态系统的协调发展

现代经济社会再生产是生态经济系统再生产，既包括物质资料再生产和精神再生产，又包括人类自身再生产和自然生态再生产。人口再生产、物质再生产和精神再生产的物质基础就是自然生态再生产。在生态经济系统中，除了需要自然力的投入，还需要人类劳动的投入，主要是在人的主导作用下，由自然力和人类劳动相结合，共同创造使用价值。这里的关键就在于人工导向的作用力一定要和生态系统相互协调，不能超越生态经济阈的限度。

所谓的现代经济社会再生产过程，实际上就是自然生态过程和社会经济过程相互交织、相互作用的一种生态经济再生产过程，是社会经济系统与自然生态系统不断进行生态耦合、结构整合和功能整合的过程。经济再生产的总需求和生态再生产的总供给的相互平衡、协调发展是生态经济系统再生产实现问题的核心。这种总需求与总供给的严重失衡与极不协调，会进一步导致当代生态经济再生产陷入严重的困境，对人类的生存和发展造成直接的威胁。

二 生态文明建设为绿色金融发展提供新的机遇

随着对绿色金融认识的深入，环境生态保护等逐渐成为党和国家关注的重点。2007年，党的十七大报告首次提出建设生态文明的目标，提出需要以生态文明为基础来协调环境保护与经济社会发展之间的关系。在2011年开始实施的"十二五"规划纲要中，政府也提出了"绿色发展"的概念，明确了"十二五"规划的首要任务是"实现绿色发展，推动绿色革命，创建资源节约型和环境友好型社会，全面降低能耗，减少温室气体排放，促进发展模式由'黑猫'向'绿猫'转型"。在此之后，党的十八大报告首次单独大篇幅论述生态文明，做出"大力推进生态文明建设"的战略决策，将生态文明建设与经济建设、政治建设、文化建设、社会建设相并列，使之成为建设中国特色社会主义总体战略规划中不可缺少的组成部分，报告把中国特色社会主义事业总体布局由原来的"四位一体"拓展为"五位一体"，这是总揽国内外大局、贯彻落实科学发展观的一个新部署。在党的十八届三中全会审议通过的《中共中央关于全面深化改革若干重大问题的决定》中，提出"建设生态文明，必须建立系统完整的生态文明制度体系，实行最严格的源头保护制度、损害赔偿制度、责任追究制度，完善环境治理和生态修复制度，用制度保护生态环境"，明确了需要在耕地保护、水资源管理和环境保护方面建立完善且严格的制度。用制度保护生态环境，这是党的十八届三中全会在生态文明建设方面提出的最重要的一个精神或者说是一条主线。之后，党的十九届四中全会提出，坚持和完善生态文明制度体系，促进人与自然和谐共生。

在党的十八大明确了生态文明建设的战略方向后，一系列政策法规也陆续出台，为中国生态文明建设添砖加瓦。2014年4月，十二届全国人大常委会第八次会议表决通过了修订后的《环境保护法》，并规定于2015年1月1日起施行。新的《环境保护法》从法律层面上体现了经济社会发展与环境保护相协调的环境优先原则，明确了政府、企业和公民三方各自应承担的责任，赋予了负有环境保护监督管理职责的部门一定的权力，提出了信息公开和民众参与的要求，公益诉讼主体范围扩大至环保组织。其较为严格的法律条款及责任承担机制也是我国环保领域法律的一大进步。同时，新的《环境保护法》还引入了"生态保护红线"概念，从地域上明确了"红线"的位置。除此之外，国务院从2013年下半年开始陆续发布涉及产业调整、防治大气污染、规划城市可持续发展及实施节能减排低碳发展等的多项文件[1]，从多个角度逐渐部署生态文明建设的战略，逐步推进各项与环保相关的政策法规出台，逐步完善与环保相关的法律制度。

从具体实践情况来看，由于雾霾等大气污染的治理需求迫在眉睫，未来政府的主推方向将是清洁能源、工业节能、建筑节能、交通节能、终端能效提高等。国务院总理李克强在2014年4月主持召开的国家能源委员会会议上表示，将重点放在清洁能源项目的建设上，开工建设一批与核电、水电、风电、太阳能等清洁能源相关的项目，并加快推进重点领域和单位节能工程的进程。另外，在农村和较偏远地区，政府对开发利用生物质能、太阳能、风能、地热能等新能源和可再生能源也给予一定的支持。同时，政府还引进先进风能技术，实施多项技术示范工程，推动风电的发

---

[1] 《国务院关于加快发展节能环保产业的意见》（国发〔2013〕30号）；《国务院关于化解产能严重过剩矛盾的指导意见》（国发〔2013〕41号）；《国务院关于印发大气污染防治行动计划的通知》（国发〔2013〕37号）；《国务院关于印发全国资源型城市可持续发展规划（2013—2020年）的通知》（国发〔2013〕45号）；《国务院办公厅关于印发2014—2015年节能减排低碳发展行动方案的通知》（国办发〔2014〕23号）；《国务院办公厅关于印发大气污染防治行动计划实施情况考核办法（试行）的通知》（国办发〔2014〕21号）。

展。政府主要通过市场的手段促进风电的发展，例如开展多项十万千瓦级风电场特许权的试点工作。2018年，我国煤电、水电、风电、太阳能发电装机容量居世界第一，核电装机容量居世界第三、在建规模居世界第一，清洁能源发电装机占比提高到40%左右；建设了西气东输、西电东送、北煤南运等重大通道，形成了横跨东西、纵贯南北、覆盖全国、连通海外的能源管网。2020年12月，国务院新闻办公室发布的《新时代的中国能源发展》白皮书指出，党的十八大以来，中国能源生产和利用方式发生重大变革，基本形成了多轮驱动的能源稳定供应体系。能源利用效率显著提高，能源消费结构向清洁低碳加快转变。清洁能源占能源消费总量比重达到23.4%，比2012年提高了8.9个百分点。

对于中国来说，未来几年既是经济社会绿色转型的关键时期，也是生态文明建设的重要时期，同时需要避免转型过程中出现不必要的成本，避免旧问题的反复和新问题的产生。尽力解决环境污染的历史问题，将反映环境程度和经济增长的主要指标的优势结合，以实现环境与经济的双赢。在这个历史的转折时期，经济和社会的绿色发展对金融的需求也将日益增长，绿色金融将成为金融领域未来发展的新趋势。政府可以通过金融的资源配置作用，有效引导金融资源的流向，促进产业结构的调整，加速增长模式的转变，且能够化解产能过剩的问题，减少资源环境的约束。目前，绿色债券政策框架思路初步成形，绿色保险覆盖范围逐渐扩大，绿色信贷实施较早并逐步完善，中国"绿色金融"体系雏形已现。

近年来，人们的生活水平不断提高，对环境与资源的要求也在不断提高，绿色环保理念早已深入人心。绿色环保理念对绿色金融的发展具有重要意义。

第二章 国外的绿色金融实践

2017年的《政府工作报告》首次明确提出要大力发展绿色金融,党的十九大之后,为坚决打好防范金融风险攻坚战,国家相关举措中再次提出要大力推进普惠金融、绿色金融。近几年,我国通过构建机制、创新产品、培育市场等方式有效助推了绿色金融的发展,但总体来看,中国绿色金融仍处于起步阶段,构建完善高效的绿色金融体系任重道远。本章从多个角度对多国的绿色金融实践进行研究,以期为我国的绿色金融发展提供有益的经验和启示。

第一节 绿色金融体系建设的国际经验

一 绿色金融相关法律法规相对完善

美国环境立法涉及多领域。1969年,美国国会通过第一部综合性环境成文法《国家环境政策法》,标志着其环境保护由注重治理向注重预防转变、由单一预防污染向保护整体生态系统转变。此后,美国环境立法涉及多层面、多领域,绿色金融制度快速发展。美国在相关制度制定与运用上主要表现为三个特征。一是注重经济、社会多层面问题。1969年通过的《国家环境政策法》明确表示,要不断研究环境质量改善相关问题,并针对问题提出具备针对性的政策建议,不仅要达到保护环境的目的,还要满足国家、社会、经济、卫生及其他多方面的需要。[1] 二是注重金融业环境责任。1980年制定的《超级基金法》明确了银行环境保护相关责任的行动

---

[1] 何建坤主编《国外可再生能源法律译编》,《中华人民共和国可再生能源开发利用促进法》专家建议稿起草小组组织编译,人民法院出版社,2004,第20页。

准则，规定发放贷款的银行应该主动关注贷款企业的生产经营活动，并对贷款企业应该支付的环境治理费用承担相应的责任。[①] 三是注重市场经济导向。1990年修订的《清洁空气法案修正案》对排污权交易制度做出规定，针对有害气体进行总量控制和配额交易，同时使用税收等手段鼓励清洁能源汽车的生产。[②]

日本环保政策涉及多主体。日本环保政策的制定与实施主要由环境省负责，该部门在推进环保政策实施战略目标时，充分发挥政府和民间等各方力量，利用财政预算手段列出需求清单，并对其进行有效管理。2010年，环境省公布《环境与金融：金融部门在建设低碳社会中的新作用》，制定了环境金融行动原则，促进了绿色金融的发展。基于此，2011年10月相关部门发布《21世纪金融行动原则》，研究形成了7条具体的行动原则，并组建了相关组织机构，现阶段已经有170余家金融机构加入并签署了协议。

韩国法规目标更加具体化。2008年9月，韩国政府出台《低碳绿色增长战略》，该战略提出要提高能源使用效率、降低能源消耗量，要从能源消耗量大的粗放式制造经济转向能源消耗量小的服务经济。2030年前，韩国政府和企业将在绿色技术研发领域投入11.5万亿韩元，保证公民能够用得上、用得起能源，其中低收入家庭在能源方面的支出不得超过总收入的1/10。2010年，韩国政府公布《低碳绿色增长基本法》，规定在2020年前，温室气体排放量要减少到排放预计量的30%，同时提出了大量措施以促进低碳绿色经济增长。韩国政府公布了基本法施行令，搭建了绿色经济增长的基本框架，为依法全面推行低碳绿色增长计划提供了思路。[③]

二 绿色金融鼓励措施多样

美国发挥税收政策杠杆作用。1978年，美国联邦政府规定，公司购买

---

① 李妍辉：《美国环境金融的立法与实践》，《法制与经济》2014年第4期。
② 蓝虹：美国绿色金融制度的构建和启示，http://www.cifif.com/Archives/IndexArchives/index/a_id/620.html。
③ 霍成义、刘春华、任小强、刘晓晴：《构建绿色金融体系的国际经验及启示》，《中国经贸导刊》（理论版）2017年第32期。

太阳能和风能设备支付款中前 2000 美元的 30% 和后 8000 美元的 20% 可以从当年应缴纳的所得税中抵扣。1999 年,美国亚利桑那州颁布有关法规,鼓励企业购买再生资源回收及污染控制型设备,并提出对这些企业可以减免 10% 的销售税。①

日本建立环保补助基金制度。一是制定环保型融资利息补助基金制度。2013 年 6 月,为促使各金融机构加大对环保企业的融资支持力度,日本环境协会将提供资金补助支付地球气候变暖设备贷款的部分利息。二是制定低碳设备租赁补贴制度。若可再生能源设备、产业或者业务用设备等低碳化机器设备达到规定的租赁标准,则可对其给予租金总额的 3%~5% 的补贴。②

韩国设立多种绿色环保基金。韩国拥有多家公开上市的基金用于环境社会治理,其中,部分国家退休金基金也可用于社会责任投资。韩国国民银行和政府共同成立了一个资产总额高达 3300 亿韩元的可再生能源私有权益基金,主要用于减少碳排放相关领域的投资,同时推出了利率较低的绿色金融产品。③

三 创新绿色金融产品

美国大力发展绿色保险。近年来,美国不断扩大保险产品的承保范围,新兴的绿色经济发展领域的保险产品品种不断增加。加利福尼亚州消防员基金保险公司发行绿色建筑置换更新险,开启了绿色可持续建筑项目投保新领域。该保险项目可以为客户投资的节约用水、节约住宅用能系统和已有建筑绿色改造升级项目提供相关保险服务,达标的电气系统、室内照明系统、室内节约用水排水系统以及建筑物保温项目均可参与投保,当房屋及其相关系统产生损失时,会有专家对投保客户的建筑进行考察并进行维修。④

---

① 霍成义、刘春华、任小强、刘晓晴:《构建绿色金融体系的国际经验及启示》,《中国经贸导刊》(理论版) 2017 年第 32 期。
② 刘冰欣:《日本绿色金融实践与启示》,《河北金融》2016 年第 10 期。
③ 李瑞红:《绿色金融:全球趋势、韩国实践及我国建议》,《理论与当代》2011 年第 4 期。
④ 王伟舟:《构建我国绿色金融体系的创新路径研究》,《金融经济》2016 年第 12 期。

日本构建绿色金融指数。伦敦证交所旗下的指数研究公司 FTSE Russell 于 2016 年 6 月正式发布了新的绿色营收指数（Green Revenue Indices）。[①] 该指数是世界第一个关注全球经济向绿色转型的指数，它关注企业"绿色营收占总体营收的比例"，向资产管理人、金融分析师和产品经理人提供透明、一致的数据资料，提升对绿色经济有实质贡献的投资标的的能见度，从而引导投资者选择具有促进全球经济可持续发展潜力的企业。

韩国鼓励碳排放权交易。碳排放权交易是环境治理中有效的市场化手段，早在 2010 年 1 月，韩国政府就向联合国提交了减少碳排放的具体目标：截至 2020 年，韩国的温室气体排放量将比基准排放量减少 30%。2010 年 4 月，韩国政府颁布《低碳绿色增长基本法》。2012 年 5 月，韩国国会法制委员会通过了碳排放权交易制度，积极开展建立碳排放权交易市场准备工作。2015 年 1 月，韩国正式设立了碳排放权交易市场并投入使用。[②] 目前韩国碳市场的体量仅次于欧盟碳市场，是世界第二大国家级碳市场。

第二节　国外绿色金融实践与案例研究

一　国外绿色金融实践

（一）政府主导的绿色金融实践

欧盟委员会下设的环境总司和气候行动总司分别负责组织开展委员会层面的环境投资和气候投资工作，以推进欧盟范围内的环境保护和质量提升为目标。在多年的实践中，以上两个部门从政府层面出发，分别开发出了一套系统的绿色投资和监管工具，同时充分地体现了环境、气候因素的重要性，借助专项投资基金、混合投资、项目环境影响评估、政策影响评估等工具，履行了政府在绿色投资过程中的职责。

[①] 霍成义、刘春华、任小强、刘晓晴：《构建绿色金融体系的国际经验及启示》，《中国经贸导刊》（理论版）2017 年第 32 期。

[②] 孙秋枫、张婷婷、李静雅：《韩国碳排放交易制度的发展及对中国的启示》，《武汉大学学报》（哲学社会科学版）2016 年第 2 期。

1. 欧盟委员会环境总司的环境投资

欧盟委员会环境总司（DG ENV）是欧盟制定环境政策以及监督、协调成员国间环保事务的职能部门。该部门致力于保护和改善欧盟内部环境，制定、执行高水平的环境保护政策。作为欧盟环境方面的职能部门，环境总司在区域内的投资环境和气候主流化方面主要扮演两种角色：环境领域的重要投资者以及环境的监管者。为此，欧盟委员会环境总司独立或者与其他总司合作，开发了一系列技术工具以协助履行上述职责。具体地，这些技术工具可分为环境投融资工具和环境监管技术工具。

（1）欧盟委员会环境总司的环境投融资工具

作为区域内的重要投资者，欧盟将大约20%的预算（约1800亿欧元/年）投入了应对气候变化领域。这些预算由多个职能部门参与管理执行，环境总司是其中较为重要的部门之一。同时，欧盟开发了多个投融资工具以进行可持续领域的投资，如欧洲结构和投资基金（ESIF）、欧洲战略投资基金（EFSI）、LIFE计划等。环境总司管理或部分管理了上述投融资工具。

①欧洲结构和投资基金（ESIF）。欧洲结构和投资基金（European Structural and Investment Funds，ESIF）是一系列欧盟政策性基金的总称，由欧盟委员会和欧盟成员国共同管理，包括以下5种基金：欧洲区域发展基金、欧洲社会基金、凝聚基金、欧洲农村发展农业基金以及欧洲海事与渔业基金。一半以上的欧盟资金是通过这5种基金进行投放的。这些基金的主要功能如表2-1所示。

表2-1 欧洲结构和投资基金的主要功能

名称	主要功能
欧洲区域发展基金	促进欧盟各个地区均衡发展
欧洲社会基金	支持欧洲就业相关项目，投资欧洲的人力资本
凝聚基金	支持国民总收入（GNI）低于欧盟平均水平90%的成员国的运输和环境项目
欧洲农村发展农业基金	着力解决欧盟农村问题
欧洲海事与渔业基金	帮助渔民适应渔业可持续发展的方式，促进经济多样化，提高欧洲沿海地区的生活质量

在投资领域方面,环境投资在欧洲结构和投资基金中占有较大的比重,2014~2020年,该基金设置了11个重点支持领域,其中,与环境投资直接相关的包括低碳经济、气候变化适应、风险管理、环境与资源利用效率四个领域,并且在交通、农业、渔业等行业也支持可持续发展的项目。

在管理机制方面,欧洲结构和投资基金是由欧盟国家通过伙伴关系协议管理的。每个国家与欧盟委员会商讨、合作,制定欧洲结构和投资基金的合作协议,并阐明在资金周期中将如何使用这些资金。在伙伴关系协议的框架下,资金将投向相关成员国重点关注的领域。

在具体的金融工具方面,该基金的投资不是简单的财政拨付,而是通过信贷、担保、股权投资(包括风险投资)等方式进行,从而使欧盟的公共资金能取得增值并持续不断地投入支持的领域。

②欧洲战略投资基金(EFSI)。欧洲战略投资基金(European Fund for Strategic Investments,EFSI)是由欧盟与欧洲投资银行(EIB)共同发起成立的,旨在减少欧洲私营部门投资者所面临的投资壁垒,引导更多的私营部门基金投入战略性发展领域,从而提振欧洲经济,促进欧洲的长远发展。

该基金从2015年开始投入运营,欧盟提供160亿欧元的担保资金,欧洲投资银行投入50亿欧元,共计210亿欧元。调动私人资本是欧洲战略投资基金的一个重要特征,在接下来的三年,该笔资金大致能撬动3150亿欧元的私营部门投资,杠杆效应约为1:15。[①]

该基金中由欧洲投资银行投入资金的项目将由该行进行管理,适用该行的信贷流程。而对于由欧盟预算资金提供担保的项目,该基金设有监督委员会负责监督指导,投资委员会负责项目审批,并有专门的经理负责项目的日常事务。

因该基金旨在减少欧洲私营部门的投资壁垒,因此,其倾向于投资那些风险性较高的战略性项目,为私营部门进入战略性发展领域提供担保,提高该领域的投资活跃程度。在已投资的项目当中,纯环境项目金额约占总项目金额的4%,但在投资比例较高的能源领域(21%)、中小企业领域

---

① 王成洋:《欧盟拟祭出3000亿欧元投资计划》,《金融时报》2014年11月26日。

（30%）、研究和创新领域（22%），也有大量与环境保护相关的投资项目。

③LIFE 计划。LIFE 计划是欧盟关于环境与气候行动的融资工具。LIFE 计划的总体目标是通过共同融资项目，促进欧盟环境与气候政策、法律的实施、更新与发展。该计划有明确的支持领域，主要支持环境质量改善、生物多样性保护等环境类项目，以及能效、低碳经济、气候变化适应等以气候为主题的项目。此外，该计划还支持欧盟环境和气候政策与行动计划的贯彻实施。

在管理机制方面，该计划由欧盟委员会环境总司和气候行动总司共同管理，部分工作委托给中小型企业执行机构，并由外部的监管团队协助欧盟委员会进行监督评估。

在具体的金融工具方面，该计划拥有两种形式的投资工具：一种是赠款，主要用于环境和气候方面的能力培养、技术援助等"软"项目，以及相应的运营和采购；另一种是与欧洲投资银行合作成立的、以借贷和股权投资为主的、附以相应技术援助和咨询服务的"混合型"基金，如自然资本融资基金。该计划由欧洲委员会和欧洲投资银行联合设立，由欧洲投资银行负责日常管理，支持绿色建筑、生态补偿、生态系统服务等项目。该计划以借贷和股权投资作为主要的投资手段，其中，以借贷为手段的项目，该计划提供的资金不超过项目总投资的 75%；而以股权投资为手段的项目，该计划提供的投资将不超过项目总投资的 1/3。

（2）欧盟委员会环境总司的环境监管技术工具

环境总司作为欧盟环境事务的政策制定者和监管者，也拥有一系列的技术工具。在政策层面，欧盟在政策制定过程中推行"更好的法规"（Better Regulation）计划，该做法的目的在于使欧盟法律法规的出台是建立在充分的论证和充分的事实依据基础上的，从而保证欧盟法律法规的质量。为了达到这个目的，欧盟政策的出台需进行多方面的评估，环境总司负责的环境评估是其重要的组成部分。在项目层面，环境总司依据欧盟的相关指令，对欧盟内的投资项目和欧洲投资银行项目的环境影响评价进行监督，对未进行环境影响合格评价的项目采取较为严厉的惩罚措施。

①"更好的法规"计划。欧盟是一个区域性的组织，其法规的出台既

要从联盟的整体利益出发,也需要平衡成员国内部、公民、社会、跨国企业、全球治理等多方面、多层次的利益诉求。正因为这个特殊属性,欧盟非常注重其政策和法规是否具备足够的"质量"来回应上述多层次的利益诉求。为此,欧盟出台"更好的法规"计划,旨在使欧盟法律法规的出台是建立在充分的论证和充分的事实依据基础上的,并能得到社会公民和其他利益相关者的支持。

"更好的法规"计划着眼于政策法规多方面的潜在影响,如政治、社会、经济等,而环境在其中受到了极大的关注。如何尽可能地降低新政策、新法规的环境负面影响,并在可能的条件下取得最佳的环境效益,是该计划的重点目标之一。为了实现上述目标,该计划设置了政策制定全周期的评估咨询方法和工具。

在政策的准备和制定阶段,有三种评估咨询方法被采用。一是利益相关方的咨询,其是为了保证所有利益相关意见能够反映给政策制定者。环境作为欧盟公民关注的社会议题,是利益相关方咨询的热点问题之一。二是回溯性的政策评估,通过评估欧盟体系内已出台政策与将出台政策之间的关联度和重叠程度,从而评估新政策出台的必要性,提高政策之间的协调性。这方面最主要的工具被称为政策合适性与绩效评估。三是面向新政策潜在影响的政策评价,该评价的目的是打破部门之间的职能分工隔阂,综合分析政策可能产生的影响。因此,该分析方法常常将环境与政治、经济、社会因素相结合进行评估。

在政策的执行阶段,欧盟的法规存在向成员国国内法规转化的过程,为了保证欧盟法规在成员国得到贯彻,也为了防止成员国法律与欧盟法律之间产生冲突,欧盟在这方面还设置了一套监督和支持的方法。

②环境总司对环境影响评价的监管。根据欧盟 2011/92/EU 号指令(即所谓的《环评指令》),一般的单个项目需要进行环境影响评价。该指令带有两个附录,对于附录Ⅰ的项目,欧盟要求强制执行环评程序;对于附录Ⅱ的项目,则由成员国环境职能部门自行决定是否需要执行环评程序。而对于那些公共计划和规划,根据欧盟 2001/42/EC 号指令(即所谓的《战略环评指令》),则必须进行战略环境影响评价。环评和战略环评

是保证欧盟境内经济活动环境友好型的最基本的工具。

欧盟委员会环境总司作为欧盟环境职能机关，不直接进行环评和战略环评，其职责为监督欧盟境内的项目以及欧洲投资银行包括海外项目在内的所有项目严格执行上述欧盟环境影响评价指令。对于违反这些规定的项目，环境总司依法执行按天计算的严厉处罚措施。

2. 欧盟委员会气候行动总司对外气候投资

欧盟委员会气候行动总司（DG CLIMA）是欧盟负责气候政策、碳排放权交易市场、碳排放监督及相关国际合作的职能部门。该总司的前身为环境总司的气候变化部门，2010年正式独立为欧盟的一个总司。

在政策方面，气候行动总司为欧盟制定和执行兼顾成本与效益的温室气体排放及臭氧层保护政策。此外，该总司还要确保在其他所有欧盟政策中均考虑到气候变化因素，并采取相应措施以降低该地区面对气候变化的脆弱性。

为了实现上述政策目标，欧盟通过投资赠款、支援赠款、利率补贴、风险投资、担保等各类金融工具，利用混合型融资模式来为适应和减缓气候变化项目进行融资，即利用欧盟财政资金撬动金融机构和私营部门的投入。2007~2016年，欧盟通过34.126亿欧元的资金投入，撬动了欧洲境内金融机构248.29亿欧元在气候领域的投资，加上私营部门的投资，总投资额达到了554.09亿欧元，杠杆比例高达1∶16。[①] 此外，欧盟使用欧洲对外投资计划来促进对非洲和欧洲邻近国家在可持续发展目标方面的投资。

（1）混合型融资模式

与中国一样，在经济建设和社会管理的各个层面，欧盟成员国都面临巨大的投资需求，但政府财政资金远远不足以满足这些需求。所以，欧盟各国需要吸引更多的公共和私人资金。在这种情况下，欧盟采取混合型融资模式来进行融资，即将欧盟财政拨款与其他公共或私人部门的贷款或股权投资结合起来，从而达到撬动更多社会资金的目的。

混合型融资模式应用广泛，除了在基础设施、能源这样的大型建设项

---

① 刘援、郑竟、于晓龙：《欧盟环境和气候主流化及其对"一带一路"投融资绿色化的启示》，《环境保护》2019年第5期。

目中被广为采用,还在气候变化融资方面发挥了巨大作用。值得注意的是,欧盟不单单在其境内采用此类融资模式进行气候融资,在气候变化领域的对外投资方面,欧盟也充分利用了该融资模式。目前,针对不同区域的国际合作,欧盟设立了多个平行的投资基金,主要包括欧盟—非洲基础设施信托基金、邻国投资基金、中亚投资基金、拉美投资基金、亚洲投资基金、大洋洲投资基金、加勒比投资基金。

迄今为止,具有气候变化因素的投资项目占到了这些投资基金的62%。自2010年以来,通过这些混合型融资工具,欧盟在气候领域投入了超过6亿欧元的赠款基金,并撬动了相当比例的金融机构和私营部门的投资,实现了较高的杠杆率。如摩洛哥瓦尔扎扎特太阳能电站项目,欧盟通过3000万欧元的赠款实现了8.07亿欧元的投资总额,项目投资杠杆率达到了26.9∶1;又如肯尼亚图尔卡纳湖风电项目,欧盟通过2500万欧元的赠款带动了6.25亿欧元的总投资,杠杆率高达25∶1。[①] 通过类似的混合型融资工具,欧盟实现了对技术援助资金利用效能的最大化。

(2)欧洲对外投资计划

2016年9月欧盟宣布推出欧洲对外投资计划(European External Investment Plan,EIP),目的是鼓励欧洲与非洲国家和邻近国家合作,加强伙伴关系,推动实现联合国可持续发展目标。气候变化是这一计划的重点投资领域之一。

该计划的独特之处为打通了政策对话、技术和投资三个环节,提高了欧盟可持续发展领域的对外投资效率。具体地,该计划设立了三种技术工具,即欧洲可持续发展基金、技术援助以及政策对话。其中,欧洲可持续发展基金向其他欧洲金融机构提供担保,分担它们的投资风险,促进它们为私营部门提供贷款、股权投资等各种金融产品,从而撬动更多私营部门的资金投入该计划的目标领域中去;通过技术援助,欧盟帮助受援国的相关机构或者公司加快高质量项目的开发,从而帮助它们吸引更多私营部门

---

① European Commission. BLENDING:A powerful tool of climate action in EU partner countries,https://unfccc.int/files/focus/mitigation/application/pdf/eu_climate_action_through_blending_6_14.pdf.

的投资；通过政策对话，欧盟与目标国家得以就改善经济治理、营商环境进行沟通，从而减少欧盟私营部门赴当地投资政策层面的壁垒。由此可见，欧洲对外投资计划是协同欧洲可持续发展基金、技术援助和政策对话等不同工具的组合，无论是政策对话、技术援助还是欧洲可持续发展基金，其目标都是一致的，即最大限度地将资金投入目标区域的可持续发展领域。

据欧盟公布的数据，该计划将包括来自欧盟预算和欧洲发展基金33.5亿欧元，基本作为赠款援助。通过担保，EIP 有望调动多达 440 亿欧元的投资金额，若成员国和其他合作伙伴也加入这一计划，总投资金额可能达到 880 亿欧元。①

（二）专业绿色金融机构的绿色金融实践

英国政府长期以来致力于经济的低碳、可持续发展，参与制定和签署了包括《京都议定书》《气候变化法案》等在内的一系列倡议和法案。在促进低碳创新方面，英国政府也全力出资支持。截至 2019 年，英国政府通过全球研发基金，支持了低碳领域的发展研究近 30 亿英镑。到 2021 年，英国政府将投入超过 25 亿英镑到清洁交通、电力、人工智能、家庭建筑能效、土地资源利用和垃圾处理等创新低碳产业，包括投入 1 亿英镑支持智慧城市能源系统开发。这也是英国近 30 年来在科技创新研发方面最大的一笔公共资金支持计划之一。英国还专门成立了 58 亿英镑的国际气候基金，用于支持发展中国家的气候减缓和适应，促进这些国家的低碳能源转型。②在全面缩减财政赤字的背景下，养老保险、就业和住房等社会民生问题的加剧无疑会进一步压缩英国政府在环境和气候改善方面的财政支出比例。因此，如果仅依靠财政投入，可持续发展的资金供求之间无疑将存在较大的缺口，为了有效地解决这一问题，引入私人部门资金势在必行。正是在这样的背景下，英国政府于 2012 年 10 月承诺注资 38 亿英镑，成立了全球第一

---

① 《欧盟推出 33.5 亿欧元对外投资计划以促进对非投资》，http://ke.mofcom.gov.cn/article/jmxw/201609/20160901397325.shtml。

② 《英国驻华使馆绿色金融项目主管江蓓蓓：英国低碳经济经验分享》，http://www.greenfinance.org.cn/displaynews.php? id=2655。

个绿色投资专业银行——绿色投资银行（Green Investment Bank，GIB）。[①]

GIB 的投资目前专注于离岸风电、废弃物、生物质能、能源效率、陆上可再生能源等方面。其投资形式主要包括：直接投资、基金投资、混合投资和离岸风电基金。经过多年的发展，GIB 在英国绿色基础设施投资和绿色资产管理等方面积累了丰富的经验，探索出了一条市场化的发展道路，其中，绿色影响与投资收益并重的"双重底线"，由绿色投资政策、《绿色投资手册》和绿色影响报告等组成的政策工具体系，以及其私有化的决策和行动都具有突出的借鉴意义。

GIB 做出的每一项投资决策，首先要通过全面的绿色影响评估，才能获得批准。此外，在投资的全过程中都要开展严格、细致和持续的绿色影响监督，以便能够及时、全面地反馈投资带来的各类绿色影响。这些工作依据的是 GIB 建立的一套绿色投资政策工具体系（见表 2-2），其中最为重要的是绿色投资政策、《绿色投资手册》以及绿色影响报告。

表 2-2 GIB 政策文件概览

政策/原则	作用
绿色投资原则	GIB 的绿色投资原则为确定、评估和管理所有投资交易的绿色影响奠定了基础
绿色影响报告标准	GIB 的绿色影响报告标准规定了如何计算投资活动的绿色影响
赤道原则报告标准	赤道原则报告标准规定了如何按照"赤道原则"的要求对项目进行评估，以及如何对"赤道原则"的执行情况进行报告
企业环境政策	企业环境政策规定了如何考虑和管理与 GIB 及其主要供应商的活动相关的环境影响
绿色投资政策	绿色投资政策确保 GIB 的活动符合绿色投资原则
负责任的投资政策	负责任的投资政策规定了如何把环境、社会和治理问题作为投资过程的组成部分纳入考虑

1. GIB 绿色投融资工具体系的作用机制

（1）填补绿色投资缺口，应对绿色资本配置的市场失灵

通过投资支持传统金融机构不愿涉足的新兴绿色技术和商业模式以及

[①] 杨娉、马骏：《中英绿色金融发展模式对比》，《中国金融》2017 年第 22 期。

与英国政府环境政策目标相关的投资领域，如碳减排、资源节约、提升能源利用效率的早期技术研发和基础设施建设等，GIB 已经向英国绿色经济发展注入约 34 亿欧元的资金，支持了近 99 个绿色项目。GIB 于 2012 年 12 月便完成了第一笔额度为 4600 万英镑的风能项目投资。截至 2014 年 6 月，GIB 通过贷款和股权投资的方式在离岸风能领域共投资 6.24 亿英镑，投资比例占总投资的一半，同时，又通过贷款和基金的方式在废弃物处理及生物质能领域中共投资 3.27 亿英镑，投资比例占总投资的 1/3。[①] 由此可见，GIB 各类绿色投资活动的开展，有助于填补绿色投资缺口，克服特定的金融市场失灵。

（2）激发私人部门的投资潜力，具有显著的示范作用

GIB 在成立之初就表明了其作为商业投资者，既要带来绿色的影响，又要创造商业利润的态度，并希望能够通过成功的投资实践在市场中发挥一定的示范作用，吸引更多的私人资本进入绿色产业。GIB 成立之后发展迅速，截至 2015 年已经拥有约 1.4 亿英镑的资产组合，在英国超过 200 个地方投资 41 个绿色项目和 6 个基金项目，通过 18 亿英镑的直接投资撬动了 60 多亿英镑的私人资金投入绿色经济领域，杠杆率接近 1∶4。[②] 这说明，每增加 1 英镑的投入，GIB 就能吸收近 4 英镑的社会投资。GIB 这种市场化的投资行为和其对"盈利性"的偏好，向其他投资者发出了一种信号——绿色投资是有利可图的，从而使投资者们能够对绿色基础设施项目给予更多关注，同时也会提振市场中投资者们对绿色投资的信心和热情，最终发挥预期的示范作用。

（3）提升绿色投资市场运行效率，加速绿色技术和产品创新

对于许多创新的绿色技术和商业模式而言，其"新颖性"同时也意味着风险信息的缺失和收益的不确定性，因此，在市场信息披露和获取不完全的情况下，投融资双方之间的信息不对称将导致投资市场中的不完全竞争，并可能吓退其他投资者。GIB 聚焦于绿色基础设施投资和绿

[①] 张云：《论英国绿色投资银行（GIB）的发展借鉴》，《齐齐哈尔大学学报》（哲学社会科学版）2015 年第 6 期。

[②] 江蓓蓓：《窥探英国绿色投资银行管理模式》，《21 世纪经济报道》2015 年 3 月 30 日。

色资产管理，拥有一支在市场中处于领先水平的专业投资团队，能够全面了解和评估每个项目的风险，并对其进行适当的定价。这一工作能够帮助市场中的其他投资者更好地认识绿色投资的风险水平，从而进一步降低信息成本，使投资决策所需的信息更容易获取；另外，绿色投资风险的降低和定价透明度的提升无疑会加剧投资者之间的有效竞争，使市场融资成本进一步下降。

从绿色产业和市场的角度出发，资本的充足供给为技术的创新提供了肥沃的土壤，这些技术可能是颠覆性的，甚至可能使英国的绿色经济呈现跨越式的发展。如果没有GIB，这一过程将会自然且缓慢地发生。但是，GIB对绿色产业和市场进行投资的同时，无疑也为绿色技术研发提供了更多的资金支持，从而加速技术进步和产品创新。

2. 绿色投资政策

绿色投资政策是GIB基于其内部的绿色投资原则制定的，适用于其在英国开展的所有类型投资项目的一系列政策要求。其应用范围贯穿整个投资周期，以确保所有投资潜在的绿色影响都能得到适当的评估、监控和报告。绿色投资原则包括以下几项。

（1）对公认的绿色目标做出积极贡献

GIB的贷款或投资围绕温室气体减排、提高自然资源利用效率、保护和改善自然环境、保护生物多样性、提升环境可持续性这5个绿色目标展开。GIB要求每一笔贷款和投资都必须能够产生绿色影响，即能够为实现以上绿色目标（一个或多个）做出贡献。在开展具体的贷款或投资行为之前，GIB将对其可能产生的绿色影响进行科学、系统的评估，并对外发布绿色影响报告。

（2）减少全球温室气体排放

GIB要求所有的贷款和投资都应当能够减少英国乃至全球的温室气体排放。对于特定的贷款或投资项目，GIB将首先分析其是否能够满足这一原则，如果不能，GIB将拒绝参与贷款或投资。其次，GIB每年年底会对全年所有贷款和投资活动的减排总效应进行评估，以确定其经营活动能够在多大程度上实现减排目标。

(3) 长久的绿色影响

GIB将基于财务运营的稳健性和负责任的投资原则，进行风险管理和资本配置，为其长久创造绿色影响提供坚实的资本基础。GIB的目标是成为一个能够长久创造绿色影响的专业机构，以积极应对日益增长的自然资源需求向人类发展提出的严峻挑战。但是，要实现这一目标，需要同时满足"长久"和"绿色"两个方面的要求，既要坚持负责任的投资原则，也要注重财务运营的稳健性。

因此，GIB要将投资的重点放在那些既能够带来绿色影响，又能够提供安全、有吸引力的投资回报的项目上，从而通过对盈利性和可持续性的平衡来向市场中的其他投资者证明为可持续发展提供投资能够同时实现投资者的社会价值和市场价值，吸引其与GIB一同为绿色基础设施项目提供资金，促进英国经济的绿色转型。

(4) 明确而坚定的绿色投资标准

GIB的投资决策依据的是一系列明确的绿色投资标准。具体包含两个部分。第一，强制性法律要求。作为投资的前提条件，GIB要确保投资所支持的业务、基础设施或项目符合所有重大环境法律法规，以及相关的可持续发展要求。第二，绿色影响评价标准。GIB还要确保投资所支持的业务、基础设施或项目能够对第一项原则中包含的5项绿色目标产生积极的并且是当下可行的、可量化的影响。为此，GIB为离岸风电、废弃物、能源效率、生物质能、陆上风能以及水力发电6个行业制定了具体的绿色影响评价标准。在投资决策过程中，GIB会参考相关行业的具体标准，评估项目的全周期绿色影响、平均年度绿色影响以及单位投资所产生的绿色影响。

如果一个特定的项目能够满足法律规定的要求和标准，那么这个项目本身就具有投资的可行性，在此基础上，GIB的投资决策倾向于那些绿色影响更为积极、更容易满足自身制定的绿色评价标准、与自身的投资原则更为相符的项目。

(5) 健全的绿色影响评估

GIB将根据一套健全、透明的评估方法和流程，对所有潜在投资可能对绿色环保产生的影响做出合理的考虑和专业的判断，并将其作为贷款和投资尽职调查的必要环节。评估过程将遵循以下原则。

第一，一致性。依据《绿色投资手册》，在所有投资中应运用一致的方法和程序、一致的标准和假设来评估贷款和投资的重要性以及相关性。第二，侧重性。将评估重点集中在绿色影响上。第三，完整性。评估所有相关信息，包括投资全流程可能产生的绿色影响。第四，透明性。要求被评估方提供明确的信息，以便进行可靠的评估。第五，准确性。尽可能地运用准确的信息，以避免偏差、减少不确定性，但是也承认完全精准的评估是不可能的。第六，审慎性。使用现实的假设、价值标准和适当的程序，同时要注意投资过程中存在乐观偏见的风险。

(6) 有效的契约、监测和参与

①有效的契约。为了实现对绿色贷款和投资的有效控制、监测和报告，GIB根据每项投资的行业、规模等特征，在贷款或投资合同中加入了相应的约束性条款，主要包括以下几个方面。

第一，作为贷款和投资的先决条件，在项目周期中，每年都要对关键的操作参数和绿色影响进行预估；此外，确保每年至少就相关操作参数、绿色影响和其他重大环境事件出具一份报告。第二，遵守相关的环境法律法规，并取得相应的环境许可证。第三，确保项目的各参与方都能执行和维护适当的环境管理政策和机制。第四，及时报告与投资相关的任何重大负面环境问题，并尽可能地采取补救措施。第五，遵守那些能够使预期的绿色影响得以保障、能够切实减少负面环境影响的其他项目或管理部门的特定协议。

如未能履行以上约定，GIB将协助贷款或投资项目的具体实施者提升其履约水平。如在约定的宽限期内，相关融资方仍不能满足合同要求，GIB将保留单方面制定和采取补救措施的权利。

②有效的监测和参与。一旦完成投资工作，GIB将对投资的绩效予以监测，具体监测内容包括融资方履约的情况，以及在整个投资周期内项目的环境和社会风险；除此之外，GIB也会就贷款或投资行为对第一项原则中的5项绿色目标做出的贡献进行监测和反馈。同时，GIB还将评估：第一，预期的绿色影响与实际产生的绿色影响的差异；第二，单笔投资的绿

色风险与同行业中基准绿色风险的差异。

GIB会将每笔贷款和投资预期应当实现的绿色影响以文件的形式记录下来，以便为全流程的绿色影响监测提供参照标准。具体的监测工作主要围绕融资方提交的年度环境合规报告展开，其中包括：第一，对投资项目合法性和环境政策合规性的确认；第二，对项目进程中融资方任何重大违法违规事项以及与此相关的行动计划的确认；第三，对项目进程中可能改善环境问题，或在环境问题上取得突破的机会的确认；第四，对项目进程中能够提高环境效益、减少负面环境影响的其他改进措施的确认。

考虑到自我评估中潜在的乐观偏见风险，为了验证融资方报告中提供的数据，在收到报告后，GIB（或第三方专家）应当通过现场访问或运用其他利益相关者提供的信息来验证融资方报告的真实性和有效性。

（7）透明的报告

GIB将确保至少以年度为单位，对外发布绿色投资实施情况报告。报告内容主要包括以下三点：第一，通过GIB的投资组合实现的温室气体减排量；第二，其他主要的绿色影响评价指标（如回收废弃物或减少能源消耗的数量）；第三，对其他绿色影响的定性描述。

GIB将结合此前融资方编制的环境合规报告，以及融资文件中的具体要求，对每笔投资的合理预期和实际表现数据进行整理，并将相关结果应用在绿色投资实施情况报告的编写过程中。

3.《绿色投资手册》

《绿色投资手册》是GIB进行绿色影响评估、监测和报告的具体指南，旨在量化、透明地反映GIB的投资项目能够产生的绿色影响。该手册由评估、监测与报告三个部分的内容组成。评估部分介绍了如何在投资前的尽职调查过程中评估项目的绿色投资影响和风险。监测部分介绍了如何监测投资项目的绿色绩效，以及在尽职调查阶段鉴别出的风险。报告部分介绍了如何收集、核查、披露投资项目产生的绿色绩效。GIB鼓励其他投资者参照《绿色投资手册》中的框架、流程和方法，对其投资行为中的绿色影响进行管理。同时，GIB就手册的应用对一些咨询公司进行了培训和认证，鼓励它们在绿色影响评估、监测和报告方面，为更多的市场投资者提供定制化的支持和服务。

（1）绿色影响评估的主要工作

第一，制定绿色投资政策与明确的低碳标准。为了能够对潜在投资项目的绿色影响进行系统的评估，GIB认为投资者应当制定一系列公开的绿色政策、投资准则和目标声明，具体应覆盖投资原则、评估准则、相关条款、项目监测、信息披露、适用标准［如国际金融公司（IFC）的环境和社会可持续性绩效标准或"赤道原则"］以及管理层承诺和定期审查约定等。

第二，根据相关政策要求，对项目管理团队的能力展开评估。在投资决策过程中，GIB将与投资对象的管理团队进行沟通，以确认其是否已经制定了符合相关环境政策的绿色目标，同时评估其是否具备实现这一目标的实力。

第三，收集预期绩效数据。为进一步量化投资项目的绿色影响，投资对象应当提供项目的环境预期表现数据，如预计可再生能源的发电量、预计减少的能源需求量等，为绿色影响的最终评估提供依据。

第四，适当聘请第三方咨询顾问。在评估项目潜在绿色影响的同时，可以根据实际需要聘请第三方咨询顾问和专家参与尽职调查工作。

第五，评估投资项目的绿色风险。投资者应当设计一套风险评估框架体系，衡量违反投资准则带来的风险以及其他潜在的环境与社会风险。当这些"绿色风险"得到确认后，应当在相应的行动计划中设计具体的风险缓释措施，同时还要在贷款或投资资金到位后，对这些风险进行密切监测。

第六，制订符合SMART原则的行动计划。如果在尽职调查中发现项目推进过程与投资者预先制定的政策或标准相违背，或存在显著的差距，投资者应当与投资对象的管理层就差异的改善制订一份行动计划。计划的制订应当遵循SMART原则，即同时具备明确性（Specific）、可衡量性（Measurable）、可实现性（Achievable）、实际性（Realistic）和时限性（Time-bound），内容上应当包括实现目标所需的时间、预算、人力支持等。

第七，绿色协议应当得到法律的认可和保障。投融资双方达成的绿色协议应当被纳入正式的投资或贷款文件，同时要确保这些协议能够得到法律的认可和保障，从而为绿色影响的监测和报告提供必要的约束。

第八，做出投资决策。GIB 将参考尽职调查、环境绩效预测和绿色风险评估的结果做出投资决策。

（2）绿色影响监测的主要工作

第一，编制年度绿色报告。GIB 要求投资对象每年必须出具一份报告，包括详述的项目预期绩效和实际绩效，以及其他潜在的绿色风险和绿色影响。

第二，及时报告实质性事件。如果有对环境和社会造成实质性影响的事件或事故发生，投资对象应尽快向投资者报告（连同具体的缓解或解决问题的措施）。

第三，独立监测与数据汇总。投资者应当聘请独立的环境与社会专家对绿色风险、行动计划、预测的及实际的绿色影响（如减排量或节能量）、环境和社会法律法规遵循情况等进行定期审核。项目数据收集完毕后，需要通过第三方专家机构的独立审核才能应用于对外公开的信息披露中。

（3）绿色影响报告的主要工作

第一，计算方法。定期向利益相关方披露项目绩效十分重要。GIB 环境影响评估是基于"反事实假设"计算得到的，即通过将项目实际产生的环境效益与不实施该项目的假设结果进行比较，计算出项目的绿色影响。

第二，参考资料指南。在计算绿色影响时，应参考《项目核算温室气体协议》（The GHG Protocol for Project Accounting）；能效项目应参考国际节能效果测量和认证规程（IPMVP）（或其他适用的能效协议）。

4. 绿色影响报告

根据绿色投资政策和《绿色投资手册》，GIB 会对每一笔投资进行绿色影响评估并出具绿色影响报告，报告的核心内容是对投资项目的绿色影响进行的评估和预测。

其中，投资项目的绿色影响是根据公开可获取的第三方数据，将项目实际产生的环境效益与不实施该项目的假设结果（又称"基线"）进行比较后得到的，超出基线部分的环境影响就是相应的投资项目产生的绿色影响。报告中包含绿色投资的损益表（Balance Sheet）和对项目以 25 年为基线的绿色影响的预测。目前，GIB 已为其他金融机构提供这项环境主流化咨询服务，如摩洛哥中央银行发行的可再生能源绿色债券的绿色影响评估。

（三）碳排放交易的国际实践

1. 欧盟碳排放交易体系（EU ETS）

2003 年 10 月，欧洲议会和欧盟理事会正式颁布了《关于欧盟排放权交易体系的指令》，规定欧盟碳排放交易体系从 2005 年 1 月起开始运行。EU ETS 是由一系列指令构成的较为完善的法律制度，也首次创新地采用分阶段运行的机制，主要包含三个实施阶段。[1]

第一阶段是 2005~2007 年，称为试验阶段。这一阶段的分配方法主要是 95% 免费分配、5% 由会员自行决定，排放权交易主要是针对二氧化碳，惩罚机制是每超额排放 1 吨罚款 40 欧元，第一阶段没有使用完的减排配额不能保留到第二阶段。[2]

第二阶段是 2008~2012 年，称为履行减排义务阶段。第二阶段的分配方法主要是 90% 免费分配、10% 由会员自行决定，并且将甲烷、氢氟碳化物等 6 种温室气体加入交易体系，惩罚机制是每超额排放 1 吨罚款 100 欧元，2012 年将航空部门也纳入了 EU ETS 的管制，第二阶段没有使用完的减排配额可以带到第三阶段使用，但不能提前支用第三阶段的配额。

第三阶段是 2013~2020 年，称为减排阶段。第三阶段中拍卖机制被强制引入，如果企业能够使其实际排放量小于分配到的排放许可量，那么它就可以将剩余的排放权放到排放市场上出售，获取利润；反之，它就必须到市场上购买排放权，否则，企业将会受到重罚。在第三阶段，前年受罚的企业还需要从次年的排放许可权中将超额排放量扣除。第三阶段的主要目标是实现 2020 年碳排放量比 1990 年减少 20%，而《世界能源展望特别

---

[1] 张小梅：《欧盟碳排放交易体系的发展经验与启示》，《对外经贸实务》2015 年第 12 期。
[2] 海小辉、杨宝臣：《欧盟排放交易体系与化石能源市场动态关系研究》，《资源科学》2014 年第 7 期。

报告》（World Energy Outlook Special Report）的数据显示，欧盟2019年的温室气体排放量比1990年减少了23%，这意味着欧盟已经实现了到2020年温室气体排放量减少20%的目标。所以在2014年欧盟高峰会上通过的《2030年气候与能源政策框架》设定了新的减排目标，即至2030年，温室气体排放量要比1990年减少至少40%。

EU ETS实行的三个阶段，将控制减排的行业从最初的炼油厂、电厂、钢铁厂等高排放企业扩展到石油化工、航空航运、垃圾处理和农业等。所有配额均是在欧盟层面而非成员国层面上分配。至此，欧盟碳排放交易体系创造出一种新的激励机制，激发私人部门以成本最低的方法去实现政府分配的减排额度。欧盟试图通过这种市场化机制，以最经济的方式履行《京都议定书》，把温室气体排放限制在社会所希望的水平上。整体来看，欧盟采用的阶段性运行的碳排放交易体系取得了良好成效，多数欧盟国家的碳排放量呈现下降趋势。

欧盟碳排放交易体系具有以下几个特点。

第一，采取总量控制与交易的模式。欧盟碳排放交易体系遵从了整体8%的减排要求。由于各成员国的经济发展水平不同，企业技术存在差异，若单纯地均摊排放量会引起各成员国的不满，引发不公，甚至会加剧贫富差距。所以欧盟碳排放交易体系由欧盟委员会确定各成员国的减排目标。确定各国的配额后，各成员国需要提交各自的国家分配计划，为本国设置一个排放量的上限，再经由欧盟委员会按照议定的计划，给各成员国分配排放额度，各成员国再分配给本国的企业单位。总量控制和交易的模式使欧盟各成员国的排放量实现了透明化、公开化。通过确立明确的产权来降低交易成本，有利于确保欧盟整体完成减排任务，履行国际义务。

第二，拥有较强有力的履行框架。欧盟碳排放交易体系有着一系列严格的履约、注册、检测报告与核查制度，EU ETS中的每一个企业单位必须从对应的政府部门获得温室气体的排放许可证。企业单位要想获得排放许可证，就必须具有较强的检测能力和报告能力，从而实现对自身的监管。不仅如此，每个企业单位还被要求每年提交上一年的排放额，相关部门将其注销以防重复使用，而剩余的额度，企业可以选择储存或者出售。

第三，EU ETS 是一个较为开放的交易体系。它允许从欧盟外购买各类排放许可证来实现减排目标。但是，使用的除欧盟外的减排信用系统只能是《京都议定书》规定的清洁发展机制（Clean Development Mechanism，CDM）和联合履约机制（Joint Implementation，JI），即核证减排量（CER）或减排单位（ERU）。

2. 清洁发展机制（CDM）

清洁发展机制是基于项目的一项交易，它是《京都议定书》中三个灵活的市场机制里唯一允许发展中国家参与的机制。其核心内容是：一些发达国家的缔约方在不能完成其承诺的排放量时，可以向发展中国家以提供资金和技术的形式，帮助发展中国家实施有利于减缓气候变化的减排项目，从而获得核证减排量（CER）。CDM 既降低了发达国家的减排成本，因为不需要昂贵的罚金，又能为发展中国家提供先进的技术和额外的资金，是一种双赢机制。

清洁发展机制的实施给发展中国家带来了巨大的商机。而这几年清洁发展机制项目的数量均保持了稳定的增长，其中 60% 的项目是小规模的能效项目。尽管清洁发展机制的成就较为突出，但是从横向来看，CDM 项目已出现了一些问题。

首先，清洁发展机制出现了较为明显的分布不均现象。从项目的数量来看，中国、印度和巴西三个发展中大国的项目占据了全部项目的 70%，其中，中国在清洁发展机制项目上具有的竞争优势，已成为最大的签发国，其项目占据了 50% 的比例，这也引起了一些发展中国家的不满。

其次，关于技术转移的问题。很多发达国家是不愿意真正将新的气候技术通过清洁发展机制转移给发展中国家的，并且在《联合国气候变化框架公约》中，对于"技术转移"这一概念也没有做出明确的定义，很多国家的国内法也没有对技术转移进行界定，设备转让、设备运行和维护、技术人员的提供都没能有一个统一的归属，这就无法确认它们是否进行了转移。在调查研究中发现，恰恰是中国、印度、巴西这些实力强大的发展中国家的技术转移率低于全球平均水平，这也为清洁发展机制是否能推动可持续发展这一目标埋下了一个问号。

最后，由于清洁发展机制对可持续发展这一目标的促进程度没有统一的国际化标准，很难具体衡量，用量化的标准对其进行评估是有一定难度的，所以清洁发展机制在实践中并没有取得很理想的效果。

3. 芝加哥气候交易所（CCX）

芝加哥气候交易所（Chicago Climate Exchange，CCX）成立于2003年，是全球第一个也是北美地区唯一一个自愿参与温室气体减排量交易，并对减排量承担法律责任的先驱组织和市场交易平台。现有会员近200个，分别来自航空、汽车、电力、环境、交通等数十个不同行业。其会员分为两类：一类是来自企业、城市和其他排放温室气体的各个实体单位，它们必须实现其承诺的减排目标；另一类是该交易所的参与者。该交易所开展的减排交易项目涉及二氧化碳、甲烷、氧化亚氮、氢氟碳化物、全氟化物和六氟化硫等6种温室气体。通过这个交易平台，会员可以对可持续发展和温室气体减排做出更系统的计划，及早采取具有信用度的减排和认购补偿行动。简要地说，由于价格是公开、透明的，所以通过CCX交易平台，会员可以从网络市场获取信息，了解碳交易市场的走向，以便为各自的企业做好全球交易准备，有效地维持市场秩序和连续性。会员可以有效、系统地制订可持续发展的减排计划，通过网络系统，某些已达标的会员可卖出剩余的减排量，获取额外的利润。

芝加哥气候交易所自成立以来，很多环保组织者和具有环保意识的政治家一直期望建立一个由中央政府控制的限额和交易体系，希望它能成为应对气候变化的一个具有成本与效益的方式。然而，奥巴马政府对于它的立法并没有做出实质性的努力，限额与交易法案并没有被国会通过。联邦政府的意志消亡、对碳补偿的需求下降，造成了碳价格严重跳水，至此对于参与者来说，在这个自愿的市场里所能获得的利润变得很微薄，故而其纷纷退出了这个市场。一个健康的市场需要同时存在买家和卖家，如今买家渐渐退出了市场，那么这个市场就不复存在了。

没有一个政府强制性的减排目标，自愿交易的市场所能起到的作用其实是很有限的。对于芝加哥气候交易所来说，其本身制定的关于"额外性"的原则，也是难以确认的。因为，对于一个项目而言，监控和验证其是否进行了减排存在一定的难度,或者说其本身在没有进行交易之前也许就有一定程度的减排。因此,在进行碳排放权交易后,其所产生的"额外性"减排是否真正达到了目标就难以被评估和确认。

二 国外绿色金融案例——以美国为例

面对环境污染和气候变化的挑战,许多国家面临如何从依赖化石能源向依赖清洁能源[①]转型的问题,毫无疑问,能源转型需要金融体系的支持。尽管美国拥有全球最发达的金融体系,但其在为清洁能源项目提供融资支持方面的表现令人失望。究其缘故,既有金融体系自身的原因,也有外部环境欠佳、政策措施不到位等金融体系以外的原因。下面分析美国金融业在支持清洁能源方面存在的各种问题,能够给我国绿色金融的发展带来有益的启示。

(一)美国金融体系支持清洁能源发展的现状[②]

1. 美国清洁能源投资面临巨大融资缺口

进入21世纪以来,全球清洁能源投资整体呈现上升态势。根据彭博新能源财经(BNEF)发布的数据,2004年全球清洁能源投资总额在600亿美元左右,2016年跃升为2875亿美元,12年时间增长近4倍。2019年,全球清洁能源投资总额比2018年增长1%,达到2822亿美元。预测到2030年,全球新增可再生能源可达826兆瓦,总投资近1万亿美元。不过,在全球清洁能源投资整体呈上升趋势的背景下,美国的清洁能源投资却显得相对波澜不惊。

2008年,美国还是全球清洁能源投资最大的国家,2009年被中国超越。其后经过一轮反复,2012~2016年,中国超越美国连续居于全球清洁能源投资第一大国之位。其中,2016年中国清洁能源投资额达到878亿美元,远高于美国的586亿美元(见表2-3)。

[①] 本书所研究的清洁能源主要是指太阳能、风能、地热等可再生能源。
[②] 田辉:《美金融体系未能稳定支持清洁能源发展的启示》,《中国经济时报》2017年8月18日。

表 2-3　2011~2016 年中美清洁能源投资额对比

单位：亿美元

年份	美国投资额	中国投资额
2011	559	474
2012	530	638
2013	484	613
2014	518	895
2015	560	1105
2016	586	878

在深入探讨何种因素影响了美国清洁能源投资未能稳步增长时，许多学者将最大的阻碍因素归咎于融资能力的严重不足。确实，美国清洁能源的投资需求和融资能力之间存在巨大缺口。根据联合国环境规划署（UNEP）在 2016 年发布的报告，2005~2014 年，美国清洁能源的平均年度投资金额为 440 亿美元，而投资需求则高达 4420 亿美元，实际投资金额不足投资需求的 10%。如果以化石能源的使用量在未来 20 年内减少 40% 作为分析情境进行预测，美国清洁能源的年度投资缺口高达 1520 亿美元。

2. 现有金融体系未能为清洁能源发展提供稳定的资金支持

一般来说，清洁能源的融资渠道主要包括资产融资，公开市场融资，VC/PE 融资，小容量分布式电源项目融资，以及政府、公司的研发费用融资等。不同的融资渠道适用于投资的不同阶段。目前，美国的清洁能源投资综合运用了上述多种融资渠道。不过，各类融资渠道有一个共同特点，即年度融资额波动很大，换句话说，清洁能源项目的融资来源缺乏充分的稳定性。以下是对部分融资渠道的分析。

第一，资产融资，指利用企业资产负债表中的资产来获得融资，包括利用某项资产向银行进行抵押贷款，或者针对某种设备进行融资租赁。2014年，美国清洁能源融资的 40% 来自资产融资，它可谓最大的融资渠道，但在 2005~2014 年的 10 年间，资产融资的金额波动颇大，平均为 234 亿美元，顶峰是 2011 年的 460 亿美元，低谷是 2014 年的 180 亿美元。

第二，公开市场融资，指通过多层次资本市场进行的股票融资，包括首次公开发行（IPO）以及通过二级市场、可转换债券等方式进行的再融资。2014年通过公开市场进行的清洁能源融资为106亿美元，占全部来源融资的24%。不过，在2012年，清洁能源的公开市场融资只有区区15亿美元。

第三，风险投资和私募股权基金（即VC/PE）融资。美国的VC/PE行业十分发达，但在清洁能源投资领域发挥的作用很有限。在2005~2014年的10年间，清洁能源投资中来自VC/PE的比例在2008年达到最高点，但也只有69亿美元，2014年更是只有33亿美元，在全部来源融资中占比7%。

3. 税收优惠政策成为吸引金融市场投资者进入清洁能源领域的最重要驱动力

从金融市场角度来看，清洁能源项目对投资者最大的吸引力来自美国联邦政府提供的相关税收优惠政策。具体来说有以下三种。

第一，加速折旧。清洁能源项目往往要求巨额资本投入。对于资本投资者而言，折旧期越短，意味着其能够从当期收入中抵扣的投资额越多，税收负担因而得以减轻。根据美国当前联邦税法，允许清洁能源资产按照5年期计提折旧，年折旧额远远超过资产本身通常20年甚至更长的使用期限的年折旧额。

第二，投资金额的税收扣减。2017年之前，对于太阳能、小型风电等项目，美国税法允许在项目投资成本30%的比例内进行税收扣减；其他清洁能源技术的投资税收扣减额为投资成本的10%。不过，自2017年1月1日起，所有清洁能源项目的投资税收扣减额统一为投资成本的10%。

第三，产量的税收扣减。美国税法允许针对清洁能源生产出来的电力进行一定比例的税收扣减。例如，根据现行规定，利用风能等清洁能源生产出来的电力在运营的首个10年间可以获得每兆瓦时22美元的税收扣减。

对于那些税收负担很重的投资者而言，美国联邦政府针对清洁能源项目所提供的税收优惠政策很有吸引力，一些大型银行、保险公司和利润率很高的大公司，也因此成为过去十多年来美国清洁能源项目的重要资金提供者。

（二）美国金融体系支持清洁能源发展中存在的问题

1. 美国联邦政府对清洁能源发展的态度和政策导向存在很大的不确定性，不利于金融市场形成正确的预期并采取积极的行动

能源转型这一战略任务，无论从其重要性还是从其复杂性来看，都不是单靠市场机制的力量就能独立完成的，需要政府的高度介入。政府介入的方式，一方面包括明确清晰的态度，以便向市场传递正确的信号；另一方面则包括持续一致的政策，以激励市场采取正确的行动。无论在激发市场的"知"方面，还是在激励市场的"行"方面，美国政府距清洁能源发展的要求还很远。

具体来说，清洁能源发展面临的首要问题是如何与传统的化石能源展开竞争，包括争取市场资源和政府支持。尽管在 1973 年石油危机之后美国就开始逐渐重视清洁能源的发展，但其更多的是出于能源独立的考虑，而不是出于环境保护的考虑。[①] 由于较少从环保和气候变化等可持续发展角度考虑清洁能源问题，再加上化石能源行业拥有强大的实力和游说能力，美国历届政府对清洁能源投资的重视程度前后并不一致。例如，奥巴马政府重视气候变化问题，任期内出台了不少有利于清洁能源发展的政策，并带领美国签署了为 2020 年后全球应对气候变化行动做出安排的《巴黎协定》。不过，后来上任的特朗普总统对气候变化议题则表现出消极的态度，已经签署行政令，取消奥巴马的"清洁能源计划"，撤销减少新建燃煤电厂二氧化碳排放的规定。2020 年 11 月 4 日，美国正式退出凝聚了全球共识的《巴黎协定》，成为唯一退出《巴黎协定》的缔约方。尽管新上任的拜登总统在就任首日签署了重返《巴黎协定》的行政命令，但美国政府前后不一致的态度势必给清洁能源投资带来不利影响。

美国政府对清洁能源投资态度的不确定带来了政策的不确定，主要体现在两个方面。一是化石能源行业得到巨额补贴。据统计，美国油气行业

---

① 朱彤：《德国与美国当前能源转型进程比较分析》，《国际石油经济》2016 年第 5 期。

和煤炭行业每年接受的各类税收补贴金额分别高达93亿美元和15.5亿美元。[①] 高额的化石能源行业补贴显然与发展清洁能源的政策背道而驰。二是有关新能源税收优惠政策是否可持续存在不确定性。例如，美国有关清洁能源产量税收扣减的政策是1992年引入的，其后的政策效力一直是以频繁延期的方式实现的，每次政策的延期都面临很多争议，甚至还出现过由于政策更新不及时而导致投资者受损的情况。

正是由于美国政府未能就清洁能源的发展给出明确而前后一致的态度及持续的政策框架，金融市场无法形成明确而一致的预期，从而影响了对清洁能源融资的各种投入。相比之下，不少研究认为，欧洲地区政府整体上对清洁能源和可持续发展更为重视，因此欧洲金融机构相比美国金融机构在对绿色金融产品和服务的开发与应用方面，起步更早，投入更多。

2. 现行税收优惠政策效率偏低，受惠面较窄，无法产生充分的激励效果

目前美国的一些银行和机构投资者之所以愿意为清洁能源项目提供融资，最重要的驱动力是看重联邦政府实施的税收优惠政策所带来的额外价值。然而，时至今日，清洁能源税收优惠政策表现出来的低效甚至无效问题日益突出，严重影响了激励效果的发挥。

首先，能够享受实际税收优惠政策的企业相对有限。不管是投资税收扣减还是产量税收扣减，为了实现降低税收负担的目的，企业必须先有盈利，只有应纳税所得额为正，这一税收优惠政策才有意义。而在资本密集型的清洁能源项目中，在实施加速折旧方式下，企业盈利比较困难，这限制了税收优惠政策的惠及面。

其次，税收优惠政策所吸引的投资者类型相对有限。税收优惠政策对那些有较高税收负担的机构有特别的吸引力，正因为如此，商业银行成为目前美国金融市场中为清洁能源项目融资的主力。然而由于很多商业银行在2008~2009年国际金融危机中受到重创，它们可贷款或可投资的资金明显减少，因而影响了对清洁能源项目的融资。

[①] 田辉：《美金融体系未能稳定支持清洁能源发展的启示》，《中国经济时报》2017年8月18日。

在美国金融市场上，一些主流的机构投资者（如养老基金、主权债务基金等）拥有更加稳定的长期资金来源，与清洁能源项目的融资需求更为契合，然而它们却很少参与清洁能源项目投资。其中一个重要原因在于这类机构本身往往享受很多免税待遇，税收负担不重，单靠税收优惠政策很难吸引其加入清洁能源投资领域。

现行税制问题突出体现在美国绿色市政债券市场的发展中。不少国家在尝试借助绿色债券市场为清洁能源等绿色项目提供资金。在绿色债券的培育期，通过公共机构的示范发行为市场提供指导是一个重要的发展途径。由于美国拥有发达的市政债券市场，这意味着通过地方政府及其代理机构示范发行绿色市政债券，有望促进美国清洁能源项目融资的发展。然而目前来看，美国绿色市政债券发行量很少。其中一个阻碍因素就在于税制。美国绿色市政债券对投资者最大的吸引力在于投资收益免缴联邦所得税，而这种免税的价值只对那些需要缴税的主体才有吸引力，对于养老基金、401K计划等退休账户持有人而言，其投资收益本来就无须缴税，因此回报率相对较低的绿色市政债券对于这些投资者而言没有什么吸引力。正因为如此，美国绿色市政债券的投资者主要是个人、相互基金、财产保险公司等短期资金提供者，而不是养老基金等长期资金提供者。这也就意味着，在现行税制下，通过发行绿色市政债券来为清洁能源项目融资，缺乏充分的投资者基础。

3. 美国资本市场运行模式与清洁能源投资的特点并不匹配

尽管美国拥有高度发达的资本市场，但从当前运行模式来看，资本市场还没有为清洁能源项目融资做好充分准备，主要体现在以下四点。

第一，资本市场往往存在决策短期化的倾向，更看重短期回报，对于气候变化等长期挑战还没有充分考虑。换句话说，气候变化风险及相关的环保政策行动尚没有充分"内部化"。

第二，资本市场投资者非常看重流动性要求，流动性高的资产往往具有高估值。然而，由于清洁能源项目十分复杂、面临很高的技术风险、投资回报期很长、参与者有限等原因，它往往不能满足投资者对高流动性的要求。

第三，缺乏必要的金融基础设施。清洁能源行业历史不算悠久，缺乏有关投资项目以及投资结果的充分数据。投资者经常很难理解项目的真正意义以及潜在收益和风险状况，从而影响了其对投资的判断。

第四，相关的金融创新尚缺乏法律支持。在美国传统的油气项目中，一种特殊的组织形式——业主有限合伙制企业（Master Limited Partnership，MLP）被广泛应用，主要原因在于 MLP 具有有限责任、税率极低、灵活性强、相对回报率高等优势，对投资者，特别是个人投资者很有吸引力。目前美国不少金融中介机构呼吁将 MLP 作为清洁能源项目的主要组织形式。然而，在现行法律下，MLP 只适用于传统油气资源的开发，不能运用于风能、太阳能等清洁能源的开发项目中。

（三）对我国的启示

近年来，我国清洁能源投资持续超过美国，绿色金融在绿色债券等细分领域的发展势头也超过了美国，然而这并不意味着我国就可以高枕无忧。无论是化石能源向清洁能源的转型，还是支持这一转型的绿色金融体系的发展，对于中美两国以及世界其他国家而言，都是崭新的课题，都处于探索学习阶段。美国遇到的许多问题在我国也同样存在。因此，美国实践带给我国很多有益的启示。

1. 政府应向市场传递清晰明确且前后一致的信号

金融是市场体系的有机组成部分，金融市场参与者的行为依赖清晰稳定、可预期的公共政策。美国历届政府对能源转型前后不一致的态度以及对化石能源采取的巨额补贴政策，不利于金融体系对清洁能源投资的支持。

在我国，绿色转型和绿色金融发展过程中也存在政策模糊和不一致之处。例如，在绿色债券的"绿色"界定方面，央行主导下的绿金委标准和发改委标准之间存在差异，而且两个标准缺少互认，对市场形成一定的困扰。再比如，我国绿色发展并不完全排斥化石能源的使用。在此情况下，化石能源政策如何与清洁能源政策相互协调，如何把握好二者的度，需要特别注意。只要不解决这些关键问题，就无法避免政策的模糊性，也无法引导金融市场形成正确的预期。

2. 能源转型和绿色金融发展需要全方位的政策组合，不能单纯依靠财税激励

美国吸引金融市场支持清洁能源投资，主要依靠税收优惠政策；在我国，财政补贴是推动清洁能源投资的利器。然而，不管是在我国还是在美国，单纯依靠财税激励都被证明是远远不够的，必须依靠更加全面的政策组合。财税以外的政策包括：加大对企业环境违法行为的惩罚力度；建立强制性的上市公司和发债企业环境信息披露制度；优化金融基础设施建设，降低投资者对绿色资产的"搜索成本"和信息不对称水平，增加绿色投资的吸引力；等等。

3. 鼓励资本市场创新，加大资本市场对能源转型的支持力度

在我国，发展迅速的绿色信贷、绿色金融债券等均是将银行作为向实体经济提供融资服务的主要渠道，资本市场的作用远远没有发挥出来。相比之下，尽管现阶段美国资本市场对清洁能源投资的支持力度还远远不够，但凭借其雄厚的实力以及创新精神，一旦解决了政府态度、法律框架等问题，绿色资本市场预计将发展得非常迅速。这启示我们，在有效控制风险的前提下，资本市场的创新步伐不应该停止，否则无法满足实体经济转型的需要。

第三章　我国绿色金融发展需求、现状与问题

习近平总书记在党的十九大报告中将发展绿色金融作为推进绿色发展的一项内容，强调了发展绿色金融是我国目前发展阶段需要重视的一项建设工作。2018年6月12日至13日，央行组织召开了绿色金融改革创新试验区建设座谈会，座谈会分析改革试点面临的新形势、新任务，并按照全国生态环境保护大会的要求，研究和部署下一阶段试点工作。[①] 2021年4月1日国新办举行的"构建新发展格局 金融支持区域协调发展"发布会宣布，中国人民银行围绕金融支持绿色低碳发展的三大功能（资源配置、风险管理和市场定价功能）积极开展工作，目前已经形成了绿色金融五大支柱，即绿色金融标准体系、金融机构监管和信息披露要求、政策激励约束体系、绿色金融产品和市场体系，以及绿色金融国际合作。可以看出，发展绿色金融是我国实现进一步发展的必由之路。

第一节　我国绿色金融发展的现实需求

一　经济转型对发展绿色金融提出必然需求

（一）发展绿色金融可以促进下一步中国经济转型

改革开放以来，我国经济实现了跨越式增长，但是粗放式的发展模式

[①] 《央行组织召开绿色金融改革创新试验区建设座谈会》，http://www.gov.cn/xinwen/2018-06/16/content_5299158.htm。

对环境造成了很大负担，引起了一系列环境问题。如果中国延续旧的发展模式，只会出现"越发展，越污染"的局面。环境破坏带来了巨额的环境污染成本，环境污染损失已经成为经济社会发展的沉重负担。据国内专家测算，中国近年来环境污染成本占 GDP 的比重始终在 3%以上。而美国智库兰德研究机构测算，中国仅空气污染成本占 GDP 比重就达 6.5%，水和土壤的污染成本分别占 GDP 的 2.1%和 1.1%。① 近年来，中国政府已经逐渐意识到原有模式的不足，但仍未完全摆脱过去"先发展，后治理"的模式。因此，中国亟须从资源消耗型经济过渡到资源节约型和环境友好型经济。可以认为，当前中国正处于经济结构调整和发展方式转变的关键时期，对支持绿色投资和可持续发展的绿色金融的需求正在不断扩大。

调整经济发展结构，实现绿色发展，就要同时推进传统产业升级改造和绿色产业创新发展。从具体实践来看，未来政府的主推方向是清洁能源、工业节能、建筑节能、交通节能、终端能效提高以及治理环境污染（包括消除已经产生的污染和遏制新污染源的产生）等。根据国务院发展研究中心课题组测算，2015~2020 年，中国绿色发展的相应投资需求大约为每年 2.9 万亿元，总计 17.4 万亿元。年度投资平均规模占各年 GDP 的比重将超过 3%。② 国务院发展研究中心的数据显示，2015~2020 年，预计我国的财政收入总额为 127 万亿元左右，绿色发展的总投入将占到预计财政收入的 14%以上，大大超出了财政的负担程度。传统环保业务在 2015 年环保投资体量 5000 亿元基础上每年保持 25%的增长，环保行业年投资体量将从 4000 亿~5000 亿元上升到 1 万亿~1.5 万亿元。《中国绿色金融发展研究报告 2020》显示，绿色金融仍然没有扭转资金缺口逐年增大的趋势。该报告根据中国人民大学绿色金融团队的核算发现，2019 年新增绿色金融需求为 2.048 万亿元，但新增绿色资金供给只有 1.43 万亿元，新增绿

---

① 《商业银行构建绿色金融战略体系研究》，http://www.greenfinance.org.cn/displaynews.php? id=554。
② 《我国节能环保产业发展现状、趋势与对策分析》，http://www.ocn.com.cn/touzi/chanye/201712/obvvo04085930.shtml。

色资金缺口为 0.618 万亿元。绿色金融资金缺口仍然呈现增大趋势。[①] 一方面，中国金融体系在遵循金融行业本身发展的特征和趋势的同时，通过金融资源的配置作用，有效引导金融资源的流向，促进产业结构的调整，加速增长模式的转变，化解产能过剩，减少资源环境约束，为整个经济的转型发展提供强有力的支撑。另一方面，金融体系自身也需要寻找有别于传统金融的绿色发展模式。相比传统金融，绿色金融能够有效识别和防范环境因素导致的金融风险。因此，使金融向着绿色可持续发展的方向改革变得十分必要，"绿化"中国的金融体系已迫在眉睫。

（二）绿色经济模式转变由实体与虚拟两部分构成

实体经济和虚拟经济是经济形式的两个主要组成部分，在推进经济模式转型时，也应该从这两个方面入手。实体经济是指人通过思想使用工具在地球上创造的经济，包括物质的、精神的产品和服务的生产、流通等经济活动，实体经济始终是人类社会赖以生存和发展的基础。虚拟经济是相对实体经济而言的，是经济虚拟化（西方称之为"金融深化"）的必然产物。在《新帕尔格雷夫经济学大辞典》（第二卷）中，虚拟资本是指通过信用手段为生产性活动融通资金。[②] 由此来看，虚拟经济包括资本市场、货币市场、外汇市场和证券业、银行业、租赁业、信托业等，它是一个涵盖金融业的概念。虚拟经济由于其功能性的特点，是一把"双刃剑"，它既是适应实体经济的需要而产生的，可以推进实体经济的发展，也可能会对实体经济产生较大的负面影响，甚至是破坏性的损害。

实体经济与虚拟经济相互促进、相互依存，在这种相互作用下推动经济模式的转变，一方面可以高效率地推进工业文明的快速到来，另一方面可以促使人类转变自身的财富观。所以，经济发展方式的转变不仅包括实体经济发展方式的转变，同时也应包括虚拟经济发展方式的转变。由于虚

---

① 《绿色金融资金缺口逐年增大 2019 年新增缺口 6180 亿元》，https://finance.sina.com.cn/roll/2020-09-19/doc-iivhuipp5226082.shtml。
② 〔英〕约翰·伊特韦尔等编《新帕尔格雷夫经济学大辞典》（第二卷），经济科学出版社，1996，第 340 页。

拟经济的特殊性，它的转变应具有超前性、前瞻性和实用性，更需要顶层的设计。

（三）绿色金融将成为疫情防控常态化时期全球经济绿色复苏的重要支撑

2020年新春伊始新冠肺炎疫情暴发，全球经济受到较大影响，疫情对绿色金融发展也产生了不利影响。当前，我国正处于国民经济恢复的关键时期，按照新发展理念，主动探索新的绿色复苏道路，引领疫情防控常态化时期经济绿色变革的方向，具有重大现实意义。

绿色金融可成为我国经济绿色复苏的重要手段。绿色复苏是实现经济社会发展与生态环境保护双赢的一种经济发展形态，绿色金融将在绿色复苏中发挥重要作用。从短期看，有利于绿色变革的投资增长是推动复工复产、做好"六稳"工作、落实"六保"任务的有效途径。从中长期看，更多考虑环境、社会和治理（ESG）因素开展的绿色投资，是培育我国经济新增长点、增强经济发展韧性和可持续性、走向高质量现代化发展的内在要求。[1]

二 生态文明建设对发展绿色金融提出必然需求

（一）发展绿色金融是生态文明建设的内容

党的十九大报告中指出，我国现阶段的一个重要任务是"加快生态文明体制改革，建设美丽中国"，这就要求我们要"构建市场导向的绿色技术创新体系，发展绿色金融，壮大节能环保产业、清洁生产产业、清洁能源产业"。[2] 生态文明建设的主要途径是把生态文明建设融入经济建设的各方面和全过程。从广义的角度来看，经济建设包含实体经济建设和虚拟经济建设两部分。从环境保护的历史来看，我们国家更注重实体经济部分的

---

[1] 《陈雨露：绿色金融与绿色发展》，https：//www.financialnews.com.cn/jg/dt/202008/t20200821_198901.html。

[2] 《习近平在中国共产党第十九次全国代表大会上的报告》，http：//cpc.people.com.cn/n1/2017/1028/c64094-29613660.html。

环境保护，针对实体经济与生态环境的关系，陆续出台了各项法律、规章、规范和标准等，以期通过对企业生产、技术和管理措施进行约束，推进生态环境与经济的和谐发展。从心理学角度来看，人类可能会认为金融与生态环境之间并无关系，认为生态环境保护是实体经济的责任，金融企业的投融资行为没有参与企业的环境污染和生态破坏过程，所以金融机构对生态环境的改善是以道德的高度来参与环境保护，而不是以责任人的角度参与环境保护。事实上，我们只看到了生产过程的表面，金融机构似乎没有参与治理污染的过程，但我们应该知道，一是资本是生产的前提，生产是在资本的集聚与推动下进行的，资本是生产的基本因素；二是我们不仅仅要看到生产的基本因素组合，更应该看到实质，资本的运行过程实质上是资本升值的过程，生产是过程，利润是实质。资本的所有者是企业经营最后的获利者。在生产过程中，资本的所有者和借贷者从中获得收益，就应对生产过程负责。若只获取利益而不对生产过程负责，则是制度建设的缺陷，是对社会大众的不公。

金融是保证社会发展、社会经济运行的重要动力，金融企业的行为与经济建设、政治建设、文化建设和社会建设紧密相连。从广义的角度来看，经济建设包含实体经济建设和虚拟经济建设两部分，把生态文明建设纳入经济建设就是把生态文明建设纳入虚拟经济建设。对于金融体系而言这意味着三个大的方向性的改革，一是生态文明思想成为新金融建设的核心思想，在金融业要树立生态优先、生态约束、生态责任和生态风险的思想与观念，以生态思想推进金融业的发展；二是生态文明建设的目标应成为金融行为的目标与指南，金融行为不单是经济利益的行为，还要融合经济利益和社会利益，是两者的结合，是生态、社会和金融的协同发展；三是要把生态文明的思想贯彻到金融行为的全过程，在金融分析、金融评估、金融决策和金融监督中体现生态文明建设的要求。绿色金融的建设是全过程的建设，而非部分或局部的改良，要把生态文明思想深入金融行为的每一个环节。

（二）生态文明建设与绿色金融制度建设

生态文明建设是我国现阶段的重要任务，主要提出了以下几点要求。

第一，建立系统完整的生态文明制度体系，实行最严格的源头保护制度、损害赔偿制度、责任追究制度，完善环境治理和生态修复制度，用制度保护生态环境。第二，引导、规范和约束各类开发、利用、保护自然资源的行为，用制度保护生态环境。第三，完善经济政策。健全价格、财税、金融等政策，激励、引导各类主体积极投身生态文明建设；鼓励公众积极参与；完善公众参与制度，及时准确披露各类环境信息，扩大公开范围，保障公众知情权，维护公众环境权益。

要想推动生态文明建设，发展绿色金融是一个不可或缺的重要部分，在整个生态文明战略中，绿色金融发挥着引导、配置、控制和预警的作用。绿色金融制度建设在生态文明建设的过程中具有特殊的位置，包含以下几个特点。一是绿色金融制度与环境保护制度配合的要求，环境保护制度是绿色金融制度的基础，环境保护制度的建设应包含绿色金融的相关内容，绿色金融制度的建设应以环境保护制度为准绳，是环境保护制度在金融领域的延伸。二是绿色金融政策与环境保护政策和产业政策的衔接。产业政策体现国家对产业发展方向的认可与支持，环境保护政策和产业政策共同体现国家在生态环境保护领域的态度，绿色金融政策是在环境保护政策和产业政策的基础上出台的政策，应与二者进行有机的结合，以期发挥政策的最大效果。三是绿色金融制度具有宏观与微观结合的特点，宏观是指绿色金融制度在生态、经济和社会发展方面起到调节、推进的作用，微观是指绿色金融制度在企业、消费者层面起到约束、激励的作用。

第二节　我国绿色金融产品的主要构成

一　绿色信贷

从广义层面来说，"信贷"就是反映不同主体之间以借贷为表现形式的经济关系，按照参与主体以及包含的具体内容，可以将信贷划分为信用、银行信用和银行贷款。绿色信贷则是在"银行信用"这一层面的基础上发展而来的，"银行贷款"是其表现形式和最终产品，"信用"则是其经济学本质。

在金融体系中,以银行为代表的金融机构作为金融中介贷出货币资本,为需要维持经营运转、扩大生产规模和开展技术研发的企业提供必要的货币资金支持,这是银行信用体系的基本运行模式之一。以上过程,一方面,实现了由社会储蓄到货币资本的转变,满足了企业部门对产业资本的需求,实现了资本的有效供给;另一方面,通过满足实际借入方和贷出方之间的借贷资金供求,实现了资本在私人部门、企业部门乃至政府部门之间的盈余调节。由此可见,信贷的实质是一种资本的市场配置行为。

绿色信贷是一种商业银行借助信贷手段来加大对绿色发展(绿色经济、低碳经济、循环经济)的支持、防范环境和社会风险、提升自身的环境和社会表现的金融活动。绿色信贷的本质在于正确处理金融业与可持续发展的关系。其主要表现形式为:为生态保护、生态建设和绿色产业融资,构建新的金融体系和完善金融工具。

二 绿色债券

当前,绿色债券并没有一个统一的定义。G20绿色金融研究小组在《2017年G20绿色金融综合报告》中将绿色债券定义成"为有环境效益的绿色项目提供融资的一种债务融资工具"。国际资本市场协会(International Capital Market Association,ICMA)制定的《绿色债券原则》将其解释成"一种债券工具,用以为具有环境可持续收益的项目筹集资金"。世界银行认为"绿色债券是专门用来为气候或环境项目筹集资金的债务证券",并且指出绿色债券与普通债券的区别就在于其筹集的资金应当专门应用于气候或环境项目。由此可见,绿色债券是为具有环境效益的绿色项目提供资金支持的一种融资工具。

按照绿色债券的金融属性,可以发现其具有以下几个主要特征。第一,一般具有较高的信用评级;第二,它是一种直接融资工具;第三,募集资金主要投向环境保护、可持续发展和应对气候变化等绿色项目和产业;第四,发行主体多为政府、政策性金融机构以及从事低碳、环保、节能领域的企业。

三 绿色基金

绿色基金（专门针对节能减排战略、低碳经济发展、环境优化改造项目而建立的专项投资基金）可以用于雾霾治理、水环境治理、土壤治理、污染防治、清洁能源、绿化和风沙治理、资源利用效率和循环利用、绿色交通、绿色建筑、生态保护和气候适应等领域，在绿色金融体系中其资金来源最为广泛，具有举足轻重的作用。

目前，内蒙古、云南、河北、湖北、广东、浙江、贵州、山东、陕西、重庆、江苏、安徽、河南、宁夏等省区市已经纷纷建立起绿色发展基金或环保基金，贵州还建立了绿色金融交易平台。地级市也在大力推动绿色基金的发展，例如普洱市绿色经济发展基金、张家口市绿色发展产业基金等地市级绿色基金相继设立，带动绿色投融资，促进地方政府投融资改革，帮助筹措绿色城镇化资金，各级政府发起设立绿色发展基金已成为一种趋势。

在经济全球化的大背景下，加强绿色金融的国际合作，支持社会资本和国际资本设立各类民间绿色投资基金已成为绿色发展合作的重点。因而绿色基金已成为全球绿色金融合作的重要载体。比较典型的案例是，中美建筑节能与绿色基金和张家口市政府共同发起设立的"张家口市绿色发展产业基金"。该基金作为绿色金融国际合作的载体，促成并加速美国节能环保技术与经验在中国市场的应用，专注于张家口市及其周边地区绿色发展和节能环保领域的投资，旨在为张家口市的绿色节能产业发展提供金融服务，推动张家口市这一2022年冬奥会协办城市节能减排、降低用能成本、发展绿色经济。

四 绿色保险

绿色保险是一种通过市场化手段来实现环境风险分担、保障和补偿的制度安排。目前，在国内绿色保险主要是指环境污染责任保险（简称"环责险"），这是一种以企业发生污染事故对第三者造成的损害依法应承担的赔偿责任为标的的保险。

企业可以通过购买环责险的方式，降低由环境风险造成的经济损失。具体来说，购买了环责险的企业，一旦面临突发环境污染事件，将由保险公司依据此前与被保险人建立的契约关系支付污染治理和环境恢复所需的相关费用以及对其他自然人和企业的损失补偿，从而降低企业因环境风险面临的经济压力。环责险具有以下意义。

首先，有利于使受害人及时获得经济补偿，稳定社会经济秩序。减轻政府负担，促进政府职能转变，即通过保险手段，减轻环境污染事件对全社会的负外部性影响。

其次，有利于发挥保险机制的社会管理功能，利用费率杠杆机制促使企业加强环境风险管理、提升环境管理水平，即将企业的环境污染负外部性成本内化为保险保费，通过增加企业的环境成本来实现对其行为的调节和引导。

最后，利用保险工具来参与环境污染事故处理，有利于分散企业经营风险，促使其快速恢复正常生产，即通过环责险来分担企业在处置环境污染事故时承担的风险和成本，减轻企业的污染治理负担。

环责险同时还具有提高企业环境污染风险识别和评估水平、加强企业生产经营行为环境风险披露以及提升环境污染行为外部监督效率的作用。

五　碳排放权交易

温室气体问题是世界各国面临的一个重要环境问题，全球气候变暖的问题引发了世界各国人民对二氧化碳这种无色、无味气体的重新认识，也引发了全球各国对于气候恶化这一事实的责任追究和声讨。在此基础上，"节能减排"成为一项新的全球化目标，为了实现各国"共同但有区别的责任"，在环境权益交易理论基础上建立起来的碳排放权交易通过污染物资产化和交易手段，完成了绿色金融领域的一次市场化探索，帮助全人类向绿色发展更进一步。目前国际碳排放权交易市场的运行主要是基于三种交易制度安排，具体如下。

第一，排放补换交易制。这种交易制度主要适用于因新增设施或扩厂而增加的排放量,这种新增排放需求应向既有排放者购买排放减量信用,以抵补其增加的排放量。

第二,排放基线与信用交易制。这种交易制度不规定一国总量上的配额,而是基于每一个减排主体主管机构事先确定的一个排放基准,经过可核查的程序,如果实际减排量小于基准排放量,差额部分可以作为减排信用量予以出售。

第三,排放上限与交易制。在这种交易制度下,首先确定一个国家或区域的排放总量限额,其次对以产业或企业为单位的营运主体进一步分配排放限额。在营运主体实际减排的过程中,如果减排额小于配额,剩余的配额则可在碳排放权交易市场上出售;如果减排额大于配额,不足的部分则需要从市场上购买以补足差额。

对于当前的全球碳排放权交易市场来说,最基本的碳排放权交易制度安排为排放上限与交易制,而碳排放交易体系(ETS)又是对这一制度的最突出的应用。ETS最初的成功应用是在排污权交易方面,即美国1995年开始实施的著名的"酸雨计划"。随后ETS被应用于《京都议定书》,来解决全球变暖问题。《京都议定书》在2005年生效,规定了国家在2008~2012年的强制减排目标,并设计了联合履约机制、清洁发展机制、国际排放贸易机制三种具体方案。其中联合履约机制指发达国家之间通过项目的合作,转让其实现的减排单位,主要通过建立低于标准排放量项目和发展能吸收温室气体的项目来产生这种减排单位,然后进行交易;清洁发展机制指发达国家提供资金和技术,与发展中国家开展项目合作,实现"经核证的减排量",大幅度降低其在国内实现减排所需的费用;国际排放贸易机制指发达国家将其超额完成的减排义务指标以贸易的方式(而不是项目合作的方式)直接转让给另外一个未能完成减排义务的发达国家。以上三种碳排放权交易市场机制为国际碳排放权交易市场的发展奠定了良好基础。缔约方可以根据自身的需要和现实条件来选择碳排放权交易市场机制以实现本国减排的目标。

第三节 我国绿色金融发展的重点领域

一 构建并完善中介服务体系，加快绿色金融基础设施建设

由于绿色金融项目的发展通常要以复杂的技术为支撑，且其风险也较难全面准确地揭示，因此发展绿色金融项目必须提供专业的技术评估支持。为此，要在发挥现有中介服务机构作用的基础上，加快培育和完善独立的第三方评估机构，建立规范高效的交易市场，完善二级流转市场，提升对绿色金融服务的支持效率。

同时，还应该加快健全绿色金融基础设施建设的步伐。第一，要以政府购买服务的方式，建立公益性的环境成本信息系统，打破目前缺乏项目环境成本信息和分析能力的瓶颈，为决策者和全社会投资者提供依据。可以参考英国 Trucost 公司提出的"自然资本负债"概念，将大气污染排放、水污染、垃圾生成等造成的环境成本尽可能量化，评估未被当前市场价格所反映的"外部性"规模。[①] 第二，建立绿色评级体系，尽快开展绿色评级试点，研究绿色因素对中央政府、地方政府和企业评级的影响路径、影响程度等，合理确定评级标准与方法。

二 加强各相关部门、机构协调合作，完善信息协调和共享

发展绿色金融涉及"一行两会"、国家发展改革委、财税部门、环保部门、金融机构以及社会中介机构等多方主体，需要共同建立稳定的跨部门协调机制，确保绿色金融政策的统一性和稳定性。同时，要构建工业管理部门、环保部门与金融监管部门的双向信息沟通与共享平台，及时了解有关环境保护的技术信息、行业标准以及违法违规处置情况。此外，中央政府和地方政府还应建立与第三方机构的协作机制，充分借用社会监督、社会评估的力量，及时反馈执法和政策落实情况，提高政

---

① 《建立公益性环境成本核算体系和数据库》，http://www.greenfinance.org.cn/displaynews.php?id=184。

府工作效率。

三 发展政策性金融机构，发挥其在绿色金融领域的引导作用

第一，对与现有政府相关的各类基金（如社保基金、医保基金、住房公积金等）的投资活动增加社会责任要求，使其更好地发挥政府的投资引领作用。第二，要求现有政策性银行信贷进一步"绿色化"，按照"赤道原则"调整业务流程和产品结构。同时，政策性银行应成为银团贷款牵头行，对贷款用途有更清晰的导向，支持节能环保的投资项目并对被投资企业施加影响。同时在政策性银行内部应设立专门的绿色金融部门，主要负责对信贷对象和信贷组合进行基于绿色金融标准的评估。第三，建立国家级"绿色金融专项基金"，资金部分来自政府（污染罚款、环境税和财政收入划拨等），部分来自社会资本（包括社保基金、保险公司和其他具有长期投资意愿的市场机构），通过引入激励机制，直接在股权层面撬动社会资本。

四 推动绿色金融立法，为绿色金融发展提供法律保障

党的十九大报告中指出，"全面依法治国是中国特色社会主义的本质要求和重要保障"，"坚持依法治国、依法执政、依法行政共同推进，坚持法治国家、法治政府、法治社会一体建设"。在全面依法治国的号召下，推动绿色金融立法是必然选择，并在投融资领域加强企业的社会责任。

推动绿色金融立法，可以从以下几个方面入手。一是在对《商业银行法》《证券法》《保险法》等相关法律进行修改时，加入"绿色"元素。二是进一步完善有关环境保护的法律法规和实施细则，明确并加大环境污染者的法律责任。在以国家立法为主的前提下，鼓励各地方政府因地制宜地制定绿色发展的地方法规，促进本地区经济的可持续发展。三是按照"民事责任为主，刑事、行政责任为辅"的原则，强化有关责任部门的执法权力，加大环境保护的执法力度，激发企业保护环境和减少污染的内在动力，促使金融机构自发地承担环境社会责任和推行绿色金融。

五 完善绿色金融政策支持体系,实现投资组合"绿色化"

(一) 制定并实施支持绿色金融发展的财政政策

在继续通过财税、价格、土地等政策鼓励和支持企业进行绿色投资的同时,财税政策和财政信用应尽可能地由直接用于满足融资需要本身转向对市场化绿色金融供给的激励上。换言之,财税政策和财政信用除了更集中于必要的领域之外,应更多地用于支持绿色金融供给的渠道拓展和金融产品创新,而不是简单地对绿色金融供给进行替代。

第一,对绿色债券的投资收入减免税收,以支持绿色债券投资和绿色债券市场发展。第二,会同中国人民银行、银保监会研究制定科学、便捷、有效的对绿色投资项目的贴息制度,甚至可以将直接发放给企业的节能奖励转化为信贷贴息,以市场的手段确保财政资金使用的效率性、公平性和普适性。第三,通过政府采购,更多地支持绿色企业发展,以增强绿色金融的稳健性。第四,伴随金融业"营改增"的税制改革,对各类金融机构开展绿色金融业务获得的收入实行所得税和增值税优惠政策。

(二) 制定并实施支持绿色金融发展的银行监管政策

随着越来越多的国家开始重视绿色金融的发展,很多国家在建立金融监管体系时将可持续性因素纳入考虑范围。制定适宜的监管体系,应从中国的国情出发,采取一定措施:一是将符合条件的绿色信贷不计入存贷比考核指标;二是引入环境压力测试制度,开发适用于不同类型金融资产组合的环境压力测试的标准、评测体系和方法;三是树立"绿色资产"在抵押担保方面的优惠地位;四是为绿色信贷建立更加便捷的证券化通道。

(三) 制定并实施支持绿色金融发展的保险监管政策

1. 建立并完善环境污染损害鉴定评估机制

发展绿色金融,就必须为其提供科学的机制保障,环境污染损害鉴定评估机制就是与之相关的一个重要机制。应该规范环境污染事故的责任认定和损害鉴定工作,健全环境损害赔偿制度。支持和鼓励保险经纪机构提供环境风险评估和其他有关保险的技术支持和服务。

2. 改进和提升环责险制度

具体来说,改进和提升环责险制度包括建立健全与环责险相关的法律法规体系、优化地方政府在环责险发展中的角色定位、出台必要的财税政策支持环责险的业务发展、对环责险制度的效果进行评估等。

3. 拓展和确定绿色保险的定义及范围

现有绿色保险的定义和范围过窄,限制了保险人更好地了解、预防和减少环境风险的潜力及支持环境可持续发展积极性的发挥。绿色保险不仅仅是应对短期环境污染事故风险的工具,更是解决气候变化等长期风险的一种有效机制。拓展绿色保险定义的目的是对环境风险管理形成一套综合方法和各种各样的保险解决方案(如太阳能电池板和风力涡轮机的履约保险、能源和水效率建筑保险、"按里程付费"保险)。[①]

(四)制定并实施支持绿色金融发展的货币政策

货币政策对经济和社会整体有广泛的影响。央行关于利率水平、通胀目标和汇率所采取的行动是投资决策的关键因素。在充分考虑我国国情的基础上,可以采取以下措施。

第一,制定专门的"支绿"再贷款政策。第二,将环境相关风险纳入评估金融稳定性的指标体系和模型,制定一个绿色宏观、微观评估框架,以及一套标准化的环境评估方法,以使监管机构和政策制定者能够测量、评估企业与环境政策目标相关的活动。该框架可以帮助监管机构审查整个金融体系的环境风险影响,评估金融机构在"看似不可能但真实存在的"情境下的弹性,并引导宏观审慎监管进行相应的调整。第三,对货币政策工具进行结构化设计,如将存款准备金率、利率、SLO(短期流动性调节工具)、SLF(常备借贷便利)等常规货币政策工具与绿色金融挂钩,以进一步发挥货币政策定向微调的功能。第四,在调整央行资产结构时,增加"绿色"因素(如购买绿色债券)。在宏观调控需要实施量化宽松的货币政策时,尽可能形成"绿色量化宽松"政策。未来还需要进一步探寻货币政

---

① 张承惠等:《发展中国绿色金融的逻辑与框架》,《金融论坛》2016年第2期。

策与绿色金融的关系，包括：央行的决策对绿色和包容性增长的目标产生的重大影响；确定并消除当前货币政策中与绿色金融目标不匹配之处；审核差别存款准备金率要求的应用及其与绿色金融目标相匹配的可能性；提升关于环境退化和资源稀缺可能对价格和金融稳定性产生的影响的认知能力和知识储备；更好地理解利率水平对能源、水和资源安全领域所需长期投资的影响；等等。

（五）制定并实施支持绿色金融发展的证券市场监管政策

就中国当前的绿色投资发展实际来说，商业贷款是绿色投资实践中最主要的市场化融资渠道。相对于绿色投资的实际需要，这种单一的融资结构的可持续性相对较低。而中国绿色投资资金来源主要是银行贷款，并不是投资主体选择银行贷款的意愿更强，而是由于其他融资渠道存在制度性限制。针对上述问题，未来证券市场的监管政策应重点围绕三个方面推进：一是积极建设绿色债券市场；二是建立上市公司和发债企业环境信息强制披露机制；三是推动建立绿色投资者网络，完善投资者社会责任体系。

中国在发展绿色债券市场的同时，应该加强以下几个方面的工作。第一，需要对什么是与债券挂钩的绿色投资给出明确的标准和定义。应建立一个得到政府认可的定义（可以涵盖可再生能源、能效、低碳交通、水、废弃物管理、可持续农业和气候变化对策等领域），并通过建立政府认可的体系或第三方机构以确保债券的"绿色"，为公司债券发行人提供便捷通道。第二，形成一个以绿色债券为主的债券交易市场需要大量的绿色贷款。相比非绿色贷款而言，对绿色贷款提供差别价格机制（或为绿色债务性产品提供差别银行资本充足率要求）可以有效增加绿色信贷。第三，为绿色债券提供信用增级。第四，在一定范围内对绿色债券投资收入给予免税，以支持对绿色债券的投资。第五，各级政府及其相关机构可以发行具有双重追索权的绿色债券或有政府担保的收益债券，以便为投资者提供分析绿色资产表现的经验，使投资者避免暴露于更高的风险中。随着投资者对绿色资产的表现更加熟悉，市场可以发行绿色资产担保债券。第六，发行绿色城市建设债券。这类债券可用于资助一系列的绿色项目,特别是对于中国城市化发展来说非常重要的交通运输、可再生能源和清洁用水项目。绿色城市建设债券可以在国内市场或以人民币结算的离岸债券市场发行,以吸引更广泛的投资者。

从证券监管方面来看,应该制定一系列符合政策目标,同时可以获得公共部门激励措施的环境友好型基准股票和债券指数产品。这些指数产品可以直接植入股票市场管理规则,也可以与针对资产管理公司的激励措施(如税收优惠)相关联。

第四节 我国绿色金融体系发展的经验和教训

一 从战略和战术层面给予绿色金融发展足够的重视

只有树立正确的理念才能指导正确的行动。对于许多以经济发展为第一要义而全民绿色环保理念普遍有待加强的新兴市场国家而言,将绿色可持续发展定为国策,并自上而下地强力推动,无疑是迈向正确发展道路的重要一步。国家必须从战略和战术层面重视绿色金融发展。习近平总书记在党的十九大报告中明确指出,要"构建市场导向的绿色技术创新体系,发展绿色金融,壮大节能环保产业、清洁生产产业、清洁能源产业"[1]。可见,发展绿色金融已经成为我国现阶段的一项重要任务,应该给予其充分的重视。

(一)积累的经验

从战略和战术层面给予绿色金融发展足够的重视,主要体现在将经济社会的绿色可持续发展上升为国家战略,并对其予以前所未有的高度重视,这为绿色金融发展提供了广阔的空间和机遇。

---

[1] 《习近平在中国共产党第十九次全国代表大会上的报告》,http://cpc.people.com.cn/n1/2017/1028/c64094-29613660.html。

1. 中央政府的举措

我国实际上在"六五"计划期间（1981~1985年）就已经将环境保护作为一项重要建设工程，开始尝试在国民经济和社会发展规划中将国家环境保护规划作为独立的篇章进行规定。其后，环境保护规划在科学性和可操作性方面都取得了一定进展。随着可持续发展战略逐步被认知和接受，自"九五"计划开始（1996年），环境保护规划目标在国民经济和社会发展规划中开始被单列出来，但直到"十五"计划，我国总体上仍然是以污染防治为主。自2006年开始的"十一五"规划，第一次由国务院印发专门的《国家环境保护"十一五"规划》（以往国务院批复的形式较多），规划发布层次的提升，表明环境保护规划已经摆脱部门规划的色彩，开始纳入国家层面。2012年，党的十八大将生态文明建设纳入"五位一体"总体布局，强调将生态文明建设摆在更加突出的位置，融入经济建设、政治建设、文化建设、社会建设的各方面和全过程。2014年4月，最新修订的《环境保护法》出台，增加了保护环境作为国家的基本国策。这些现象足以表明，绿色可持续发展已经成为中国的国家战略之一。2020年9月，习近平总书记郑重宣布中国"二氧化碳排放力争于2030年前达到峰值，努力争取2060年前实现碳中和"。[①] 党的十九届五中全会强调，要"加快推动绿色低碳发展"。习近平总书记重要讲话和党的十九届五中全会精神，体现了中国积极应对气候变化、推动构建人类命运共同体的负责任大国担当，也为中国绿色低碳高质量发展指明了方向，明确了"十四五"期间绿色金融改革发展的总目标。[②]

2. 地方政府的举措

从地方政府的层面来看，近年来，各级地方政府对绿色可持续发展的重视程度也大幅提升。一个例证就是，许多省份单独出台了支持生态文明建设的文件，其中绿色金融是重要的内容；有的省份更是联合监管部门针对绿色金融而专门发文。例如，2013年9月，江西省出台了《关于加快发

[①] 《习近平在第七十五届联合国大会一般性辩论上发表重要讲话》，http：//www.gov.cn/xinwen/2020-09/22/content_5546168.htm。

[②] 《国新办绿色金融有关情况吹风会文字实录》，http：//www.bengbu.gov.cn/public/21981/47749331.html。

展节能环保产业二十条政策措施》，明确指出将对节能环保产业加大财税、金融政策的支持力度。2014年2月，中国人民银行呼和浩特中心支行以及内蒙古自治区发展改革委、环保厅、金融办、银监局、证监局、保监局7个部门联合印发《金融支持内蒙古生态文明建设指导意见》，指出应充分发挥金融在生态文明建设中的杠杆作用和资源配置功能，并进一步将其细化为发展绿色信贷，支持节能减排和淘汰落后产能；发展"绿色保险"，支持生态建设和环境保护；严禁为产能严重过剩行业违规建设项目提供任何形式的新增授信和直接融资；积极开展森林、草原保险试点，探索建立对森林、草原火灾、洪涝、病虫害等自然灾害的保险补偿机制，提高森林、草原的防灾减灾能力；对列入国家级、省级循环经济发展综合管理部门批准的循环经济示范试点园区（示范基地）、企业给予包括信用贷款在内的多元化信贷支持；等等。2021年3月1日，我国首部绿色金融法律法规，同时也是全球首部规范绿色金融的综合性法案——《深圳经济特区绿色金融条例》（以下简称《绿金条例》）正式实施。中国人民银行深圳市中心支行紧扣2021年中国人民银行工作会议精神，加强与深圳市政府相关部门及其他中央驻深金融监管机构的密切合作，联合推出一系列配套措施，推动《绿金条例》落地实施。深圳金融机构已做好了充分的准备。兴业银行作为国内首家"赤道银行"、绿色金融领域的先行者，辖内分行已建立适应绿色金融发展的组织架构和内部管理制度，积极参与深圳市绿色金融专营体系的建设试点，未来将以《绿金条例》为指导，以金融创新为基准，持续推动绿色产业发展。国家开发银行深圳分行也积极践行《绿金条例》，发挥专家银行优势，参与推动深圳市绿色金融协会的成立，并将通过深圳市绿色金融协会扩大绿色金融服务半径，大力支持深圳低碳循环经济走向全国，助力绿色产业辐射外溢发展。

（二）获得的教训

在战略和战术层面的具体实践中我国获得的教训主要体现在，绿色可持续发展这一国家战略尚未在金融政策的制定和实施过程中得到充分有效的落实，换句话说，绿色金融发展的战略和战术尚未有效衔接。

观察中国金融发展的过程可以发现,在金融支持实体经济发展的过程中有两个比较突出的薄弱环节,即农村金融和中小企业融资,并由此成为政策的关键着力点。不论是货币政策、财税政策,还是信贷政策、资本市场发展政策,都对农村金融和中小企业融资有所倾斜。相比之下,绿色金融没有被提到同样的重视高度,享受的政策支持也相对有限。农村金融、中小企业融资和绿色金融的政策支持对比如表3-1所示,从表中可以看出,中国的绿色金融政策体系还有很大的发展空间。

表3-1 农村金融、中小企业融资和绿色金融的政策支持对比

机构	农村金融、中小企业融资	绿色金融
中国人民银行	有专门针对农村金融机构、小型城商行等发放的支农再贷款、支小再贷款;要求对"三农"和小微企业贷款达到一定比例的商业银行定向下调存款准备金率	无类似再贷款,也不在存款准备金率定向下调范围内
银监会	与农户和小微企业有关的贷款不计入存贷比考核指标	存贷比调整中没有涵盖绿色金融
资本市场	允许商业银行发行"三农"专项金融债券、小微企业专项金融债券	无类似专项绿色金融债券
保险市场	农业保险的发展被高度重视,并出台了专门的农业保险条例	无专门的绿色保险条例
财政部	对"三农"和小微企业金融业务提供相关的补贴,包括金融机构业务经营补贴、农业保险保费补贴等,并有相应的税收优惠	经营绿色金融的金融机构及其相关业务很少直接享受财税激励政策

二 建立健全科学有效的多部门协调和合作机制

发展绿色金融是一项复杂的系统工程,既涉及生态保护问题,又涉及金融改革问题,还涉及多个主管部门,因此建立多部门协作机制的重要性不言而喻。中国在这方面同样既有经验又有教训。

(一) 积累的经验

我国在推动绿色金融发展的过程中,很早就意识到部门协作的重要

性,因此在制度搭建之初就对此有所涉及。主要表现在以下两个方面。

1. 在考虑有关部门间环境监管和信息沟通的基础上设计制度

2007年7月,国家环保总局、中国人民银行和中国银监会共同发布了《关于落实环保政策法规防范信贷风险的意见》,明确要求环保部门和金融监管部门要加强沟通和协调配合,建立信息沟通机制。环保部门要按照职责权限和《环境信息公开办法(试行)》的规定,向金融监管部门提供8个方面的环境信息,主要是环保部门在执法过程中形成的信息,以作为银行信贷管理的直接依据或重要参考。此外,相关文件还要求环保部门和金融监管部门及有关商业银行根据需要建立联席会议制度,确定本单位的责任部门和联络员,定期召开协调会议,沟通情况。近年来,环保部门与银行业监管机构的合作不断加强,企业环境信息共享机制初步建立并不断完善,报送的信息从企业违法信息扩大到环评、"三同时"验收、强制性清洁生产审核等类型。

2. 相关部门联合发布政策文件

2007年之前,绿色金融相关的各种政策文件都是由单独部门发布的。但在2007年以后,金融监管部门和环保部门加强合作,联合发文,绿色金融制度才得以正式建立。例如,早在1995年,中国人民银行就发布了绿色信贷的相关文件,但影响不大。2007年6月,中国人民银行又单独发布了《关于改进和加强节能环保领域金融服务工作的指导意见》,这一文件的影响力显然不如同年7月由中国人民银行、国家环保总局、银监会3个部门联合发布的《关于落实环保政策法规防范信贷风险的意见》。因为在后一个文件中,国家环保总局、银监会的加盟进一步强化了文件的权威性,特别是银监会的加入为监督商业银行落实环境政策提供了组织条件。

这在绿色债券领域也有所体现。2003年国家环保总局出台了《关于对申请上市的企业和申请再融资的上市企业进行环境保护核查的通知》,自此展开了对重污染上市公司的环保核查工作;2007年,国家环保总局发布了《关于进一步规范重污染行业生产经营公司申请上市或再融资环境保护核查工作的通知》。但直到2008年1月,证监会发布的《关于重污染行业生产经营公司IPO申请申报文件的通知》对相关问题进行了回应,上市公司环保核查制度才有了实质性进展。

除了以上政策文件外，与绿色保险相关的两个关键性文件，即《关于环境污染责任保险工作的指导意见》《关于开展环境污染强制责任保险试点工作的指导意见》也都是部门合作的具体体现。

需要注意的是，虽然我国在部门协作方面积累了一定经验，取得了一定成绩，但是由于制度细节不完善等原因，目前中国绿色金融中的部门协作仍存在很大问题，并由此导致了协作沟通不足、措施落实不力等问题，制约了绿色金融的发展。信息的缺失或不完整可能直接影响金融机构的判断，从而使得一些环境风险很高的企业仍然可能得到贷款，仍然能够获得IPO资格。

（二）获得的教训

1. 信息共享机制没有在实践中完全落实

目前，虽然在中央层面和部分省级层面已经建立起环保部门与金融监管部门之间的信息沟通机制，但仍有很多省份尚未建立。北京市直到2013年8月才出台相关规定，将企业环境违法信息纳入中国人民银行企业信用信息基础数据库，使其进入银行征信系统，作为银行审批贷款的必备条件之一。进一步来说，即使有些地区建立了信息沟通机制，在具体执行时也没能全面、及时地进行信息交流。

2. 信息共享机制没有实现双向、多向流动

目前的政策文件仅要求环保部门向金融监管部门提供企业环境违法信息，而没有要求金融监管部门向环保部门共享污染企业的信贷等信息，即信息流动是单向的，环保部门并不了解相关企业在银行的融资信息。这种信息的单向流动既不利于环保部门加强监督职能，也影响部门之间的信任，从而妨碍长效合作机制的建立。

3. 缺乏信息共享的外部监督

绿色金融的部门协作不仅是内部事宜，而且具有外部溢出效应，涉及环境安全和公众利益，因此需要外部机制对这种协作进行监督，或者至少有一种外部机制来评估协作的效果。然而，目前中国缺乏这一机制，普通公众对污染企业的相关融资信息毫无知情权，即使这一企业的环境违法行为已经严重威胁到普通公众的生命安全。

　　2011年，云南省发生了一起恶劣的企业环境污染事件，民间环保组织"绿色流域"由此向中国人民银行昆明中心支行、云南省银监局和云南省环保厅提出了政务信息公开申请，要求公开为肇事企业及其关联企业提供贷款的银行信息和贷款情况，以及金融监管部门与环保部门针对这一污染事件的信息协作情况。中国人民银行昆明中心支行回复说，为该污染企业——陆良化工提供贷款的银行信息和贷款情况"涉及企业商业秘密"，按照相关规定不能公开。云南省环保厅称，"虽然我国目前建立绿色信贷机制，我厅会同人行昆明支行启动了这项工作，但由于网络技术、银行融资信息使用范围等问题，还没有建立起固定的可查询的信息共享渠道。目前，我厅只是定期或不定期向银行系统通报环保专项行动挂牌督办企业、接受行政处罚企业的信息。关于企业的贷款融资信息，银行系统还没有向环保部门提供过或征求过意见"。① 从这一新闻事件中可以看出，我国在绿色金融相关部门的协调与合作方面存在一定问题。在部门之间环保信息沟通不畅而又缺乏公众监督的背景下，尽管环保部门对涉事企业实施了严厉的行政惩罚（即环境保护部对污染企业所在的曲靖市实施区域限批），但根据媒体报道，环保部门处罚后不久污染还未清理时，肇事企业就已部分恢复生产，该企业法定代表人甚至公开表示"将在近期启动中小板的上市计划"。

　　当时，我国政府的一些部门缺乏在职能和分工方面的明确界定，这也是导致部门协作不畅的一个因素。例如，中国人民银行和银监会在信贷政策的制定、实施与监管等职能分工上缺乏明确、系统的规则界定；节能环保工作则涉及发改、经贸、环保等多个部门。在这种格局下，出现关键事项上部门之间推诿、争权和保护等行为及现象，就不足为奇了。

---

① 雷成：《一环保组织申请公开云南铬污染企业融资信息被拒》，《中国青年报》2012年2月17日。

三 设计并实施充分的配套政策

在推动绿色金融发展的过程中，必须设计与之相应的配套政策，从而形成一个完整的绿色金融政策体系。

（一）积累的经验

在这一方面，我国积累的经验主要体现在，把绿色金融作为环境经济政策的有机组成部分进行整体规划设计。"十三五"规划纲要强调，建立绿色金融体系。中共中央、国务院于2018年6月印发的《关于全面加强生态环境保护 坚决打好污染防治攻坚战的意见》将"健全生态环境保护经济政策体系"作为改革完善生态环境治理体系的"五大体系"之一，对环保投入、环境价格、生态补偿、绿色税收、环境责任保险、第三方治理等环境经济政策改革提出了明确要求，为进一步加快环境经济政策建设提供了崭新动力，也为下一步环境经济政策改革与创新指明了方向。这表明，中国充分认识到，绿色金融的发展不完全依靠金融监管部门或者金融市场，金融以外的因素同样重要。

（二）获得的教训

1. 一些配套机制的建设尚没有引起足够的重视

绿色金融具有专业性、技术性较强的特点，从事绿色金融的工作人员需要同时掌握环保技术和金融业务等方面的复合型知识。目前中国金融机构在这类复合型人才的建设、引进、培育等方面还缺乏专门的规划，相关工作尚未启动。

2. 财税激励政策不充分、不到位

目前的财税政策主要针对节能环保企业或项目展开，但对支持这类企业或项目发展的金融机构及其业务缺乏相应的配套激励政策。例如，在绿色信贷方面缺乏财政贴息、税收减免、税前计提拨备、坏账自主核销等优惠政策，在绿色保险方面缺乏中央财政的保费补贴等。

3. 配套机制还没有充分发挥积极作用

我国绿色金融配套机制发展起步较晚，因此在推动绿色金融领域还没能充分发挥其积极作用。2007 年，绿色信贷制度已经基本建立，但企业信用风险评价制度直到 2014 年 3 月 1 日才开始正式实施；还有许多配套制度的建设虽然已经启动，但大多只限于在地方的零星试点，影响有限。例如，包括环境资源产品定价机制、收费机制等在内的环境损害成本的合理负担机制尚未形成，使得市场主体加大环保投资、防控环境风险的内在动力不足，进而影响了绿色信贷、环责险、绿色债券等环境经济政策的有效实施。

四 发展均衡的绿色金融市场服务体系

（一）均衡的绿色金融市场服务体系的内涵

第一，投资者的均衡，即投资者结构不会被某一类群体所主导，从而形成很高的集中度风险。

第二，功能的均衡，即有丰富的金融产品以满足各类绿色金融投资者、融资者，以及环境风险管理者的需求。

第三，融资渠道的均衡，即绿色经济的融资不仅依赖银行间接融资，还包括直接融资市场。事实上，对于很多节能环保项目而言，传统的银行信贷并不是适合的融资方式，其更适宜采用股票、债券、VC/PE、融资租赁等其他方式。

第四，服务的均衡，即既有银行、保险公司等资金提供者，也有提供其他市场服务的中介机构，比如独立的环境污染损害鉴定评估机构、环境风险评估机构、数据服务公司等。此外，还应具备能有效保护消费者权益的监管机构。

（二）积累的经验

目前绿色金融政策涵盖了绿色信贷、绿色保险和绿色债券等多方面的内容，显示了其均衡发展的愿望。然而仔细分析就会发现，中国的绿色金融市场主要由银行信贷主导，相关政策支持体系也更偏向绿色信贷，绿色保险和绿色债券市场则尚未完全启动，政策支持体系也比较薄弱。这与中国现阶段以银行为主导的金融体系特征相一致。

(三) 获得的教训

1. 产品和服务不均衡

当前我国在绿色金融方面，产品以传统的信贷业务为主。尽管近年来有一些创新，开发了诸如绿色融资租赁、碳金融产品和清洁发展机制应收账款保险融资等新型产品，但多属于零星的探索，并没有使其成为市场主流。绿色信贷资产证券化等业务也没有发展起来，绿色保险、绿色债券领域同样存在类似问题。在服务方面，环境风险评估、损失鉴定等专业的绿色金融服务机构十分缺乏。

2. 投资者结构不均衡

（1）机构投资者实力较弱，占比较低

在国外发达市场重要的机构投资者，例如大学捐助基金会、慈善基金会，在中国基本不存在，或者刚刚起步，还没有发展到运用专业管理团队进行投资运作的阶段。现有的机构投资者以所谓契约性储蓄机构为代表，实力较弱。2016年末，保险业总资产为15.12万亿元，全国社会保障基金总资产为2.04万亿元，全国企业年金积累基金规模为11074.62亿元。契约性储蓄机构资产合计只有18.27万亿元，占当年GDP的比重为24.55%，远远低于发达国家的平均水平。[①]《中国统计年鉴2017》的数据显示，2016年，契约性储蓄机构中占主体地位的保险公司资产合计只有15.37万亿元，占当年GDP的比重为20.66%。契约性储蓄机构资产合计占比依然较低，与发达国家相比还有较大的提升空间。

造成这些现象的原因主要为机构投资者规模小、实力弱，在金融市场的参与度相对较低。以股票市场为例，投资交易仍以中小散户为主。

---

① 《2016年保险业经营情况表》，http：//www.cbirc.gov.cn/cn/view/pages/ItemDetail.html?docId=367586&itemId=954&generaltype=0；《全国社会保障基金理事会社保基金年度报告（2016年度）》，http：//www.ssf.gov.cn/cwsj/ndbg/201706/t20170612_7277.html；《2016年度全国企业年金基金业务数据摘要》，http：//www.mohrss.gov.cn/SYrlzyhshbzb/shehuibaozhang/gzdt/201704/t20170401_268951.html。

（2）外资开放力度有所加大

中国外汇交易中心数据显示，截至2020年12月末，共有905家境外机构主体获准进入银行间债券市场，其中468家通过直接投资渠道入市，625家通过债券通渠道入市，188家同时通过这两种渠道入市。2020年12月，境外机构在银行间债券市场的现券交易量约为7841亿元，日均交易量约为341亿元；境外机构投资者买入债券4800亿元，卖出债券3049亿元，净买入1751亿元。①

近年来，中国人民银行、证监会进一步推动评级领域对外开放，不断扩大外资评级机构的业务范围，允许更多符合条件的外资评级机构在银行间债券市场、交易所债券市场开展全部类别信用评级业务，提升金融业的对外开放水平，促进中国金融市场规范健康发展。

3. 融资渠道不均衡

虽然金融市场不断发展和成熟，但银行仍然是企业融资最主要的渠道。近年来，随着非银行金融机构的发展以及资本市场的兴起，银行贷款占比虽然有所下降，但其仍占据主导地位。《中华人民共和国2020年国民经济和社会发展统计公报》显示，2020年，全年社会融资规模增量34.9万亿元，按可比口径计算，比上年多9.2万亿元；年末社会融资规模存量284.8万亿元，按可比口径计算，比上年末增长13.3%，其中对实体经济发放的人民币贷款余额171.6万亿元，增长13.2%。年末全部金融机构本外币各项存款余额218.4万亿元，比年初增加20.2万亿元，其中人民币各项存款余额212.6万亿元，增加19.6万亿元。全部金融机构本外币各项贷款余额178.4万亿元，增加19.8万亿元，其中人民币各项贷款余额172.7万亿元，增加19.6万亿元。人民币普惠金融贷款余额21.5万亿元，增加4.2万亿元。② 考虑到在债券市场、信托市场、融资租赁市场等领域，银行直接或间接控制着资金汇集、承销、交易等关键环节，发挥着极其重要的作用，中国由银行主导金融体系的格局并没有发生根本性变化。

---

① 《债市开放程度持续提升》，https：//www.financialnews.com.cn/sc/zq/202101/t20210114_209697.html。

② 《中华人民共和国2020年国民经济和社会发展统计公报》，http：//www.stats.gov.cn/tjsj/zxfb/202102/t20210227_1814154.html。

相比之下，直接融资市场和非银行金融机构尽管发展很快，但总体实力仍然偏弱。银保监会发布《2020年12月保险业经营情况表》，数据显示，中国保险业2020年累计实现原保险保费收入4.53万亿元，同比增长6.12%。① 虽然保险业近年来取得了不错的发展，但相较于银行这一融资主渠道还有一定差距。

4. 市场机制没有充分发挥作用

政府在我国金融市场上始终扮演着十分重要的角色，既是金融市场的所有者、监管者又是行业促进者。因为政府同时担任着不同的角色，这就使其出现有时角色职能相互冲突、有时相互重合的现象，从而使金融市场产生扭曲。这种扭曲也反映在绿色金融市场上，它使得市场机制没有充分发挥作用，更多的是政府在推动和主导，主要表现为：商业性金融机构和政策性金融机构的职能和业务边界有待进一步厘清；股票和债券市场都存在不必要的行政审批制度；资本市场信息披露不足，透明度不高；企业的公司治理机制有待进一步完善；金融监管框架有待进一步完善；金融衍生品市场发育不够；投资者保护制度存在缺陷。

---

① 《2020年12月保险业经营情况表》，http://www.cbirc.gov.cn/cn/view/pages/ItemDetail.html?docId=963080&itemId=954&generaltype=0。

第四章　绿色信贷

社会和经济的发展离不开人类赖以生存的自然环境。在物质财富极大丰富、科技进步日新月异的今天，人类生活的环境却每况愈下。资源的枯竭、环境的恶化不仅直接影响经济的可持续发展和人类生活的质量，而且威胁人类的生存，发展绿色经济、建设生态文明成为当今世界普遍关注的问题。

金融是现代经济的核心，在市场经济条件下，金融业掌握着巨大的经济资源，在推动环境保护、转变经济发展方式方面发挥着重要作用。从国际经验来看，绿色信贷是商业银行面对环境危机和风险所做出的战略调整和基于应对环境风险所产生的一系列新的业务流程和管理系统。绿色信贷政策作为一种重要的经济手段，是国际上通用的一项市场化环保措施。世界银行和其他金融机构都拥有自己的绿色信贷方面的政策，在向公共或私有部门项目提供贷款时都将环境问题纳入考量。

第一节　绿色信贷的内涵和理论基础

一　绿色信贷的内涵

在当前的理论研究和实践中，一般认为绿色信贷的内涵有广义和狭义之分，狭义的绿色信贷仅仅是指一种商业银行的信贷经营行为；而广义的绿色信贷是指国家相关部门和银行业联合限制、阻断企业危害环境的行为，鼓励、发展企业环境友好的行为，促进节能减排、降低金融风险的重要经济手段。因此，广义的绿色信贷应包括两个层面的含义：一是国家政策层面，政府通过政策激励、引导商业银行在信贷经营中承担相应的社会环境责任；二是商业银行自身经营管理层面，培育和支持资源节约型、环境友好型企业成长和发展，对污染性或存在环境问题的企业和项目的投资贷款、流动资金等进行限制。

（一）基于国家政策层面的绿色信贷内涵

基于国家政策层面的绿色信贷是指国家通过调控商业银行的信贷行为来达到环境保护目标的一项环境经济政策，通常我们也将其称为绿色信贷政策，属于国家宏观调控的范畴。其基本政策手段包括：强化商业银行的环境法律责任，央行、银监会、环保等部门对积极实施绿色信贷的银行进行奖励或资源支持，推出限制贷款行业名录，制定有利于环保产业的税收或者补贴政策等。我国在绿色信贷政策制定方面虽然起步较晚，但在较短的时间内迅速与国际通行惯例接轨，取得了阶段性成绩。1996年3月，我国政府在《国民经济和社会发展"九五"计划和2010年远景目标纲要》中，确立了可持续发展为我国的战略目标。2007年7月出台的《关于落实环保政策法规防范信贷风险的意见》（以下简称《意见》）被普遍认为是以信贷手段来遏制高耗能、高污染行业盲目扩张的一个重要制度和创新，是我国现阶段绿色信贷政策的基础性文件。它引入了"赤道原则"的一些理念，建立了我国绿色信贷的基础。自《意见》发布以来，环保部门、中国人民银行和银监会等各级机构积极配合，研究制定了一些部门性和地方性的绿色信贷政策，对控制高耗能、高污染行业的信贷投放、信贷管理做出了具体规定。2012年2月，银监会出台的《绿色信贷指引》指导并督促银行业金融机构严格落实国家产业政策和环保政策，严把支持节能减排和淘汰落后产能的信贷关口，使绿色信贷政策的实施开始由政策层面逐步向操作层面推进。

（二）基于商业银行层面的绿色信贷内涵

基于商业银行层面的绿色信贷是指商业银行和政策性银行等金融机构依据国家环境经济政策和产业政策，对节能减排和生态环保项目予以金融支持，着力发展低碳经济，开发多种形式的低碳金融创新产品，引导资金和贷款流入可促进国家环保事业发展的企业和机构，实现资金的"绿色配置"。具体而言，商业银行绿色信贷的核心内容包括：一是制定恰当的信贷规则和手段（包括贷款品种、期限、利率和额度），支持环保和节能项目或企业；二是对违反环保和节能等相关法律法规的项目或企业采取停贷、缓贷，甚至收回贷款等信贷处罚措施；三是银行运用信贷手段，引导和督促借款人防范环境风险，履行社会责任，并以此降低信贷风险。为了达到绿色信贷核心内容的要求，在信贷审核中商业银行应将环境风险纳入其信贷审核标准和程序，并在其信贷战略分析中纳入环境风险分析。

这两个层面的绿色信贷内涵是相互影响、相互促进的。如果没有国家相关的绿色信贷政策作引导，银行就没有动力建立绿色信贷管理体系；国家绿色信贷政策绩效的体现则要依赖银行绿色信贷的有效执行。实行绿色信贷政策，将环境信息与金融部门共享，实现环境保护与金融信贷的联动，有助于金融机构充分了解企业环境信息，从而及时、准确地对企业环境风险做出正确判断。将环境政策作为新增客户信贷投放的前提条件，严控信贷"闸门"，有效防范环境风险。随着国家对绿色信贷政策的进一步推动，在规避信贷风险的同时，商业银行也逐渐意识到这个政策给它们带来的全新机遇，通过开发各种创新性的金融产品，实现履行环境责任和企业盈利的双赢。

因此，本书所界定的绿色信贷是指政府相关部门和银行业金融机构为促进经济社会全面协调绿色发展，围绕节能减排、环境保护和社会进步，规避金融风险所做出的相关制度安排、信贷活动和金融服务。

二 "赤道原则"在绿色信贷中的应用

国际上关于绿色信贷最著名、最重要的原则是"赤道原则"。2002年提出的"赤道原则"是用于评估、管理与项目融资有关的环境和社会问题的一套自愿性原则。2019年11月底，"赤道原则"第四版完成发布。这也是目前全球流行的自愿性绿色信贷原则，是国际项目融资的一个新标准（该标准要求金融机构在向额度超过1000万美元的项目贷款时，需综合评估其对环境和社会的影响，并利用金融杠杆手段促进项目与社会的和谐发展）。而那些采纳了"赤道原则"的银行又被称为"赤道银行"。具体来说，根据"赤道原则"，如果贷款企业不符合"赤道原则"中所提出的社会和环境标准，那么"赤道银行"将拒绝为该企业或者项目提供融资服务。

（一）"赤道原则"在全球的发展状况

"赤道原则"提出后得到了世界众多知名金融机构的认可。2003年6月4日，荷兰银行等10家国际知名银行宣布采用"赤道原则"，成为第一批"赤道银行"。此后，越来越多的国家和地区的银行采用了"赤道原则"（见图4-1）。"赤道原则"官网显示，截至2020年10月，宣布实行"赤道原则"的金融机构已有111家，地区分布较为广泛，遍布全球38个国家和地区（见图4-2），覆盖了全球新兴市场超过70%的项目融资，金融机构的类型也不仅限于商业银行，还有一些保险公司、双边开发机构和出口信贷机构。2008年，兴业银行宣布实行"赤道原则"，成为我国首家"赤道银行"。江苏银行于2016年12月26日召开董事会，通过了同意采用"赤道原则"的决议，2017年1月20日正式宣布采纳"赤道原则"，成为继兴业银行之后我国第二家"赤道银行"。截至2020年10月，我国已经有五家"赤道银行"，分别为：兴业银行、江苏银行、湖州银行、重庆农村商业银行、绵阳市商业银行。

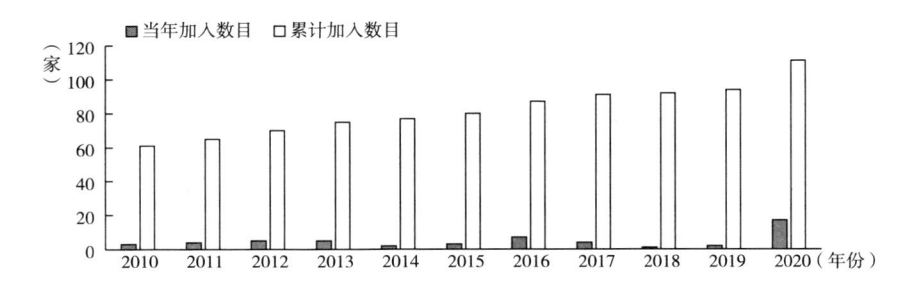

图 4-1 2010 年至 2020 年 10 月加入"赤道原则"的国际金融机构数目

资料来源：EQUATOR PRINCIPLES, https://equator-principles.com/。

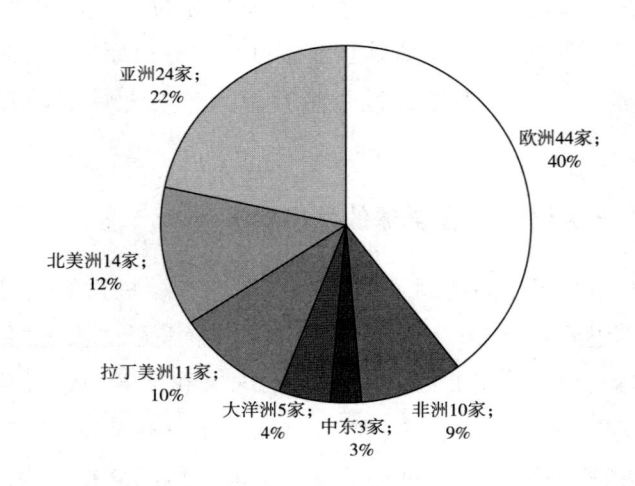

图 4-2　全球各地区金融机构采用"赤道原则"的情况
资料来源：EQUATOR PRINCIPLES, https://equator-principles.com/。

（二）我国采用"赤道原则"是必然选择

经过十多年的全球实践，"赤道原则"已经成为项目融资领域的国际惯例和行业标准，对于不断发展壮大并志在拓展国际业务的我国商业银行来说，采纳"赤道原则"是必然的选择。

第一，我国对外投资流量长期居全球第二。2015年中国对外直接投资创下1456.7亿美元的历史新高，占全球流量的份额由2002年的0.4%提升至9.9%，我国对外投资流量跃居全球第二。[①] 从统计上而言，这意味着从2015年起，中国正式成为资本对外输出国。随着国内经济实力不断增强，商务部、国家统计局、国家外汇管理局发布的《2019年度中国对外直接投资统计公报》显示，至2019年我国对外直接投资流量依然蝉联全球第二，存量保持全球第三。[②] 2019年我国已经成为对外投资大国，对外投资所借

[①] 商务部、国家统计局、国家外汇管理局联合发布《2015年度中国对外直接投资统计公报》，http://hzs.mofcom.gov.cn/article/date/201612/20161202103624.shtml。

[②] 商务部等部门联合发布《2019年度中国对外直接投资统计公报》，http://hzs.mofcom.gov.cn/article/date/202009/20200903001523.shtml。

助的商业银行的力量与采取的"赤道原则"将实现我国商业银行与国际金融体制的"接轨",占据更为有利的竞争地位,从而更好地支持我国企业的对外投资。

第二,增强我国商业银行在国际上的竞争力。近年来,一方面,伴随我国企业"走出去"的步伐不断加快以及人民币国际化的快速推进,我国商业银行也加快了国际化经营的步伐,积极抢占国际业务;另一方面,新兴市场快速发展,资金需求量大。不过,我国商业银行在拓展国际业务中时常因为企业社会责任问题受到相关质疑。如 2010 年中国工商银行在已经同意为埃塞俄比亚的吉贝三级大坝项目提供约 4 亿美元贷款的情况下,一些环保组织认为这一项目将给当地生态环境造成影响——吉贝三级大坝将会终止下游的自然洪水周期,并减少进入图尔卡纳湖(位于肯尼亚北部,与埃塞俄比亚边境相连,是肯尼亚北部居民生计的根本)的水流量。图尔卡纳湖是一个咸水湖,一旦来水减少,湖水盐分加大,将导致湖区生态环境崩溃。[①] 如果采取"赤道原则",将会树立我国商业银行的良好国际形象,从而增强拓展国际业务的竞争力。

第三,增大获利空间。"赤道原则"是一套非强制的自愿性准则,用以决定、衡量以及管理社会及环境风险。一个显然的事实是采取"赤道原则"将促使商业银行更好地履行社会责任,为环境保护做出更大的贡献,肯定会提高商业银行的品牌影响力和社会美誉度。不过,商业银行作为独立的市场经营主体,其本身面临资产规模扩大、股东投资回报、控制信贷风险等方面的巨大压力。对于我国商业银行而言,采取"赤道原则"后成本增加还是减少,盈利能力上升还是下降,获利空间压缩还是增大,仍存有较大的疑虑。

从欧美发达国家大型银行的实践经验来看,商业银行采纳"赤道原则"的优点明显:一是提升了商业银行自身的品牌影响力和社会美誉度;二是积累了环境管理方面的经验,增强了业务竞争优势;三是赢得了更多的商业机会,产生了更大的经济效益。因此,为支持企业对外投资、抢占

---

① 《破坏生态?工行非洲水利贷款项目引争议》,https://www.yicai.com/news/368667.html。

国际金融业务、持续推动绿色金融发展，我国商业银行应采纳"赤道原则"。

三 绿色信贷的理论基础

国外绿色信贷的理论研究建立在商业银行经营与管理、绿色金融、环境金融等基础上，它们是对传统金融投资理论的批判性继承，因此，在深入研究绿色信贷相关问题之前，我们首先要对其形成的理论基础做一下回顾和梳理。

（一）商业银行资产负债管理理论

绿色信贷是商业银行面对环境危机和风险所做出的战略调整和基于应对环境风险和机遇所产生的一系列新的业务流程和管理系统。绿色信贷发展的理论基础之一就是商业银行资产负债管理理论。资产负债管理是商业银行为实现安全性、流动性和效益性"三性"统一的目标而采取的经营管理方法，随着银行实力和社会经济、金融、法律等经营环境的变化，资产负债管理理论和方法也在不断更新，绿色信贷的产生和发展恰恰顺应了经济形势的变化和商业银行发展的需要。

当前，各国商业银行普遍认同在其经营管理过程中必须遵循安全性、流动性、效益性的目标，这是商业银行资产负债管理理论的基础。但是这3个目标之间存在一定的矛盾，资产负债管理理论随着这个矛盾的变化而不断发展。

20世纪60年代以前，商业银行所处的经营环境较为简单，一方面负债来源稳定，银行无法主动扩大资金来源；另一方面由于金融市场不发达，融资工具单一，间接融资是经济活动中最主要的融资方式。银行主要通过对资产规模、结构和层次的管理来适当保持流动性，实现其经营管理目标，由此形成了资产管理理论。

20世纪60年代以后，经济金融环境发生了很大变化，单纯的资产管理理论对于商业银行的经营发展而言，就显得比较落后了。此时，在金融市场发展和金融创新的推动下，银行经营管理理论也发生了重大变革，负债管理理论取代了资产管理理论，成为指导商业银行经营的主流理论。该理论主张商业银行资产应该按照既定的目标增长，主要通过调整资产负债表中的负债方项目、在货币市场上的主动负债，或者购买资产来支持商业银行资产的扩张，实现商业银行的"三性"目标。负债管理理论改变了商业银行主要依赖较高水平的现金资产和出售短期证券来满足流动性和规模扩张的需要的状况，而是主动对负债进行管理，根据资产发展的需要调整或组织负债，让负债适应或支持资产。负债管理使商业银行降低了流动性资产储备水平，提高了资产的盈利能力。但负债管理也增大了银行的经营风险和经营成本。

自20世纪70年代中期开始，由于市场利率大幅上升，负债管理在负债成本及经营风险上的压力越来越大，因此，一种更高层次的系统管理——资产负债管理占据了主导地位。资产负债管理理论吸收了前两种管理理论的合理内容，并对其进行深化和发展。该理论认为商业银行追求的目标是财富最大化，或者说预期净值最大化，而商业银行的净值是资产和负债的差额，因而，资产负债管理理论认为单靠资产管理或负债管理都难以达到安全性、流动性、效益性的最优均衡，只有兼顾商业银行的资产方和负债方，强调资产和负债两者之间的整体规划和协调搭配，通过资产结构和负债结构的共同调整以及协调统一管理，才能控制市场利率波动的风险，保持资产的流动性，实现利润最大化的经营目标。

在利率和经营活动自由化、金融创新不断涌现以及衍生交易增加的背景下，经营风险大大增加，迫使商业银行必须采取更为全面的资产负债管理方法，提高风险管理技术，实现"三性"目标的最佳组合。《巴塞尔协议》和COSO委员会发布的《全面风险管理框架》更是为商业银行建立全面风险管理模式提供了指引和基础。正是在资产负债管理理论突出强调风险管理的理念下，随着人类对环境问题的日益关注，人们认识到环境风险和市场风险、信用风险等一样会影响商业银行的经营目标，充分评估和审查企业的环境和社会信息是确保商业银行安全性和流动性的重要措施，由此诞生了国际公认的"赤道原则"，随之绿色信贷得以不断发展。可见，绿色信贷是商业银行资产负债管理理论的延伸，并非脱离原有理论体系的探索，而是对原有理论的扩充和完善。在当前绿色发展理念共同认知的背景下，商业银行以环境和社会风险与机会作为切入点，更加注重环境风险因子的管理，将其纳入资产负债管理体系中，构建更加完备的商业银行资产负债管理理论。

（二）金融创新理论

1973 年"布雷顿森林体系"崩溃，西方主要国家相继取消外汇管制，逐步开始银行自由化改革，国际金融领域出现了金融创新浪潮，给国际银行业的经营与管理带来深刻影响。广义上的金融创新是一个连续不断的过程，金融领域为了适应社会、经济发展的需要，不断演进和发展，这一过程中的每一个环节都可看作一种金融创新。目前我们通常所讲的金融创新，泛指 20 世纪 70 年代以来西方国家银行体系中出现的一系列新的金融资产形式、新的金融市场和新的支付转账媒介。这一时期，金融市场的扩张、金融服务需求的扩大与金融管理体制产生了冲突，金融创新活动开始快速增加，相应地，一些学者开始将创新理论应用到金融理论的研究中，以解释金融创新的原因、机制和影响。到了 20 世纪 90 年代，金融创新理论基本形成了体系，成为金融研究的一个重要领域。

有观点认为，金融创新的主要原因是金融企业为了追求更大的利润，降低自身风险，满足市场对金融服务的新需求。社会财富的增长直接导致人们对新的金融产品和服务的需求，金融机构只有通过金融创新活动才能满足市场的新需求，进而才能参与分享社会财富增长带来的好处，实现利润的持续增长。还有观点认为金融创新是银行适应外部经营环境变化的结果，是银行依据外生变量的变化对经营管理内生变量的调整，也是对科技进步的积极吸收。这两种观点虽然说明了金融创新与经营环境变化之间存在的联系，但并不能有效解释为什么金融创新在特定年代更加活跃。因此第三种观点认为金融创新最主要的原因是金融组织规避管制的结果，当某一时期管制外的盈利机会足够多时，金融机构为了规避管制就会热衷于金融创新；当创新活动对金融体系的稳健性产生较大不利影响时，监管当局就会进一步严格管制，进而形成两者不断交替的一个相互推动过程。这一观点很好地解释了 20 世纪 90 年代末期以前的金融创新活动。

20 世纪 90 年代末期以后，金融创新活动呈现持续不断、逐步增加的趋势，创新的客体开始超越传统的货币、信用对象，变得越来越丰富，一些过去与金融活动无关的因素（如天气、污染等）逐步成为金融创新考虑的对象，绿色信贷就是商业银行应对环境风险与机遇的一种金融创新。尤其是 2008 年国际金融危机以来，人类越来越清晰地认识到工业文明所带来的"黑色危机"的严峻性，巨大的危机往往带来重大的变革与创新，并给予全面生态变革与绿色转型强大的动力，人类正面临前所未有的绿色发展机遇。这是危机创新时代，黑色发展逼近绿色创新发展。绿色信贷正是应运而生的重大创新，是应对"黑色危机"、促进绿色经济与绿色发展的重要市场手段。

（三）环境风险理论

随着银行业全面对外资开放，我国商业银行面临的竞争日趋激烈，面临的金融风险也与日俱增。只有采取行之有效的风险管理机制，进一步完善商业银行的风险控制体系，才能加快解决国内银行风险管理中存在的问题，从而提升国有银行的竞争力，与国际化接轨。

风险是产生损失的可能性或不确定性。金融风险则是指金融机构在从事金融运作中，由于某些因素发生意外的变动而蒙受损失的可能性。风险是与商业银行相伴相生的产物，风险管理是银行最具决定意义的管理实践之一，也是衡量银行核心竞争力和市场价值的最重要考量因素之一。银行风险管理就其内涵而言是通过风险分析、风险预测、风险控制等方法，预测、规避、排除或者转移经营中的风险，从而减少或避免经济损失，保证经营资金乃至金融体系的安全。2004 年 6 月，《巴塞尔新资本协议》的出台，标志着现代商业银行的风险管理出现了一个显著的变化，就是由以前单一的信贷风险管理模式演变为信用风险、市场风险、操作风险、社会风险并举，信贷资产与非信贷资产并举，组织流程再造与技术手段创新并举的全面风险管理模式。

长期以来，环境问题一直被认为是企业面临的风险，并没有引起银行业足够的重视，因为在惯性思维中，环境问题与银行没有相关性。通常商业银行在决定任何一项贷款时，也很少将环境因素纳入其考虑的范围内，一些严重污染企业反倒由于其成本低、具有更好的经济效益而成为一些银行的优质客户。但从1970年以来，环境问题对银行信贷业务的影响开始凸显，很多银行因此遭受大额损失。显然，作为与企业经营活动密切联系的银行业为了保证信贷投资活动的效益和资金安全，对投资企业和投资项目的环境问题和环境风险的重视是必然的战略选择。

商业银行的环境风险是指人们环保意识的提高以及相关法律的出台，使企业生产经营活动受到更多的制约，企业经营前景不确定性风险增加，从而给作为企业资金供给者的商业银行带来的风险。这些风险主要包括以下方面。一是直接风险。直接风险是指商业银行作为抵押物的受益方或债权人而产生的代替企业承担环境责任的风险。商业银行在为企业提供贷款时，多要求借款人提供房屋、土地或设备作为抵押。如果商业银行作为抵押的受益方一旦决定对抵押品采取措施并最终取得所有权，就要求作为抵押物的所有人对所抵押的场地或设备所造成的污染和后果承担责任。二是间接风险。间接风险是指企业的环境负债可能影响其偿付贷款能力而造成的商业银行的风险。由于政府环境管制日益严格，企业履行法律所规定的环保义务引起的成本和支出增加，从而可能影响借款人的现金流继而影响其偿贷能力。如果贷款企业不遵守环保政策，就会面临罚款、支付治理成本、暂时或永久停业，严重的会导致企业破产，直接威胁到商业银行的信贷资产安全。三是名誉风险。名誉风险是指商业银行因与环境污染型企业相关联而遭遇名誉损失的风险。银行作为信用中介，声誉和形象是其最重要的"资产"，随着政府、监管部门、非政府组织和媒体对银行信贷政策关注程度的日渐提高，银行在贷款项目环境风险审查上有失谨慎而导致的环境及社会后果将会对其声誉造成极大的负面影响。

目前我国法律并没有要求银行信贷承担环境审查义务。尽管我国《环境保护法》第六条规定了一切单位和个人都有保护环境的义务，但是对于我国商业银行来说，环境风险主要是来自贷款企业。由于各种涉及环境问题的国际、国内法律法规和环境标准的大量出台并且日趋严格，企业的生产经营活动受到更多制约，经营前景的不确定性风险增加，从而使环境风险成为信贷活动中风险评估和风险管理的重要对象。特别是1997年修订的《刑法》增加了"破坏环境资源保护罪"一节共9条，对排污、进口废物等破坏环境的行为做了刑事处罚规定，从而确立了我国环境污染民事责任、行政责任、刑事责任相结合的完整法律责任体系。

此外，随着工业的快速发展，我国已进入环境污染事故高发期。其中往往一个环境污染或者破坏事件就能造成上亿元的经济损失，如松花江水质污染事件，中国石油天然气股份有限公司将面临俄罗斯数百万美元的赔偿要求，并面临巨额民事赔偿和行政处罚，相关责任人甚至面临刑事处罚。该案例说明了企业如果不重视环境管理，发生环境事故后将会遭受较大的经济损失，也表明了银行信贷进行环境风险评估的重要性。

目前，在商业银行环境风险管理方面，国际上已经形成了一套较为完整的理论体系，而且这一理论体系仍在实践中不断发展和完善。而其中最为著名的是关于商业银行项目融资的环境风险管理体系——"赤道原则"。

（四）生态经济与绿色经济理论

生态经济与绿色经济理论是绿色信贷的理论基础，绿色信贷是它们在金融领域上的延续和创新。很长一段时间，人们一直认为水、空气等环境资源取之不尽、用之不竭，视大自然为净化废弃物的场所，但是随着时间的推移，自然环境的恶化问题不断显现出来，资源环境的利用和保护越来越成为焦点。随着生态经济学研究的不断展开，许多学者提出在经济发展规划中要考虑生态因素，社会经济发展必须既能满足人类的基本需要，又不能超出环境负荷。超出环境负荷，自然资源的再生增值能力和环境自净能力会受到破坏，并引起严重的环境问题，社会经济也不能持续发展。

当今世界系统运行很多是依靠"环境透支""生态赤字"来维持的，而且自然生态系统的"生态赤字"还在不断扩大。工业文明发展的辉煌成就的取得有的是以自然、人、社会的损害为代价的，有的是以牺牲自然生态环境为代价的。尤其在20世纪后期人类连续遭受世界性的环境事件的危害，资源短缺、全球变暖、生态退化、荒漠化严重、人口剧增、失业、贫困、疾病、社会不公平等，引发了经济、政治和社会等各种错综复杂的矛盾，面对日益严峻的全球性问题，人们理性地提出了绿色发展的理论构想。

发展绿色经济、推进绿色发展，是世界各国的共同目标和绿色使命。然而，当前西方发达资本主义国家对内实行绿色资本主义的发展路线，是在不触动资本主义文明及工业文明黑色经济体系与发展模式根本的前提下，通过单纯的技术路线来治理、修复、改善自然生态环境，寻求自然生态环境和资本主义协调发展，缓解人与自然的尖锐矛盾，并在对高度现代化的工业文明重新塑造的基础上走有限的"生态化或绿色化转型发展道路"，即绿色发展道路，实践已经证明，这是不可能走出工业文明"黑色危机"的。改革开放以来，我国始终坚持保护环境和节约资源的基本国策，实施可持续发展战略。从发展生态农业、生态工业到建设生态省、生态城市、生态乡村，从坚持走生产发展、生活富裕、生态良好的文明发展道路，建设资源节约型、环境友好型经济社会到发展绿色经济、循环经济、低碳经济，从大力推进生态文明建设到着力推进绿色发展、循环发展、低碳发展等，都取得了明显进展和积极成效。特别是党的十八大确立了社会主义生态文明科学理论，指出建设中国特色社会主义的总体布局是经济建设、政治建设、文化建设、社会建设、生态文明建设"五位一体"。

21世纪是建设生态文明和发展绿色经济的新时期，它主导的社会文明形态是生态文明或绿色文明，主导经济形态是生态经济或绿色经济。我国将经济社会绿色化作为生态文明建设与绿色发展的核心内容与基本途径，从而在当今世界率先开拓了从工业文明黑色发展道路与模式转向生态文明绿色发展道路与模式。

（五）绿色金融理论

"绿色金融"又被称为"可持续金融"，主要指从环境保护和绿色发展角度重新调整金融机构的经营理念、管理政策、产品创新和业务流程，从而实现金融机构自身效益、企业社会责任以及环境保护的共赢。

传统的效率市场理论认为，金融投资可以使市场达到资源配置的最优状态，但这种"最优"并非绿色发展的"最优"。一方面，金融市场的价格信息没有反映环境成本，资源配置会因扭曲的价格而导致失衡；另一方面，金融市场的资源配置没有考虑代际公平原则。在绿色金融中，从金融和环境的关系入手，重新审视金融，将生态观念引入金融，改变过去高耗能、低产出、重数量、轻质量的金融增长方式，以形成有利于节约资源、降低消耗、增加效益、改善环境的金融增长模式。可见，绿色金融理论是绿色发展理论在金融领域的延伸，是对它的进一步发展，它从金融机构角度对绿色发展的路径进行了设计。金融是现代经济的核心，金融机构与绿色发展密切相关，通过金融机构的有效运作，可以大大提高环境保护的效率，从而推动整个社会的绿色发展。绿色金融是金融领域的创新，是传统金融意识和现代环保意识的融合。它依靠金融手段和金融创新影响企业的投资取向，进而影响经济取向。

绿色金融理论认为，发展绿色金融能够有效克服市场失灵和政府失灵问题。环境污染问题具有很强的负外部性，通过市场手段进行调节会出现失灵甚至无效的情况。而政府的介入往往以事后处罚为主，并由于地方保护主义、办事程序拖拉与效率低等原因而导致政府失灵。绿色金融将环境风险纳入金融机构的风险管理当中，借助市场机制、政府管制、行业自律、社会监督等多重力量，既能解决市场失灵，又能规避政府失灵，推进经济的绿色可持续发展。

国外往往把碳金融作为绿色金融研究和实践的重点。1997年《京都议定书》的签订为二氧化碳排放权的交易提供了可能性。2002年10月，国际金融公司联合荷兰银行等9家商业银行制定了《环境与社会风险的项目融资指南》，即"赤道原则"，全球大型融资项目的90%以上遵循"赤道原则"。目前很多国际组织、政府部门、学术机构和金融机构在对绿色金融理论进行深入研究或实践。综合来看，这方面的研究主要包括四类问题：识别环境风险和机遇、资产定价和审核、环境风险管理、金融工具创新。绿色金融的实践则主要集中在：一是通过监督金融机构注重环境问题来规避环境危机带来的金融风险；二是运用金融手段来达到保护环境的目的，金融机构在业务经营中注重将社会、环境价值等纳入公司治理目标。

由于我国资本市场和保险市场尚未充分发展，因此我国全面发展绿色金融理论必须以商业银行为主要载体，这意味着绿色信贷在我国绿色发展进程中将发挥不可替代的作用。在绿色信贷中，银行将环境因素视为一种可利用的资源，其社会职能就出现了转变，不仅是资源配置的中介，也成为风险资源和环境资源配置的主体，银行将从中获得新的机遇和竞争优势。商业银行对资金、风险、环境资源进行配置，有利于引导资金流向和公众投资行为，有利于社会环境和社会福利的改进，有利于绿色经济和生态经济的建设。

四 绿色信贷对保护生态环境、发展绿色经济的作用

改革开放40年来，我国社会经济发展取得了举世瞩目的成就，人民生活得到了巨大改善。但是在发展的过程中，出现了资源的过度开发和低效利用以及生态环境恶化的趋势，经济发展与生态平衡的矛盾日益尖锐，以牺牲资源和环境为代价、单纯追求高增长的经济发展模式已经难以为继，取而代之的是低碳经济、绿色经济。习近平在党的十九大所做的报告全面阐述了加快生态文明体制改革、推进绿色发展、建设美丽中国的战略部署。面对资源约束趋紧、环境污染严重、生态系统退化的严峻形势，必须树立尊重自然、顺应自然、保护自然的生态文明理念，把生态文明建设放在突出地位，融入经济建设、政治建设、文化建设、社会建设的各方面和全过程，努力建设美丽中国，实现中华民族永续发展。

绿色信贷政策作为经济手段中的重要一种，被发达国家广泛采用，是国际上通用的一项环保措施，其在治理污染、保护生态环境、促进绿色发展方面具有重要的作用。

（一）绿色信贷能够有效规范企业经营行为

绿色信贷主要是通过融资环节影响企业资本成本，进而对企业生产经营产生影响，抑制企业的环境污染行为，鼓励和规范企业正规经营行为。绿色信贷不仅对低碳和节能减排的项目及企业实施信贷优惠支持，也对那些污染环境的企业实施信贷控制，对严重污染环境的企业，银行甚至还会采取相应的措施来收回已经发放的贷款，从资金源头上防止企业进行盲目

投资和低水平重复建设。因此，绿色信贷的有效实施，能够直接或间接截断"两高一剩"企业的资金链条，通过增加企业的融资成本来抑制企业投资于有可能造成环境污染、资源浪费的项目，其效果就相当于对高耗能、高污染和产能过剩企业开征污染税，既惩罚了污染企业，有效限制了企业的污染行为，又不至于降低市场的资源配置效率。绿色信贷通过银行信贷严格控制对污染企业的资金投入，遏制其投资冲动和规模扩大，这就促使企业进行节能减排或将资金投入非污染行业中去，使这些企业在防污治污上由被动变为主动，促进企业环保意识的觉醒或提高，增强企业的社会责任感，通过绿色创新，促进经济结构的调整和经济增长方式的转变。

（二）绿色信贷能够引导资金流向

银行在配置与调控资源上具有独特的作用，实施绿色信贷，银行在管理项目融资上适用更为严格的评审标准与流程，可以依靠科学的筛选工具选择优质项目，这就决定了只有那些效益好、耗能低、环境和社会风险能够得到控制的项目或企业才能获得融资支持，而限制了那些对环境和社会造成损害的项目或企业的发展，从而将金融资源引向那些有良好环境表现的企业或项目，实现更有效的配置。为了规避绿色金融的惩罚和赢得相应的发展机会，很多创业者就会更多地涉足环境风险低的领域，很多成功的企业就会在上市融资和再融资上更多地倾向于绿色产业、环保产业，从而使得投资结构优化，产业的环保化不断推进。2007年以来，我国商业银行逐渐加大对节能减排、新能源等国家政策鼓励领域的支持力度，将工业节能改造、资源循环利用、污染防治、生态保护、新能源、可再生能源利用和绿色产业链列为重点支持项目。

（三）绿色信贷能够有效克服市场失灵和政府失灵

环境资源属于公共产品，同时又是公共资源，环境污染问题具有很强的负外部性，但由于其产权不明晰或具有多重性，市场机制在这一领域显然是无能为力的，从而进入"破坏环境"的纳什均衡状态。这种负外部性只能通过行政管制和外部性的内部化来加以解决。如政府制定的某些经济发展目标（GDP 的增长、经济增长速度的提高等），使经济主体片面追求经济总量的增加而忽视质量的提高，无形之中又加重了政府失灵和市场失灵的程度，使"生态赤字"越来越严重。绿色信贷将环境风险纳入金融机构的风险管理当中，借助市场机制、政府管制、行业自律、社会监督等多重力量，推进经济的绿色可持续发展。

（四）绿色信贷能够缓解环境和生态问题

面对资源约束趋紧、环境污染严重、生态系统退化的严峻形势，以绿色信贷推进生态文明建设是时代赋予金融行业的责任与使命。

从发达国家的经验来看，一旦环境退化水平超过生态阈值，就可能造成实物上的不可逆转或者逆转费用极其高昂。而解决环境问题，关键在于生态补偿机制。所谓生态补偿，是指调整环境保护（或破坏行为）相关主体利益关系的一种制度安排。在形式上，生态补偿表现为消费自然资源和使用生态系统服务功能的受益人，在有关法规和制度的约束下，向提供生态服务的地区、机构或个人支付费用的行为。绿色金融本质上是一种市场化的生态补偿机制。银行业金融机构在执行绿色信贷的过程中，需要重点关注其客户及其重要关联方在建设、生产、经营活动中可能给环境和社会带来的危害及相关风险，包括与耗能、污染、土地、健康、安全、移民安置、生态保护、气候变化等有关的环境与社会问题。银行通过履行审慎性的审核调查义务，可以更有效地去评价、识别环境与社会风险；通过金融的杠杆作用和资源配置功能引导社会资源流向，实现经济的可持续发展以及人与自然的和谐共处，促进金融与实体经济的良性互动和可持续发展。因此，绿色信贷应当成为金融生态经济发展的重要组成部分，通过吸收、运用生态经济原理，在实现自身可持续发展的基础上不断推动我国生态经济发展的进程。

第二节　我国绿色信贷的发展历程及现状分析

在我国，以银行信贷为主要形式的间接融资占绝对主体，银行信贷投向在很大程度上决定了生产要素的流向和配置,因此绿色信贷就成为我国绿色金融的主体。中国绿色信贷起步较晚,1995年国家宏观层面的绿色信贷政策和制度开始推出;2007年在国家环保总局、银监会和中国人民银行联合下发了《关于落实环保政策法规防范信贷风险的意见》,标志着绿色信贷这一经济手段全面进入我国污染减排的主战场;2012年银监会发布《绿色信贷指引》,标志着我国绿色信贷进入规范和高速发展阶段。在国家绿色信贷政策指导下,各地方政府纷纷推出了适合本地发展的绿色信贷政策。

在实践中,我国政策性银行在发展低碳经济和绿色信贷的进程中扮演了重要的引导和支持角色,在开发性金融、国际合作以及农业等项目中,有力践行了绿色信贷原则,成为政府引导经济绿色发展的重要机构。商业银行也越来越重视发展绿色信贷,将支持节能减排和环境保护作为自身经营战略的重要组成部分,基本形成了自身的绿色信贷政策体系。近年来,各商业银行严格控制对高污染、高耗能和产能过剩行业的信贷投放,节能减排、新能源等贷款稳步增长,绿色信贷产品不断创新,有效引导资金流向有良好环境表现的企业或项目,经济杠杆作用初见成效。但是目前我国绿色信贷仍处于起步发展阶段,绿色信贷总量还相当微薄,实践中存在诸多如绿色信贷制度缺失、激励与约束机制匮乏、社会责任感不强、标准不统一、信息交流不畅等制约绿色信贷发展的因素,需要在今后的发展中不断完善。

一 我国绿色信贷的发展历程

绿色信贷政策在中国的发展是随着经济体制的改革以及环境管理的发展而逐步建立和完善的,大致分为以下三个阶段。

(一)起步阶段(1995~2006年)

早在1995年,中国人民银行就下发了《关于贯彻信贷政策与加强环境保护工作有关问题的通知》,对金融部门在信贷工作中落实国家的环境政策问题做出规定。要求各级金融部门在信贷工作中要重视自然资源和环境的保护，把支持生态资源的保护和污染的防治作为银行贷款的考虑因素之一。这是我国首次采用金融手段来限制和引导企业投资活动，也是绿色信贷政策的雏形。

1996年3月，我国政府颁布了《国民经济和社会发展"九五"计划和2010年远景目标纲要》，确立了可持续发展为我国的战略目标。1996年，国务院颁布了《关于环境保护若干问题的决定》，就实行环境质量行政领导负责制、维护生态平衡、保护和合理开发自然资源、严格环保执法、强化环境监督管理、大力发展环境保护产业、加强宣传教育、提高全民环保意识等问题做出了具体规定。

2004年，国家发展改革委、中国人民银行和银监会联合发布了《关于进一步加强产业政策和信贷政策协调配合控制信贷风险有关问题的通知》，明确了对于禁止类目录的建设项目，各金融机构要立即停止各种形式的新增授信支持，对已实施的项目授信要采取妥善措施予以收回；对于限制类目录所涉及的建设项目，各级投资主管部门要立即停止审批，拟建项目一律停止建设；在建项目暂停建设，由各级投资主管部门牵头进行清理整顿，区别对待，分类处理。在清理整顿期间，各金融机构要停止给予新的各种形式的授信支持。

2005年12月，国务院发布了《关于落实科学发展观加强环境保护的决定》，再次强调了金融部门要制定有利于环境保护的金融政策。

（二）引导推动阶段（2007～2010年）

2007年，为加强环保和信贷管理工作的协调配合，强化环境监督管理，严格信贷环保要求，促进污染减排，防范信贷风险，国家环保总局、中国人民银行和银监会联合下发了《关于落实环保政策法规防范信贷风险的意见》（环发〔2007〕108号），明确指出对企业和建设项目的环境监管和信贷管理已经成为一项紧迫的任务。金融机构应依据国家建设项目环境保护管理规定和环保部门通报情况，严格贷款审批、发放和监督管理。各商业银行要将支持环保工作、控制对污染企业的信贷作为履行社会责任的重要内容。这是一项全新的信贷政策，与当前倡导的绿色信贷理念高度契合。同年，为配合国家节能减排战略的顺利实施，督促银行业金融机构把调整和优化信贷结构与国家经济结构紧密结合，有效防范信贷风险，中国银监会下发了《节能减排授信工作指导意见》（银监发〔2007〕83号），要求银行业金融机构从落实科学发展观、促进经济社会全面可持续发展、确保银行业安全稳健运行的战略高度出发，从战略规划、内部控制、风险管理、业务发展着手，防范高耗能、高污染行业带来的各类风险，切实做好与节能减排有关的授信工作。2007年12月，中国银监会发布的《关于加强银行业金融机构社会责任的意见》指出，银行业金融机构的社会责任至少应包括节约资源、保护和改善自然生态环境。2007年，我国颁发的一系列文件阐明了发展绿色信贷的紧迫性和重要性，标志着环境保护国家意志的强化，标志着我国绿色信贷的正式起步，这为有关环保法律的制定、修改和绿色信贷政策的法律化提供了难得的历史机遇。

2008年，中国银行业协会发布了《中国银行业金融机构企业社会责任指引》，对银行业金融机构履行企业社会责任的管理机制和制度提出了建议。

2009年，中国银行业协会首次公开发布了《中国银行业社会责任报告》，从银行业发展概况、银行业对经济社会发展贡献情况、银行业对利益相关者尽责情况等六个方面介绍了银行履行社会责任情况。2009年12月23日，中国人民银行又联合银监会、证监会、保监会共同发布了《关于进一步做好金融服务支持重点产业调整振兴和抑制部分行业产能过剩的指导意见》（以下简称《指导意见》），明确指出要严格控制产能过剩行业的信贷投放，加大力度支持环保产业。《指导意见》明确要求，对于符合重点产业调整振兴规划要求、符合市场准入条件、符合银行信贷原则的企业和项目，要及时高效保证资金供给；对于不符合产业政策、市场准入条件、技术标准、资本金缺位的项目，不得提供授信支持；对属于产能过剩的产业项目，要从严审查和审批贷款。其中，禁止对国家已明确为严重产能过剩的产业中的企业和项目盲目放贷；对不符合重点产业调整振兴规划以及相关产业政策要求，未按规定程序审批或核准的项目，尤其是国家明令限期淘汰的产能落后、违法违规审批、未批先建、边批边建等项目，银行业金融机构不能提供任何形式的信贷支持。《指导意见》的提出进一步加大了对节能减排和生态环保项目的金融支持力度，支持发展低碳经济，鼓励银行业金融机构开发多种形式的低碳金融创新产品，对符合国家节能减排和环保要求的企业和项目，按绿色信贷原则加大支持力度。

2010年5月8日，中国银监会联合中国人民银行出台了《关于进一步做好支持节能减排和淘汰落后产能金融服务工作的意见》（银发〔2010〕170号），各银行业金融机构积极响应，进一步完善绿色信贷政策，以"节能减排、绿色环保和循环经济"为重点，开展符合国家产业政策与环保要求的信贷业务，防范环保风险，优化信贷结构，为促进绿色信贷发展提供制度保障。

（三）全面发展阶段（2011年至今）

2012年2月，为落实各项宏观调控政策、监管政策与产业政策，推动银行业金融机构以绿色信贷为抓手，积极调整信贷结构，更好地服务实体经济，促进经济发展方式转变和经济结构调整，银监会下发了《绿色信贷指引》（银监发〔2012〕4号，以下简称《指引》），从多个方面对银行业金融机构发展绿色信贷提出了具体要求。《指引》下发后，银行业金融机构积极落实各项要求，牢固树立绿色信贷理念，并将其作为自身经营战略的重要组成部分，加强绿色信贷相关组织、制度、流程和能力建设，逐步完善绿色信贷政策制度，不断增强以绿色信贷促进生态文明建设的自觉性、主动性。按照风险可控、商业可持续的原则，加大对战略性新兴产业、文化产业、生产性服务业、工业转型升级等重点领域的支持力度，主动防范由产能过快扩张带来的信贷风险，严防环境和社会风险引发的风险损失及不利影响，多措并举共同推动绿色信贷的蓬勃发展。

2013年，银监会推进绿色信贷统计制度，明确了12类节能环保项目和服务的绿色信贷统计范畴。

2014年6月，银监会发布了《绿色信贷实施情况关键评价指标》，完善绿色信贷考核评价体系，利用超过100个指标对组织管理、能力建设、流程管理、内控管理、信息披露等方面进行了规范。将考核评价结果作为银行业金融机构准入、工作人员履职评价和业务发展的重要依据，探索将绿色信贷实施成效纳入机构监管评级的具体办法，为开展绿色银行评级奠定基础。

2015年1月19日，中国银监会与国家发展改革委联合发布了《能效信贷指引》，鼓励和指导银行业金融机构积极开展能效信贷业务，有效防范能效信贷业务相关风险，支持产业结构调整和企业技术改造升级，促进节能减排，推动绿色发展。能效信贷是指银行业金融机构为支持用能单位提高能源利用效率、降低能源消耗而提供的信贷融资，《能效信贷指引》将引导更多的银行业金融机构进入绿色信贷领域，发挥其在引导社会资源流向绿色经济、低碳经济领域的资源配置作用。2015年9月11日，中共中央、国务院印发了《生态文明体制改革总体方案》，着重提出建立绿色金融体系。推广绿色信贷，研究采取财政贴息等方式加大扶持力度，鼓励各类金融机构加大绿色信贷的发放力度，明确贷款人的尽职免责要求和环境保护法律责任。建立绿色评级体系以及公益性的环境成本核算和影响评估体系。积极推动绿色金融领域各类国际合作。

2016年2月14日，中国人民银行等八部委联合印发了《关于金融支持工业稳增长调结构增效益的若干意见》，提出推动加快工业信贷产品创新，大力发展能效信贷、合同能源管理未来收益权质押贷款、排污权抵押贷款、碳排放权抵押贷款等绿色信贷业务，积极支持节能环保项目和服务。2016年8月31日，中国人民银行等七部委联合印发了《关于构建绿色金融体系的指导意见》（银发〔2016〕228号，以下简称《指导意见》）。随着《指导意见》的出台，中国成为全球首个建立了比较完整的绿色金融政策体系的经济体。《指导意见》强调，构建绿色金融体系的主要目的是动员和激励更多社会资本投入绿色产业，同时更有效地抑制污染性投资。构建绿色金融体系，不仅有助于加快我国经济向绿色化转型，也有利于促进环保、新能源、节能等领域的技术进步，加快培育新的经济增长点，提升经济增长潜力。《指导意见》提出了支持和鼓励绿色投融资的一系列激励措施，包括通过再贷款、专业化担保机制、设立国家绿色发展基金等措施支持绿色金融发展。

二 我国绿色信贷市场现状

近几年来，我国绿色金融实践取得了明显进展，可持续发展理念逐步建立，绿色产品不断创新，绿色金融市场也在逐步完善，绿色信贷在我国进入全面发展阶段。为支持节能环保、清洁能源、绿色交通运输、绿色建筑等领域的项目建设和运营，我国银行业金融机构在有效控制风险和商业可持续的前提下，大力发展绿色信贷，积极探索绿色信贷产品和服务创新。

（一）绿色贷款余额规模大

截至 2020 年末，我国国内主要银行机构绿色信贷运行情况如下。自 2013 年末至 2020 年末，国内 21 家主要银行绿色信贷余额从 5.20 万亿元增至 11.5 万亿元，按照信贷资金占绿色项目总投资的比例计算，21 家主要银行绿色信贷每年可支持节约标准煤超过 3 亿吨，减排二氧化碳当量超过 6 亿吨[1]，清洁能源产业 2020 年末余额首次突破 3 万亿元，已超过同期钢铁、煤炭、有色等三个主要高耗能领域贷款总量。

除此之外，绿色信贷质量整体良好，不良率远低于各项贷款整体不良率。中金公司发布的《"绿色银行"路径及政策建议》显示，自 2013 年末至 2018 年末，国内 21 家主要银行节能环保项目和服务的贷款不良率分别为 0.32%、0.20%、0.42%、0.49%、0.37%、0.42%。2020 年，绿色贷款不良率低于银行业贷款不良率 1.6 个百分点，连续三个季度保持在 0.5% 以下。[2]

（二）绿色信贷的环境效益逐步显现

以节能环保项目和服务贷款为例，按照贷款资金占项目总投资的比例，2017 年 6 月末节能环保项目和服务贷款预计每年可节约标准煤 2.15 亿吨，可减排二氧化碳当量 4.91 亿吨（相当于北京 7 万辆出租车停驶 336

---

[1]《截至去年末国内 21 家主要银行绿色信贷余额超 11 万亿》，http://www.gov.cn/xinwen/2021-03/26/content_5595819.htm。

[2]《中国绿色发展将迈上新台阶》，http://www.cfej.net/hbyq/rdpx/202102/t20210224_822169.shtml。

年，或相当于三峡水电站发电 8.4 年形成的减排二氧化碳当量）、化学需氧量 283.45 万吨、氨氮 26.76 万吨、二氧化硫 464.53 万吨、氮氧化物 313.11 万吨，节水 7.15 亿吨。①

（三）银行业金融机构积极开展绿色信贷

第一，兴业银行在我国绿色信贷领域的开拓。作为国内绿色金融的开拓者和"领头羊"，兴业银行早在 2006 年就与国际金融公司（IFC）联合在国内首创推出节能减排贷款，这标志着兴业银行正式进军绿色金融领域；2007 年，兴业银行与联合国环境规划署签署了《金融机构关于环境和可持续发展的声明》；2008 年，兴业银行公开承诺采纳"赤道原则"，从而成为全球第 63 家、中国首家"赤道银行"；2009 年，兴业银行在北京成立可持续金融业务专营机构，即可持续金融中心。多年来，兴业银行先后创新了能源合同管理、碳排放交易、排污权交易等融资产品，并率先在国内推出"绿金融全攻略"，构建起覆盖绿色产业链上下游的金融产品体系。而在体制机制方面，兴业银行总行还设立环境金融部，在全国 33 个一级分行设立了环境金融中心，并在二级分行配置专职的绿色金融产品经理。公开资料显示，截至 2019 年 10 月末，兴业银行已累计为 18941 家企业提供绿色金融融资 21070 亿元，资金所支持项目预计可实现在我国境内每年节约标准煤 3001 万吨，年减排二氧化碳 8435.79 万吨，年节水量 41001.28 万吨，相当于关闭 193 座 100 兆瓦火力发电站，10 万辆出租车停驶 41 年。②

第二，中国工商银行在 2007 年 9 月率先出台了《关于推进"绿色信贷"建设的意见》，提出了环保一票否决制，该制度的内容主要是对违反或者不符合国家环保政策的项目进行信贷制约，对有利于环境保护的企业和项目提供信贷支持并实施一系列适合的优惠政策。

---

① 《绿色信贷统计信息披露说明》，http://www.cbirc.gov.cn/cn/view/pages/ItemDetail.html?docId=171047&itemId=954&generaltype=0。
② 《绿色金融可持续发展的"兴业样本"》，https://www.cib.com.cn/cn/aboutCIB/about/news/2019/20191127.html。

中国工商银行还对法人客户的环保信息进行了标识,初步形成了客户环保风险数据库。目前,中国工商银行、中国农业银行、中国银行、中国建设银行等国有商业银行均将节能环保的要求引入信贷准入标准(本书相关章节会有各大商业银行在绿色信贷方面的成功经验介绍),各大商业银行在绿色信贷发展上进行了大胆的探索和成功的实践,为我国建立绿色金融体系、助推我国绿色产业的发展做出了重要贡献。

第三,2013年11月4日,中国工商银行、中国农业银行、中国银行、中国建设银行、交通银行、兴业银行等29家银行业金融机构签署了《中国银行业绿色信贷共同承诺》。一年后的2014年11月4日,由29家主要银行组成的中国银行业绿色信贷专业委员会正式宣告成立,该委员会的成立是我国绿色金融不断发展壮大、逐步走向成熟的重要标志。2015年4月22日,中国金融学会宣布成立绿色金融专业委员会。绿色金融专业委员会主要以组织专题小组的形式展开工作。公开资料显示,截至2017年10月,中国绿色金融专业委员会有190家成员单位,其管理的金融资产达120万亿元,约占中国金融业总资产的70%。[①]

三 我国绿色信贷发展中存在的问题及展望

(一)存在的问题

首先,由于部分绿色项目不同程度地存在前期投入大、技术尚不成熟、投资回收期长等问题,它们对市场资金的吸引力仍不足,而目前对银行业金融机构开展绿色信贷业务尚无实质性的激励和支持政策,部分银行业金融机构出于对成本与效益以及风险等因素的考虑,对风险收益评估不能满足要求的项目较难介入。

其次,国内银行业对环境和社会风险重要性的认识及风险识别能力仍有待提高。在盈利压力较大的情况下,环境与社会风险容易被忽视,这是全球银行业普遍存在的问题;同时对环境与社会风险的识别,尚未建立专

[①] 《中国绿金委与欧洲投资银行联合发布白皮书》,http://www.ce.cn/xwzx/gnsz/gdxw/201711/12/t20171112_26834500.shtml。

家咨询队伍,大多依靠项目的环境批文,这使得项目面临复杂环境与社会风险时易存在因评估不足而可能出现风险隐患;另外,对环境风险的评估大多没有进行定量分析。

最后,环境信息披露是发展绿色信贷的基础。同西方发达国家相比,我国尚未建立起完善的绿色信息披露机制,即使在信息透明度最高的上市公司中,也少有企业披露二氧化碳、二氧化硫排放量等环境数据,对外披露的环境信息中也是定性多、定量少。银行业金融机构在评估企业环境风险、给企业项目的信贷资产定价、制定行业信贷政策时,由于环境信息的缺乏,上述指标或政策所起的作用常常存在一定的盲目性,无法做到定量化,这对绿色信贷乃至我国绿色金融的发展形成了阻碍。

(二) 未来展望

1. 法律体系日渐完善,配套激励政策有望落地

为了激励银行业积极践行绿色信贷,将发行绿色信贷由"政策拉动"的公益活动变为"市场选择"的主动行为,目前,我国的政策制定机构正在致力于完善相关制度,有效激励银行业发行绿色信贷。在未来,绿色信贷专项的产业、财税、采购方面的激励政策有望出台,绿色信贷实施的法制环境将会持续改善。

2. 方法和工具不断创新,银行业能力得到提升

压力测试、绿色评级和绿色指数等方法的不断推广为银行业金融机构管理绿色信贷提供了有效工具,银行业金融机构将有能力建立起科学、精确的企业绿色评级机制,对企业、行业进行有效的风险识别,同时发掘具有可持续发展潜力的价值客户予以支持。此外,随着绿色信贷理念与经营结合更加紧密,银行业金融机构将会建立起一支具有环境与社会风险评估及授信审查能力的复合型人才梯队,提高绿色信贷的独立评审能力。

3. 绿色信息披露机制日臻健全,绿色信贷更加透明

建立健全绿色信息披露机制,除了加强立法,制定统一的环境风险评估标准,强制性要求上市公司和发债企业披露环境信息外,还应当考虑让银行业金融机构参与进来,尤其是商业银行,其拥有广泛的客户资源,并在多年经营信贷中形成了一套完善的客户调查和审核流程，也有能力为建立健全我国绿色信息披露机制做出贡献。例如，中国工商银行目前正在进行客户环境数据采集系统的开发，该数据系统由信贷经理获取企业环境数据并纳入中国工商银行大数据系统，中国工商银行可在其基础上研发相关指数产品，在保护客户经营信息安全的前提下，向社会披露环境信息。

第三节　绿色信贷机制的构建与完善

根据我国绿色信贷发展过程中存在的问题以及结合发达国家发展绿色信贷的经验，我国应从政府、商业银行和政策性银行三方面构建与完善绿色信贷机制。

一　构建绿色信贷机制的政策支持

（一）完善绿色信贷的相关法律法规和制度

法律法规体系和支撑政策是绿色信贷有效落实及发展的制度保证。针对我国现在绿色信贷法律法规体系和政策还不完善的状况，紧密结合实际，着眼于绿色信贷整体发展和规范企业具体行为，组织协调银行与相关部门，抓紧开展相关工作，制定和完善有关环境保护与绿色信贷相结合的法律法规，为多部门协同推进绿色信贷业务的有效实施提供坚实的法律依据和制度支撑，推进我国绿色信贷规范化、制度化、法律化。与此相适应，对银行相关方面的法律法规，如《中国人民银行法》、《商业银行法》和《贷款通则》等，也要进行修订，增加相应的内容，使与环境相关的法律制度更加完善。另外，对政府的一些行政规章也要进一步完善，可以考虑制定《绿色信贷实施条例》，就政府、企业及个人等在有关方面的责任和义务做出明确规定。还要健全企业和银行的政策激励与约束机制，协调推进绿色信贷取得更大进展。

（二）完善环保信息沟通与共享机制

在实施绿色信贷政策的过程中，及时有效地传递信息是重要前提。

我国金融监管部门与环保部门等之间信息的交流和共享尚未完全实现，影响了绿色信贷发展的成效，当前非常有必要加快完善环保信息沟通与共享机制。

首先，环保部门和银行应该各尽其责。就环保部门而言，面对一些企业污染环境严重的问题，要尽职尽责，有所作为，顶住压力，敢于查处。要有计划、有步骤地建立健全相应机构，包括环保监督中心等，全面收集企业环保信息，并据此经常检查重点污染行业，环保不达标的要进行处罚。对发展中的新上项目，要加强环评审查，严控高污染、高耗能项目，强化源头污染控制。就银行而言，对申请贷款的企业，要下大力气尽可能全地收集相关环保信息，并在实施中及时关注和查验环保情况，同样也不能放宽对"两高"项目的审查，把握好信贷"闸门"，努力避免环境质量恶化。

其次，加强环保部门与银行之间的信息沟通，促进环境监督管理和信贷风险防范水平的进一步提高。尽管目前我国环保部门与银行之间信息传递的路径和周期很长，导致信息更新相对滞后，但认真研究采取具体措施，通过共同建立完整、互通的企业环保数据库，完善联席会议制度，环保部门与银行之间应该能够较快地形成信息沟通与共享机制，并发挥更大的作用。

再次，加强银行之间的信息共享。银行在使用环境信息之后，要及时有效地反馈情况，真正做到银行与银行之间的信息互通和数据共享。

最后，环保部门、银行部门与非政府组织还应该搞好沟通，加强信息交流，听取意见与建议，并将之充分吸纳、体现在实际工作之中。

（三）制定符合中国国情的绿色信贷管理指南

为了顺利推进银行业绿色信贷业务，非常有必要制定全面、完善的绿色信贷管理指南，这是一个前提条件。在借鉴国际绿色信贷标准的基础上，从我国国情出发，依据已取得的相关成果，进行科学制定。现在，国际上通常以"赤道原则"作为绿色信贷标准。与此相比较，我国现行的绿色信贷标准太过于综合和笼统，不足方面表现为缺乏相对具体的指导目录以及对环境评估的风险标准,这样就导致商业银行制定的相关监管措施缺少足够的依据,从而在实践中不易于操作。因此,深入开展绿色信贷监管,相关部门在制定绿色信贷管理指南过程中,既要突出针对性,也要增强指导性,把产业指导目录放在重要位置,形成一整套可操作性办法。比如,对各个行业产品以及在生产过程中使用的原料、制造工艺技术、污染排放量等进行评定,切实使各个行业的环保状态信息真正体现在指导目录之中。基于此,各家银行机构在对企业发放贷款时,其额度就可以依据企业的环保水平来确定。同时,各家银行机构也应结合自身实际尽快制定自己的绿色信贷实施指南。另外,环保部门也应承担更大的责任,立足我国国情,深入了解和把握各项具体工艺,并与我国各行业环境标准一一做对比,在明晰差距的同时,研究制定绿色信贷,特别是污染行业信贷管理指南,以促进银行业选择支持绿色经济项目,限制对浪费资源和污染环境的项目融资,推动环境友好型和资源节约型社会发展。

(四) 加大环保考核力度,强化对地方政府行为规范

全面深入推动我国绿色信贷政策实施,地方政府特别是环保部门要与金融机构密切协作,形成合力,共同做好相关工作。规范各级政府行为是重要前提,也是战略基点,要加强约束,促使各级政府领导干部坚持贯彻科学发展观,走新型工业化道路,从而以正确的政绩观创造无愧于人民的实绩。要逐步完善地方政府的绩效考核环保评价体系,并将环保指标纳入各级政府,特别是领导干部的绩效考核之中,同时随着科学发展、和谐社会的推进,要在各级政府绩效考核指标体系中加大环保方面的权重,杜绝地方政府对商业银行经营行为的干预。对工作中落实不力或完不成任务的地方政府,要进行严格问责,追究有关领导干部和人员的责任。同时,要加强业务培训和宣传教育,增强各级政府乃至全社会的环保意识,积极主动地贯彻实行国家环保法律法规和政策,力求从根本上解决重发展、轻环保,重增长、轻生态的问题,更好地推进节能减排工作,提高经济发展的质量和效益,促进绿色经济、低碳经济、循环经济的不断壮大。

(五) 建立和完善绿色信贷激励与约束机制

主要是政府对银行和企业建立和完善绿色信贷激励与约束机制。对于银行来说,要立足于鼓励银行积极开展绿色信贷业务,组织环保部门与相关监管部门密切配合,采取切实有效的针对性举措,构建有效的激励与约束机制。对严格按照环境保护要求发放信贷,并且成果明显的银行,应通过多种形式给予相应的奖励,引导和激发银行大力发展绿色信贷的积极性;对单纯追求经济利益而违规向污染环境严重的企业和项目发放信贷的银行,则要追究其责任并采取严厉措施加以惩罚,遏制银行的不良经营行为,努力向绿色信贷进行转变。同时,也要考虑到绿色信贷往往倾斜于一些社会效益大、经济效益不佳的项目和企业,这就不可避免地会影响银行的经营利润,因此,政府应出台相关的财税政策,如减免税收、贷款贴息、财政补贴等,增强银行持续开展绿色信贷的动力。对于环境保护好的企业,政府应加大扶持力度,银行也要在融资方面给予优惠,如降低贷款利率、延长还款期限等,为企业加快发展创造有利的环境和条件。对于环境污染严重的企业,政府应加强监管,促使其不断改进工艺、提高技术水平。对于达不到标准、违规生产的企业,要严厉处罚,情节恶劣的依法关闭,同时银行应对其实施惩罚性措施,如提高利率等,控制贷款发放,从源头上切断污染企业的资金链,从而遏制污染环境的行为,达到保护环境的目的。

二 商业银行绿色信贷机制的构建

(一) 努力促进经营目标与社会责任相协调

借鉴世界上发达国家开展绿色信贷的先进经验,要强化商业银行信贷投放中重视企业社会责任的理念,特别是要与可持续发展理念相结合,并以此来体现商业银行自身的社会责任。要制定制度,形成一种惯例,促使银行每年都发布《企业社会责任报告》和《融资项目环境评估报告》,同时也使商业银行可以通过这一渠道增大宣传效果,进而提升自身形象。比如,汇丰银行为了促进节能减排,严格控制向环境污染型企业与项目融资，并陆续捐出大笔资金支持环保事业发展，且经常积极参与许多大型环保项目的实施和开展，改善了自然生态环境等，其关注环保和注重可持续发展的理念可见一斑。

实施绿色信贷，不但与商业银行的经营目标在本质上不相矛盾，而且是相互统一的。实际上，要使商业银行清楚地知道，不顾环境保护而产生的声誉不佳远比信用不好更有风险，从而使其更多地投入可持续发展，提升自身的美誉度和社会公信力。目前，在我国开始实施绿色信贷的新形势下，要不断完善政府架构和体系，促使商业银行普遍行动起来，与企业主动追求社会责任相一致，增强使命感和危机感，并真正落实到经营目标之中，加强环境风险管控能力，拓展新的利润增长空间，实现经济效益和社会效益的双赢，推动我国绿色信贷发展取得更大成效。

（二）构建环境风险管理体系，提高风险控制水平

我国要尽快建立环境风险管理体系。一套有效的环境及社会风险管理体系有助于减少不良资产的增加数量，继而提升银行的经营绩效。商业银行必须加强内部对环境风险业务管理能力的建设。具体包括：银行应快速适应国家的环境政策、经济政策的变化，适时调整自身的经济战略；建立健全检验、识别环境风险的职能部门；推进分层次、分步骤地对管理层和业务层人员进行的培训，使其在环境保护知识和相关政策分析、对我国环保监管体系了解等方面有较深刻的认识。必须培养一批高素质的、了解国家相关政策和环境保护领域的银行业专业的环境风险控制人才。要建立健全银行内部的环境风险管理制度，制定包括识别、评估、控制、减缓和监督环节在内的环境风险管理方案。

银行开展的信贷业务可能造成的环境风险主要包括三个方面：直接风险、间接风险、名誉风险。因此，银行应该对存在的环境风险进行有效的管理，以减少不良资产，提高经营效率。环境风险管理是银行识别、评估、控制、转移、监测环境风险的过程，其主要的目的在于，使可以预见的环境风险在敞口最小化的同时，对不可以预见的环境风险能够及时化解。要通过环境风险的识别、评估、控制以及转移等，加强环境风险管

理，特别是应侧重于关注环境风险发生的概率、环境风险可能发生的级数、环境风险影响的持续期、环境风险的敏感性和不可逆转性、环境风险收益的社会影响，以及是否符合相关立法，尤其是《环境保护法》的要求等因素。

（三）完善银行内部绿色信贷激励与约束机制

为了深入开展绿色信贷，除了国家要建立面对企业和银行的激励与约束机制外，银行业内部也要相应完善其绿色信贷的激励与约束机制。只有这样，各家银行及其信贷人员才能有充分实施绿色信贷的积极性。在总行对分行的绩效考核体系中，要加入环保因素，即信贷的发放是否符合相关的环境保护要求。比如，对于绿色信贷做得好的分行，总行要采取适当措施予以奖励，以此激励其继续加大力度开展绿色信贷。同时，银行内部要落实绿色信贷责任制，对于贷款前审核不充分，忽视环保因素，而对污染企业投放信贷的工作人员，要加大惩罚力度，甚至要取消其信贷审核资格。相应地，对于在审核贷款过程中严格按照环保要求执行的信贷工作人员，要给予适当的奖励。

（四）加强人才的储备与培养

关于环境保护问题，政策性非常强，影响因素众多，其涉及的学科其实非常广泛，具体涵盖能源开采、电力、化工等多个领域。而商业银行的员工体系主要由金融专业人才构成，这些人才对以上所涉及的学科了解甚微。同时银行内部现有人员对环保法律法规不够了解，这就不利于绿色信贷政策在银行内部的推广和实施。为了应对以上局面，银行需要从自身人才结构调整上入手。首先，应该加强对现有员工法律知识的培训，尤其是环境保护方面的法律知识。其次，应该引进一批工科院校毕业的人才，因为他们更适合给贷款企业的环保能力做出科学准确的评估。比如日本瑞穗实业银行的可持续发展室，六名成员中包括三位精通环保法律的审批人员，还包括三名环境保护方面的专家。我国可以借鉴这一做法，组建信贷可持续发展部门，专门负责相关业务。同时应注重引进和培养高素质、高技能的员工，加强人才储备。此外，还要搞好对信贷人员的具体业务培训，使其加深对环境风险的认识和理解，以便更好地掌握绿色信贷运行方式。

（五）不断创新绿色信贷产品

当今，各级政府对环境保护越来越重视，商业银行应把握这一有利契机，不断创新适应形势发展需要的绿色信贷产品，努力拓展新的利润提升空间，奠定建立长久绿色银行、环保银行的坚实基础。绿色信贷产品的特点是要以保护环境和承担社会责任为理念，实践中不仅仅要重视经济效益，更要突出社会效益，现阶段的着力点是围绕创新和研发各种类型的包括可再生能源和清洁能源等在内的绿色信贷产品，从而提高能源使用效率、促进清洁生产。比如，中国工商银行在实践探索中，积极创新金融产品及信贷管理模式，大力开发信贷衍生产品，为企业搞好金融服务，包括提供投资理财、融资租赁、财务顾问、结构化融资等，支持开展节能环保工作；兴业银行创建了能效贷款的多种信贷模式，提供了一系列的解决方案，帮助节能服务公司、生产型企业搞好节能技改，延伸了绿色环保产业链。

三 政策性银行发展绿色信贷的对策建议

（一）充分发挥政策性银行的环境功能

一般来说，商业银行很多时候会为了经营目标而拒绝向某些项目发放信贷，而政策性银行则有很大的不同，它们在发放信贷时主要考虑的不是盈利，而是项目是否关系到国计民生。在我国，政策性银行主要包括国家开发银行、中国进出口银行和中国农业发展银行，要立足于促进国家重大方面的战略发展以及提高人民的生活质量，突出支持关系全局重要设施建设、重点领域和关键产业的发展。环境功能是政策性银行的基本功能，尤其在我国致力于发展低碳经济，加大力度推进环境保护事业的背景下，政策性银行更加要突出发展绿色信贷，在发放贷款时除了要考虑以上所述因素外，还要将环境因素放到重要的位置，要把节约资源和保护环境当作自己应尽的义务和职责，对那些关系到国计民生而且经济效益不太好、贷款收回时间较长的项目发放贷款，促进生态环境保护和资源科学合理开发利用，实现效益最大化。

如今，由于政策性业务不断萎缩，许多国家的政策性银行为了发展需要，逐渐开始开展商业性业务。我国的国家开发银行也正在向商业银行转型。随着业务变革，政策性银行的商业性业务增多的同时，可能会减少政策性业务，在发放贷款时容易将自己作为商业银行来做决定，忽视环境因素，单纯追求利润最大化。如果出现这种情况，就要完善关于政策性银行环境功能的法律法规，约束政策性银行在开展商业性业务时不利于保护环境的决策和行为。

（二）充分发挥政策性银行的优势

国家开发银行、中国进出口银行和中国农业发展银行要充分发挥自身作为政策性银行的优势，以国家、地方及银信部门不断出台的政策为重要契机，实现绿色信贷转型。以中国农业发展银行为例，它是以农为本的银行，绿色农业、农村开发和环境治理等领域的不断建设与发展为这一政策性银行的绿色信贷建设提供了潜力无穷的大舞台。再如国家开发银行要落实绿色信贷，可在支持工业污染治理，城市污水处理及再生利用，城市固体废弃物处理，推动太湖、巢湖等重点流域水环境综合治理等方面加大贷款倾向。

（三）设立绿色信贷相关职能部门

根据目前的实际情况，我国政策性银行在银行内部应设立"环境与社会发展部"或者"可持续金融部"等职能部门，专门具体负责融资中环境与社会风险评估及防范问题，处理融资中其他与环境、社会有关的问题，认真审查贷款文件，特别是对相关报告实行形式和实质双重审查，强化风险管理，积极与各个利益相关者沟通，建立健全信息披露制度以及公众意见征询制度，切实推动绿色信贷业务深入发展。

（四）打造优秀团队，加强产品开发

在推进绿色信贷业务创新方面，与商业银行一样，政策性银行也要重视专业人才的储备和培养，打造一支优秀的团队，适应经济社会发展的需要，继续为我国环境保护融资提供支持，加强绿色信贷产品的深度开发，积极探索支持节能减排的新模式、新产品，不断拓展发展的空间，在推进可持续发展中实现社会效益和生态效益最大化，促进社会和环境的可持续发展。

第五章 绿色债券

绿色债券起源于21世纪之初，是伴随世界范围内投资人对气候变化和环境问题的持续关注，在国际债券市场上兴起的一个新的债券品种。自2008年世界银行发行第一只绿色债券以来，国际绿色债券市场蓬勃发展。

第一节 发展绿色债券的国际经验

一 《绿色债券原则》要点

为了能够在一定程度上使得绿色债券信息披露的透明度有所提高，并进一步促进绿色债券市场健康发展，国际资本市场协会（ICMA）联合130多家金融机构共同出台了《绿色债券原则》（Green Bond Principles，GBP），指出绿色债券是绿色基础设施融资的一个不可或缺的主要工具，是将所得资金专门用于环境保护、可持续发展或减缓和适应气候变化等绿色项目融资或再融资的债券工具，如图5-1所示。

可持续交通、可再生能源、水利、生物发电、城镇垃圾及污水处理、能源效率改进（建筑和工业领域）等绿色项目以及其他城市绿色基础设施建设都是绿色债券的投向所包括在内的。

二 国际绿色债券市场发展概况

从国际的具体经验来看，支持城市绿色转型的资金主要是来自政府支出、金融机构融资以及私营部门投资。由于绿色债券发行主体不同，所以绿色债券又可以进一步分为绿色市政债券、绿色金融债券、绿色企业债券等不同品种。从投资者类型来看，绿色债券投资者兼顾各国央行和官方机

```
┌─────────────────────────────────────────────────────────┐
│ 1. 募集资金用途                                          │
│ 发行人应当在债券法律文件中对募集资金用途进行恰当描述，并对绿色项 │
│ 目的可持续环境效益进行明确、量化的评估                      │
└─────────────────────────────────────────────────────────┘

┌─────────────────────────────────────────────────────────┐
│ 2. 项目评估流程                                          │
│ 发行人应列出确定项目符合条件的具体流程，包括判断这些项目如何符合 │
│ 《绿色债券原则》中合格绿色项目定义的流程，使项目符合使用绿色债券 │
│ 收益的标准以及环境可持续发展的目标                          │
└─────────────────────────────────────────────────────────┘

┌─────────────────────────────────────────────────────────┐
│ 3. 募集资金追踪管理                                       │
│ 绿色债券净收益应该记在专门账户中，并计入发行人的投资组合，或者由 │
│ 发行人以一个适当的方式进行追踪并且通过正式的内部流程来表明这些资 │
│ 金用于绿色项目的投资和运作                                 │
└─────────────────────────────────────────────────────────┘

┌─────────────────────────────────────────────────────────┐
│ 4. 出具年度报告                                          │
│ 除了对筹集资金的使用情况进行报告，发行人还应提供至少一年一次的绿 │
│ 色债券项目清单，包括项目支出总额以及环境可持续发展影响简要介绍   │
└─────────────────────────────────────────────────────────┘

┌─────────────────────────────────────────────────────────┐
│ 5. 担保可选                                              │
│ 发行人应该运用外部担保来确保绿色债券关键性特点的真实准确性，包括 │
│ 第二意见、审计以及第三方认证等                             │
└─────────────────────────────────────────────────────────┘
```

图 5-1 《绿色债券原则》要点

构、银行、资产管理公司和保险公司，呈现一种多元化的分布方式。

绿色债券作为近年来国际社会开发的一种新型金融工具，具有清洁、绿色、期限长、成本低等显著的特点。

（一）全球绿色债券的起步阶段（2007~2012年）

从 2007 年至 2012 年的 6 年间，全球绿色债券累计发行量仅 100 亿美元左右。欧洲投资银行（EIB）于 2007 年发行的"气候意识债券"为全球第一只绿色债券，之后的绿色债券市场总体来说较为平静，总融资额每年都不超过10亿美元。在此期间，由欧洲投资银行、国际金融公司和世界银行等开发银行主导全球绿色债券市场。

（二）全球绿色债券的快速发展阶段（2013年至今）

全球绿色债券市场自2013年以来，呈现一种快速发展的势头，发行方以国际金融机构和政府为主。国际金融公司与纽约摩根大通共同发行了IFC绿色债券，各国的公司与地方政府也于2013年正式进入该市场。

2013年11月，法国电力公司开了企业发行绿色债券之先河，发行了19亿欧元的绿色债券。美国能源信息署推行住房清洁能源机制，通过发行绿色债券筹集资金，以推动居民住房及商用住房的绿色化改造；瑞典的哥德堡于2013年9月发行了绿色市政债券，募集资金指定用于环保项目，包括公共交通、水资源管理、能源和废弃物管理项目。

2020年，国际绿色债券发行量延续了2013年以来的增长趋势。根据气候债券倡议组织（CBI）的统计（见图5-2），2020年全球绿色债券发行规模达到2695亿美元（约1.74万亿元），创下新的全球纪录，发行规模较上年（2665亿美元）继续提升。

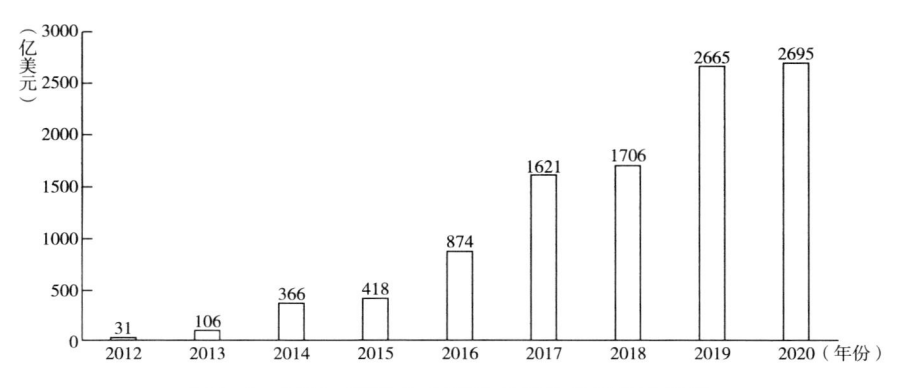

图 5-2 2012~2020 年全球绿色债券年度发行规模

资料来源：《2020年度绿色债券运行报告——我国绿色债券标准将迎来统一，绿色债券发行期数稳步增长》，https://max.book118.com/html/2021/0224/6233010101003110.shtm。

在市场规模不断增长的情况下，绿色债券的发行人和投资者也呈现多样化的趋势。绿色债券存量主要来自政府部门的相关发行，具体而言，主要包括地方政府、多边开发银行、国有企业等。

这组发行人包含市场中最大的发行人——中国铁路总公司、英国国营铁路公司（Network Rail）、欧洲投资银行（EIB）、欧洲铁路车辆设备融资公司（EUROFIMA）及纽约大都会运输署（Metropolitan Transportation Authority）。中国进出口银行作为中国三家政策性银行之一，于2016年12月初发行了第一只绿色债券。

联合资信发布的《2019年度绿色债券运行报告》显示，2019年，国际绿色债券参与主体继续扩大，新发绿色债券共涉及51个国家和地区，其中有8个为新增国家，绿色债券发行期数、发行家数和发行规模均大幅增加；绿色债券期限以3年期和5年期为主，AAA级集中度有所上升；国有企业仍是绿色债券的主要发行人；募集资金主要投向清洁交通、清洁能源和污染防治领域。展望未来，国际绿色债券发行量有望稳步增长，国内绿色债券市场也将进一步发展和完善。

不仅如此，国际绿色债券的发行货币种类也逐渐增多，贴标绿色债券的发行货币中美元和欧元依旧占比较大，同时还存在以人民币、加拿大元、英镑、卢比、卢布、韩元等25种货币标价的债券。截至2020年，美国、德国和法国地区的发行规模在全球绿色债券市场中排名前三。2016年，中国成为全球最大的绿色债券发行市场，我国绿色债券市场稳步发展，绿色债券市场制度体系不断完善。

另外，保险投资者及养老基金已是贴标绿色债券市场的一股主要驱动力，扮演着国际投资者这一重要角色，它们将会在各个国家进一步刺激绿色债券的发行量增长。

三 绿色债券国际实践中的特点

（一）通过担保降低违约风险

本书在对国际经验进行借鉴的过程中发现，一定的担保可以使得债券违约风险有所降低，从而最大限度地为绿色项目增级。

如"欧洲 2020 项目债券"计划，旨在为能源、交通、信息和通信网络建设融资的债券由项目的负责公司承担发行责任，并由欧盟和欧洲投资银行通过担保的方式提高信用级别，以吸引更多的机构投资者。在金融危机发生之后，美国绿色市政债券市场持续升温，并发行了第一只绿色担保债券。

（二）绿色市政债券被广泛应用

绿色信贷和绿色投资的资金可以由绿色债券以较低的融资成本为其提供，并能够使得期限错配的风险得以减少。从国际的主要经验来看，绿色市政债券的发行可以很好地来解决地方政府城镇化环保产业投融资的问题。如美国很大一部分绿色市政债券用于环境工程和能源建设，而日本和英国的污水处理融资很多是来自绿色市政债券。

瑞典的哥德堡作为全球绿色城市债券联盟的一员，于 2013 年 9 月正式发行了绿色市政债券，募集资金指定用于环保项目，其中具体包括公共交通、水资源管理、能源和废弃物管理项目。该债券制定并公布的《绿色债券框架协议》主要包括债券发行期、投资者范围、资金使用投向等信息，能使投资项目相关信息的公开透明得以确保。

绿色债券作为城镇化融资的一个重要工具，还得到了更为广泛的具体应用。如美国能源信息署推行住房清洁能源机制，通过发行绿色债券筹集资金，以推动居民住房及商用住房的绿色化改造。房主仅需支付小额首付，剩余改造费用可以采用分期付款方式在 10~20 年付清。该债券以被改造的住房为抵押，并将分期付款与财产税绑定以对违约风险进行相应防范。

第二节　我国绿色债券的发行条件和流程

一　绿色债券的发行条件

（一）绿色金融债券

中国人民银行于 2015 年 12 月 22 日正式出台《中国人民银行公告》

(〔2015〕第39号）及《绿色债券支持项目目录（2015年版）》，在《中国人民银行法》《全国银行间债券市场金融债券发行管理办法》的基础上，对绿色金融债券的发行提出特殊的要求，具体包括发行主体、申报材料、第三方认证、募集资金、信息披露等方面的规定。绿色产业项目范围主要参照《绿色债券支持项目目录（2015年版）》。

1. 发行主体相关规定

金融机构法人在发行相应的绿色金融债券时，其具体条件与发行普通金融债券略有差异：一是绿色金融债券发行人最近一年应为盈利状态（开发性银行、政策性银行除外），这与《全国银行间债券市场金融债券发行管理办法》的规定有所不同；二是具有完善的绿色产业项目贷款授信、风控、营销等制度规定和成熟的业务团队。

2. 申报材料要求

金融机构法人在进一步申请发行绿色金融债券的过程中，除了要满足财务报告、审计报告等要求外，还应当额外向中国人民银行报送以下相关材料：一是发行绿色金融债券申请报告；二是绿色金融债券募集说明书，其中应当包括募集资金拟投资的绿色产业项目类别、项目筛选标准、项目决策程序和环境效益目标以及绿色金融债券募集资金使用计划和管理制度等；三是募集资金投向绿色产业项目的承诺函。

3. 鼓励第三方认证

根据《中国人民银行公告》（〔2015〕第39号），除了要在绿色金融债券发行时鼓励发行人提交独立的专业评估或认证机构出具的评估或认证意见以外，还在绿色金融债券的存续期内鼓励发行人按年度向市场披露第三方认证报告，对绿色金融债券支持绿色产业项目发展及其环境效益影响等实施持续跟踪评估。

尽管在相关的法规中，并未对第三方认证进行强制要求，仅是以鼓励的方式提出，但市场上大多数绿色金融债券进行了第三方认证，向市场表明其债券绿色属性的可靠性。如果缺乏第三方认证，在信息不对称的情况下，市场将怀疑发行人所发行的绿色金融债券同普通金融债券的区别，导致发行人可能无法享受到绿色金融债券相对于普通金融债券的优势。

此外，在绿色金融债券发行后，第三方认证机构会持续参与评估过程，可以让市场检验绿色金融债券发行后的成效，保障相关信息的公开透明，这一举动也是有助于发行人后续发行绿色金融债券的。

4. 募集资金管理

（1）资金账户

在资金账户方面，绿色金融债券的发行人应当开立专门账户或建立专项台账，进一步加强对绿色金融债券募集资金的到账、拨付及收回的管理，最大限度保证资金专款专用，在债券存续期内全部用于绿色产业项目。这一规定是为了能够有效地保证绿色金融债券所募集资金投入绿色项目。而混用账户将导致难以对资金进行动态跟踪，将对绿色金融债券发挥其绿色功能形成一定的阻碍。

（2）资金用途

在资金用途方面，绿色金融债券的发行人应当在募集说明书承诺的时限内将募集资金用于绿色产业项目。募集资金闲置期间，发行人可以适当地将募集资金投资于非金融企业发行的绿色债券以及具有良好信用等级和流动性的货币市场工具。

5. 信息披露要求

绿色金融债券发行人应当按季度向市场披露募集资金的具体使用情况。发行人应当于每年 4 月 30 日前对上一年度募集资金使用情况的年度报告和专项审计报告，以及本年度第一季度募集资金使用情况做相关的披露，并将上一年度绿色金融债券募集资金使用情况向中国人民银行报告。

6. 政策支持

在得到相关政策的支持下，发行人在发行绿色金融债券时，可以在一定程度上按照具体的规定进一步纳入中国人民银行相关货币政策操作的抵（质）押品范围。

（二）绿色公司债券

上海证券交易所和深圳证券交易所分别于 2016 年 3 月 16 日和 4 月 22

日发布《关于开展绿色公司债券试点的通知》和《深圳证券交易所关于开展绿色公司债券业务试点的通知》。

2017年3月2日，中国证监会出台《中国证监会关于支持绿色债券发展的指导意见》，在《证券法》《公司债券发行与交易管理办法》《公司债券上市规则》《非公开发行公司债券业务管理暂行办法》的基础上，对绿色公司债券的发行提出特殊的要求，具体包括发行主体、申报材料、第三方认证、募集资金、信息披露等方面的规定。绿色产业项目范围主要参照《绿色债券支持项目目录（2015年版）》。

1. 发行主体相关规定

在对发行主体的相关规定中，绿色公司债券的发行主体除了要符合现行公司债券的发行条件外，原则上不得属于高污染、高耗能或其他违背国家产业政策导向的行业。

另外，还应该重点支持以下主体发行绿色公司债券：一是长期专注于绿色产业的成熟企业；二是在绿色产业领域具有领先技术或独特优势的潜力企业；三是致力于中长期绿色产业发展的政府和与社会资本合作项目的企业；四是具有投资我国绿色产业项目计划或致力于推动我国绿色产业发展的国际金融组织或跨国公司。

2. 申报材料要求

在发行人申请具体发行绿色公司债券的时候，除满足现行公司债券发行要求报送的材料外，还应当报送以下相关材料：一是绿色公司债券募集说明书，其中应当包括募集资金拟投资的绿色产业项目类别、项目认定依据或标准、环境效益目标、绿色公司债券募集资金使用计划和管理制度等内容；二是募集资金投向募集说明书约定的绿色产业项目的承诺函。

3. 鼓励第三方认证

在绿色公司债券处于申报前及存续期内时，应当鼓励发行人主动提交由独立专业评估或认证机构就募集资金拟投资项目属于绿色产业项目所出具的评估意见或认证报告，进一步对绿色公司债券支持的绿色产业项目进展及其环境效益等实施持续跟踪评估。

4. 募集资金管理

（1）资金账户

在资金账户方面，发行人应当对专项账户进行指定，用于绿色公司债券募集资金的接收、存储、划转与本息偿付，确保资金真正用于符合要求的绿色产业项目。受托管理人应当勤勉尽责，对发行人发行绿色公司债券的募集资金使用和专项账户管理情况做好持续的督导。

（2）资金用途

在资金用途方面，发行人应当在募集说明书中约定将募集资金用于绿色产业项目建设、运营、收购或偿还绿色产业项目贷款等，并按照有关规定或约定管理募集资金。

5. 信息披露要求

如果绿色公司债券处于存续期内，那么发行人在定期报告等文件中，应当对绿色公司债券募集资金使用情况、绿色产业项目进展情况和环境效益等内容做相关的披露。绿色公司债券受托管理人在年度受托管理事务报告中也应针对上述内容进行披露。

6. 政策支持

应明确为绿色公司债券提供一定的政策支持，具体包括：一是设立绿色公司债券申报受理及审核"绿色通道"，实行"专人对接、专项审核"，适用"即报即审"政策，提高绿色公司债券上市预审核或挂牌条件确认工作效率；二是对绿色公司债券统一标识"G"标，将绿色公司债券同普通公司债相区别，积极引导资金支持绿色产业。

（三）绿色企业债券

国家发展改革委于 2015 年 12 月 31 日发布《绿色债券发行指引》，在企业债券现行审核政策及《关于全面加强企业债券风险防范的若干意见》的基础上，适当地调整了部分发行要求，并对绿色产业项目做了界定。绿色产业项目范围主要参照《绿色债券支持项目目录（2015 年版）》。

1. 发行主体相关规定

《绿色债券发行指引》在现行企业发行要求的基础上，适当对绿色企业债券的发行条件进行了放宽。第一，绿色企业债券募集资金占项目总投资比例放宽至80%（相关规定对资本金最低限制另有要求的除外），而普通企业债券要求用于项目的债券资金占总投资的比例不超过70%。第二，发行绿色债券的企业不受发债指标限制。第三，在资产负债率低于75%的前提下，核定发债规模时对企业其他公司信用类产品的规模不予考察。

2. 申报材料要求

关于对申报材料的具体要求，主要就是绿色企业债券需要提交一些与之相关的现行企业债券发行过程中所要求准备的具体材料，其他方面并没有什么特殊的要求。

3. 第三方认证

关于进行第三方认证，绿色企业债券通常是由国家发展改革委下设的资源节约和环境保护司以及应对气候变化司在申报阶段进行相关的认证，并不需要采取第三方认证的形式进行。

4. 募集资金管理

绿色企业债券未对资金专户提出明确要求。在募集资金投向方面，要求资金专门投向绿色循环低碳发展项目。另外，绿色企业债券在募集资金用途方面具有政策优势。一是绿色企业债券允许企业将不超过50%的债券募集资金用于偿还银行贷款和补充营运资金，而普通企业债券要求补充营运资金不超过债券资金的40%。二是信用评级为AA+级且运营情况较好的发行主体，可使用募集资金置换由在建绿色项目产生的高成本债务。

5. 信息披露要求

《绿色债券发行指引》未对绿色企业债券的信息披露进行特殊规定。

6. 政策支持

除放宽部分准入条件和资金用途外，绿色企业债券发行还具有其他方面的政策优势，具体包括以下方面。第一，按照"加快和简化审核类"债券审核程序。国家发展改革委对"加快和简化审核类"的发债申请将进一步提高审核效率，原则上审核控制在30个工作日以内。第二，发债企业可根据项目资金回流的具体情况科学设计绿色债券发行方案，支持合理灵活设置债券期限、选择权及还本付息方式。第三，允许绿色企业债券面向机构投资者非公开发行。

（四）非金融企业绿色债务融资工具

中国银行间市场交易商协会于 2017 年 3 月 22 日正式发布《非金融企业绿色债务融资工具业务指引》（以下简称《指引》）。所谓非金融企业绿色债务融资工具，是指境内外具有法人资格的非金融企业在银行间市场发行的，募集资金专门用于节能环保、污染防治、资源节约与循环利用等绿色项目的债务融资工具。绿色产业项目范围主要参照《绿色债券支持项目目录（2015 年版）》。

1. 发行主体相关规定

《指引》并未进一步详细地对发行主体进行一些特殊方面的要求，因此，在这里就不再做过多的陈述。

2. 申报材料要求

在金融机构法人申请发行绿色债务融资工具的过程中，除了应该满足现行非金融企业债务融资工具发行要求外，还应在注册文件中对绿色项目的具体信息进行明确披露，该信息包括但不限于：绿色项目的基本情况；所指定绿色项目符合相关标准；绿色项目带来的节能减排等环境效益目标。

3. 鼓励第三方认证

积极鼓励第三方认证机构对企业发行的绿色债务融资工具进行评估，并出具评估意见和披露相关信息。鼓励第三方认证机构在评估结论中披露债务融资工具的绿色程度，并对绿色债务融资工具支持绿色项目发展及环境效益影响等实施跟踪评估，把相关的评估报告进行定期发布。

4. 募集资金管理

（1）资金账户

在资金账户方面，企业发行绿色债务融资工具应设立募集资金监管账户，由资金监管机构对募集资金的到账、存储和划付实施管理，确保募集资金用于绿色项目。

(2) 资金用途

在资金用途方面,企业应将绿色债务融资工具募集资金用于绿色项目的建设、运营及补充配套流动资金,或偿还绿色贷款。绿色贷款应是为绿色项目提供的银行贷款或其他金融机构借款。在绿色债务融资工具存续期内,企业变更募集资金用途,应至少于变更前5个工作日披露变更公告,变更后的用途仍应符合《指引》的要求。

5. 信息披露要求

企业在发行绿色债务融资工具的过程中,除了应该按照现行规则披露信息外,还应通过中国银行间市场交易商协会认可的途径,于每年4月30日前披露上一年度募集资金使用和绿色项目进展情况,于每年8月31日前对本年度上半年募集资金使用和绿色项目进展情况进行披露。

6. 政策支持

关于政策支持,中国银行间市场交易商协会将为绿色债务融资工具的注册评议开辟一条"绿色通道",进而加强绿色债务融资工具注册服务,并对绿色债务融资工具接受注册通知书进行统一标识。根据《中国人民银行公告》(〔2015〕第39号)的相关要求,积极指引将所规定的绿色债务融资工具纳入绿色金融债券募集资金的投资范围。

二 绿色债券的发行流程

对于绿色债券而言,其所具有的吸引力主要表现在框架结构、关键要素以及流程等方面。从满足相关的发行条件到绿色债券的注册发行以及后期的监管披露等,绿色债券与普通债券处于相同的法律监管框架,除受到相同的法律法规以及财务要求的制约外,还应当遵循绿色债券框架,它为发行人提供了额外的、严格的信息披露流程,接下来将进一步对绿色债券发行的各个阶段的具体标准步骤进行细述。

(一) 发行前阶段

1. 满足相关先决条件

在发行人决定发行绿色债券时,有三个先决条件应该予以满足。

第一，债券发行募集的资金应为符合相关绿色标准界定的项目提供融资或再融资。在不同国家、地区的司法管辖区，绿色标准在解读和评估执行等方面差异较大。

第二，权衡发行过程中的成本和风险，具体包括：发行及持续追踪、监控和报告的成本；与"漂绿"有关的声誉风险；环保认证监控日趋严峻的合规风险；违反绿色条款的潜在违约金，以保证该绿色债券应为资产或项目筹集资金的最佳工具。

第三，发行机构必须满足债券发行需要遵守的所有法律法规、监管要求和财务披露等先决条件，然后联系一个或多个投资银行作为绿色债券的承销商。在大多数情况下，无论是联系一个还是联系多个投资银行，新发行债券都是通过辛迪加（Syndicate）集团或承销商集团进入市场。同时，发行人也需委任一名或多名主承销商（例如擅长绿色债券市场运作的投资银行）准备和执行交易，主承销商实际上充当着发行方与投资大众之间的"中间人"。

2. 制定绿色债券框架

对于绿色债券发行人来说，制定一个绿色债券框架是非常关键的。该框架需要详细描述债券的绿色特性以及发行人对投资者的承诺。每个绿色债券发行人都是独特的，因此应为其量身定制绿色债券框架，以反映发行人的具体情况及其对投资者所做出的绿色承诺。

通常来说，绿色债券框架由发行人与环境顾问（和/或结构顾问）等基于一个标准化的模板（例如《绿色债券原则》）联合制定，在较为理想的情况下，债券结构顾问应是承销集团中的主承销商之一。表5-1的绿色债券框架由北欧斯安银行制作。北欧斯安银行是绿色债券市场的领先顾问以及主承销商，该框架由五大支柱、一系列子流程以及与绿色债券四大原则和模板相一致的关键因素构成。

表5-1中的这一框架对发行人定义合格绿色项目或资产类别、建立符合发行人投资组合要求的项目、管理募集资金和披露内部流程的方法进行了详细阐述。

表 5-1 绿色债券框架

一、定义资金用途	二、遴选项目评估	三、追踪募集资金管理	四、透明度报告	五、验证外部审查进行担保
识别和定义符合绿色债券的投资领域、资产	设立绿色债券筛选程序,确保评估和遴选出符合绿色债券框架的"正确"资产	绿色债券筹集资金应专款专用,支持合格的绿色标准	提升可信度、透明度对投资者和市场来说很重要	可信度是长期发展绿色债券市场的关键
绿色债券可划分为以下专门针对气候问题的领域:1.气候缓和;2.环境适应;3.环境保护	1.建立程序及时监视追踪;2.建议在筛选过程中加入气候环境因素;3.气候环境因素在筛选过程中通常可以一票否决	发行人有几种方法制定债券筹集资金的专款专用,例如:1.设立专门账户;2.指定专款,并专款专用;3.虚拟绿色资产负债表	1.通过每年公布的投资者信函,提升透明度;2.信函内容应包括一份融资领域清单、项目范例以及投资者绿色发展总结等;3.识别有关环境影响的指标	1.独立于发行机构提供第二方意见;2.主要目的是验证投资项目的"绿色程度";3.外部担保提供者也应验证筛选过程是否与绿色债券框架保持一致

资料来源:《绿色债券的五大支柱》,https://emsdialogues.org/wp-content/uploads/2020/06/4-S_Sutcliffe_workshop_pres._-_public.trans_.pdf。

《绿色债券原则》为界定绿色项目类别(如果这些类别不由相应监管机构确定)提供了一个全面但并非详尽的绿色债券项目类别清单。该清单涵盖了气候变化缓解和适应、环境保护等不同领域,为发行人提供参考指引。此外,发行人也可以参考具体的行业标准,根据其投资组合和投资板块对类别清单进行相应的修改和定义。

除此之外,发行人还需要对环境法规、具体环境政策等有具体的考虑。在由国家主管部门监管绿色债券市场的国家和地区中,发行人需要确保其项目和资产类别符合国家法律法规。

印度证券交易委员会(SEBI)制定的《绿色债券发行和上市的披露要求》包含募集资金使用相关的类型项目、资产分类,其内容与国际惯例相符。在国际金融公司(IFC)的支持下,摩洛哥证券及债券监察局(AMMC)亦于 2016 年发布了一份绿色债券指南。由巴西银行联合会(FEBRABAN)和巴西可持续发展商业委员会(CEBDS)联合发布的《2016 年巴西绿色债券发行指南》,虽然只是一个不具约束力、不包含固定的绿色债券定义的指南，但它提供了绿色债券支持项目的案例，于广义上符合《绿色债券原则》和《气候债券分类方案》。2019年，国际绿色债券新标准出炉，各个国家或地区也纷纷发布了绿色债券相关政策，推动绿色债券发展。具体来看，2019年6月，欧盟委员会技术专家组（TEG）发布了《欧盟可持续金融分类方案》（以下简称《分类方案》）、《欧盟绿色债券标准》（EU-GBS）等报告，其中《分类方案》通过对67项能有效减缓和应对气候变化的经济活动设立技术筛查标准，为投资者和企业识别绿色经济活动提供了有效的分类工具，是欧盟发展可持续金融的基础。

中国在原有《绿色债券支持项目目录（2015年版）》和《绿色债券发行指引》的基础上，正在加快制定统一的绿色债券标准，2019年发布的《绿色产业指导目录（2019年版）》是绿色金融标准建设工作的又一重大突破。该文件将绿色产业划分为了六大类别，包括节能环保产业、清洁生产产业、清洁能源产业、生态环境产业、基础设施绿色升级以及绿色服务，在这六大一级分类下又细分为30项二级分类以及211项三级分类，从产业的维度定义了绿色标准，辐射范围更广，并且附有解释说明文件对各项标准和要求进行具体刻画，涵盖内容较为全面和细致，属于绿色通用标准范畴。目前绿色信贷标准以及绿色债券标准依据这一通用标准，同时参考国际绿色标准，正在展开更新和修订，从而建立更加科学、统一的绿色信贷标准与绿色债券标准。随着全国绿色标准的逐步统一，地方出台的绿色金融标准建议参照全国标准进行修订，或是直接采纳全国标准。上市公司则由中国证券监督管理委员会管理，而高耗能和高排放的公司是被禁止发行绿色债券的。

当然，发行人还需通过与发行机构内的财务部门和可持续发展部门的工作人员开展相关的对话，以更好地界定绿色债券类别、识别发行人投资组合中潜在的绿色项目并最终选择合格项目。若公司内部缺乏相应的环境专业人才，为确保债券发行的环境完整性，建议向外部专家进行咨询或适当地引入外部环境认证标准。

关于项目评估和遴选的程序应该记录在绿色债券框架内，框架应整体概括发行人确定符合资格绿色项目的决策过程，包括风险评估的标准和相关的外部认证。这些信息在一定程度上来讲是应该被纳入发行人的总体可持续目标与战略之中的。

3. 外部评定绿色债券框架

关于外部评定绿色债券框架，本书建议强制规定发行人将绿色债券框架与相关文件交由第二方意见提供方、第三方审计师或绿色债券认证机构进行外部评估。通过对发行人绿色债券框架的独立审查（但不涉及绿色债券发行的财务特点），可以进一步为投资者提供相关透明、可靠的项目信息，有助于投资人投资于超越国家标准的项目，或投资于具有特殊环境和程序特征的绿色债券。

而债券绿色标签之外的信用评级，则主要由大型评级机构（如穆迪、标准普尔、惠誉、大公等区域性机构）重点基于发行人及融资项目、资产的风险和回报等因素进行评定。它决定了债券的风险溢价和购买债券的投资者群体，例如，许多机构投资者的资金由于受监管规定的限制，仅能分配到包括四个最高评级类别的资产项目。

虽然通常无法对债券是否进行信用评级做出强制规定（如对于一些私募发行的债券），但债券一般会进行信用评级，甚至许多市场参与者会主动要求债券进行信用评级，因为这样可以降低投资者和发行人情况的不确定性。

因此，考虑到预计降低的借款成本可能大于与信用评级相关的成本支出，通常建议发行人进行信用评级。

4. 建立管理募集资金的结构

绿色债券框架在关于发行人的定义中要求，发行人需要开立单独的专户或专项台账或建立其他程序，以确保能追踪债券募集款项的使用情况。

一般而言，在理想情况下，绿色债券框架中会对结算期内的资金分配、暂时的合格投资工具和资产进行明确的规定，以最大限度地确保排除非绿色项目和资产。

5. 及时的信息披露

投资者在认购相关的普通债券时，不会要求得知任何有关募集资金使用的信息，但是，如果要认购绿色债券，那么发行人将募集资金只能用于具有环境效益的项目或项目分类，因此投资者期望能定期地（通常为每年一次）获悉其资金被用于何处。由于债券的原买家或许会在二级市场进行交易债券，因此，这些资料应对公众保持开放的状态。另外，有关投资的环境影响资讯也应尽可能地保持一种向公众开放的状态。

6. 制定销售策略

账簿管理者需要根据债券、发行人和市场条件的各种特征制定销售策略，其中包括定价、营销和联动计划等。绿色债券将根据具有相近到期日的未到期债券或者基准利率加上风险溢价和新发行溢价等进行相关的定价。

其中，风险溢价和新发行溢价或利差由主承销商基于发行人和债券的类型、评级、利率、税收和预期流动性以及整体市场状况而定。因此，除非债券的绿色特征对金融风险和收益曲线有十分明显的影响，否则绿色债券的定价与普通债券是相同的。

7. 准备相关文件与尽职调查

各个承销商负责的债券准备和发行相关工作通常是由发行人进行指定，具体来说，主要包括协调法律要求和条款说明、营销和媒体报道、债券簿记以及预订和交付等。

相关文件须由发行人和律师事务所进行尽职调查。此外，本书建议在发行绿色债券之前，发行人应为投资者和公众提供绿色债券框架和评定文件等重要文件，即第二方意见。

与发行普通债券相比，发行绿色债券并不需要任何的额外法律文件，但绿色债券所募集资金的用途应明确地列于条件或最终条款内。发行人应召开董事会审议债券融资方案，并把董事会的决议予以公告。

8. 债券销售方案的策划及评估

在发行前阶段，由承销商成立承销集团，根据债券交易的性质（即策略性配置与交易性机会），向发行人提供多方面的建议，例如，债券的计价币种、债券到期日以及目标投资者群体等，以识别债券发行的目标市场，实现最优筹资。这种评估通常会考虑预期回报和风险（如信用和流动性风险以及包括利率环境和通货膨胀在内的宏观经济风险），但对于国际投资者，特别是那些在新兴市场进行投资的投资者，主权债务风险和汇率风险也是需要考虑的因素。另外，绿色债券是否贴标也是投资者投资绿色债券所考虑的因素。

9. 国内市场发行绿色债券

与国际发行相比，发行人在国内市场发行绿色债券的过程中可以享受到更多的好处，例如无须货币汇兑和对冲（可避免潜在成本）、具有更高的知名度（可降低营销成本）等。这些成本优势有助于发行人，特别是小型发行人进入债务资本市场，并且使发行规模较小的债券成为极大的可能。

另外，因为国内没有发达的金融与资本市场，法律制度也不够完善、宏观经济具有不确定性等，所以能够明显地发现国内市场不如国际市场成熟。如果发行人和投资者群体的广度和深度不够，尤其是那些关注绿色发展或可持续发展的发行人和投资者群体不够成熟的话，国内绿色债券的流动性水平就会在很大程度上受到限制，这会导致更高的资本成本和交易价格出现更频繁的波动。

因此，决定是否发行绿色债券的重要先决条件就是明确识别对绿色债券的潜在需求，评估国内市场状况，特别是不同类型的国内和国际投资者（如保险公司、养老基金、资产管理公司、主权财富基金、银行和金融机构以及其他类型的"合格投资者"等）的风险偏好、回报要求、投资限制和资产组合等。

10. 国际市场发行绿色债券

由于国内市场存在一定的局限性，于是进入国际市场发行绿色债券也许对一些发行人来说更具吸引力。在国际市场上发行绿色债券，可以拥有更多样化的投资者群体、更大的发行数量和更长的债务期限。

但是，与此同时相应的风险也会有所增加，如潜在的一些外汇汇率波动，以及海外营销、监管法规、文件准备造成的更高交易成本等。

11. 定义绿色债券类型和结构

在发行人能够进一步满足债券发行管辖区内的监管和披露要求的情况

下，发行人和主承销商将根据发行人的融资需求、具体情况和整体市场状况，就绿色债券的类型和结构达成一致。目标融资规模、期限、价差、息票、付款方式和货币等是绿色债券的主要结构或条款。

12. 绿色债券的营销

在市场上，绿色债券长期以来都受到高度的重视，尤其是可持续性一直受到投资者的重点关注。因此，绿色贴标在主承销商制定的营销策略中发挥着十分关键的作用。绿色贴标本身可被视为"价值发现工具"，它可以帮助具有绿色偏好的投资者从全球范围内发行的大量固定收益债券中识别与其投资偏好一致的债券。

13. 激励机制的考量

各种机构（包括公共金融机构）和国际组织［如《欧盟项目债券倡议》、"信用担保与投资基金"（CGIF）］为项目债券提供了一定的增信机制，考虑到成本与效益（即较低的目标风险溢价是否能超过增信开支的成本），应该对增信方案进行谨慎的考虑。与此同时，母公司、政府、商业银行或国际金融机构的担保，以及保险公司提供的保险也是降低债券相关风险的选择。

另外，在某些管辖区应该针对绿色债券发行人和投资者设置一定的财政激励措施。例如，在美国，绿色市政债券可以享受免税待遇。在国内，中国金融学会绿色金融专业委员会正在进一步探索促进国内绿色债券市场扩大的潜在激励政策。

14. 注册发行债券

在发行债券之前，必须在具有管辖权的监管机构进行相应的登记注册。管辖区域、发行人、债券类型不同，在进行登记注册过程中的要求也可能有所不同。同时，注册的相关文件，例如初步募集说明书、发行机构的财务记录和报表，必须提交监管机构予以相关审批。

在某些司法管辖区，募集说明书（包括发行人的业务和管理简介、主要投资者、债券发行条款和财务风险的信息）需要在发行前，由主管机构予以审批；在其他司法管辖区，债券发行的营销可在注册声明提交后、监管机构最终审批之前正式开始。

（二）启动和发行阶段

1. 公告绿色债券的发行

在公告发行绿色债券之前，主承销商将针对机构投资者举办"路演活动"，组织召开会议，收集投资者对价格区间、投资亮点、可比公司、定价方法等问题的反馈。

在营销期结束之后，主承销商公告绿色债券的发行，向投资者征求订单，并在利差限定范围内为该债券的发行"建立账册"。其他发行详情，例如发行规模和期限，也会根据发行人在营销活动期间收到的投资者反馈做出调整。在债券发行前，辛迪加集团可能会扩大，不断纳入那些在专业投资团体中具有良好配售权的银行。[1]

一旦发行人和主承销商在举办"发行/不发行"联合会议之后，必须通过各自的渠道（即路透社、彭博资讯和其他市场数据提供商等）向公众公告债券发行的情况，并开始首次"价格谈判"。

在进行公开招股的过程中，必须向公众提供初步募集说明书。如果不公开募集，发行人也可以采用私募方式发行债券。私募可以促成方便、快捷的交易，但是会限制债券的宣传，从而减弱发行人的品牌效应。发行人一向渴望建立良好的品牌形象，而首次发行绿色债券正是一个不可错过的宣传机会。

2. 簿记建档

募集说明书经过注册及主管部门审批后，将开始吸收相应的订单。订单簿正式开启后，各账册保管人的销售团队将联系并研究它们的投资者和潜在投资者参与交易的可能性，只要订单簿还未关闭，承销团就会持续地向发行人汇报订单簿的具体更新情况，进一步指导发行人进行相应的债券定价。

一般而言，债券的价格通常与订单总量呈负相关。同时，市场参与者也根据整个账册编制过程中接收订单的更新情况，对其订单进行调整。

---

[1] Frank J. Fabozzi, *The Handbook of Fixed Income Securities* (New York: McGraw-Hill, Inc, 2012), p. 89.

3. 绿色债券定价

在进一步完成相应的簿记建档后，发行人会继续决定分配给每个投资者的债券认购数量和发行价格。但最终价格是在销售时确定的，因此债券发行时的市场条件也影响最终定价。并不是所有的债券都使用传统的联合辛迪加方式进行承销，在美元、欧元等市场上还可以采用买入交易、竞价和中期票据连续报价等方式进行。

4. 进行交易

首先，在债券正式进行发行的过程中，各方要签署相关的认购协议；其次，债券若要挂牌上市，则需要上市主管机构或相关证券交易所批准的募集说明书；最后，在交易结束时，签署其余的文件，债券交付给债券持有人，同时债券价款通过国家托管机构或结算系统统一汇入发行人的账户之中。

（三）发行后阶段

1. 募集资金管理

发行人在交易结算结束之后，发行所得净额资金款项一旦转入专门账户或专项（子）台账，就可以对所筹集的资金进行分配。

一方面，发行人将根据定期流动性管理实践和绿色债券框架中关于未分配募集资金管理的明确承诺，管理专用账户。另一方面，对于债券持有人，发行人需要确保定期（通常是半年度或年度）支付利息及到期支付本金。

2. 在证券交易所挂牌绿色债券

在绿色债券于证券交易所正式上市和交易的过程中，主承销商需要为其联系相应的上市主管机构和交易所。截至2016年12月，伦敦、卢森堡、墨西哥城、奥斯陆、深圳、巴黎、意大利、里加、阿姆斯特丹、里斯本、约翰内斯堡和斯德哥尔摩等十二地的证券交易所推出了专门的绿色债券上市和分类标准。

随后，在交易进行结算时，需要根据相应管辖区的详细要求，通过一个国家登记或结算系统来展开相关事宜。

3. 监测和报告所筹资金的使用和环境影响

绿色债券发行人想要在一定程度上保证投资者和公众所希望看到的债券发行条款的透明度，就必须合理监测并定期报告所筹资金的分配使用情况。所谓的报告内容包括融资项目清单、项目简要概述、资金分配额度以及未分配筹集资金的使用等。

发行人应根据可行的定性和定量指标，进一步监测预期或实际的环境影响，并通过各种潜在渠道报告，包括投资者信函、年度报告、可持续发展报告以及发行人或项目的专门网站等。2019年6月，国际资本市场协会（ICMA）发布了《绿色债券影响报告》（Green Bond Impact Reporting）、《绿色项目对标》（Green Project Mapping）以及《社会债券影响报告统一框架》（Working Towards a Harmonized Framework for Impact Reporting for Social Bonds），对绿色债券、社会债券的标准进行细化。① 其中，《绿色债券影响报告》包括《统一框架手册》、六大类绿色项目的披露方法与指标以及《绿色债券影响报告编写指南》。《统一框架手册》主要介绍了《绿色债券影响报告》的相关披露要求与建议，鼓励发行人披露募集资金的使用情况且至少每年披露一次环境影响；汇总了六大类绿色项目（可再生能源、能效提升、可持续水资源与废水管理、废物管理和资源效率提升、清洁交通以及绿色建筑）的披露方法与指标，并对各指标进行了详细的解释；给出不同类别项目信息披露的报告模板，以供发行人进行准确规范的信息披露。

这就进一步要求发行人基于《绿色债券影响报告》，采用标准化的报告程序和标准（可能与《绿色债券原则》不太一致）进行监测和报告，以增加不同债券之间的可比性，减少发行人和投资者的交易成本。

4. 获得发行后的外部评审

获得发行后的外部评审，应该由相应机构，包括第二方意见提供方、审计师、认证机构与评级机构等，定期持续地评定和审查项目的合格性、所筹资金的管理和分配、环境影响报告以及信用评级等。

---

① 《安永解读：绿色债券、社会债券最新细化标准》，http://www.sohu.com/a/327764023_676545。

其中，信用评级通常需要向评级机构支付评级维持费以保证评级机构每年的评定审查。如果在这个过程中，有任何评级出现相应的改变，那么通常需要向债券持有者进行相关的报告。

5. 二级市场交易

发行的债券将在二级市场上进行相关交易，但是大部分在柜台市场（OTC）上交易，当然，也有一些在交易所进行交易。通过债券在二级市场中的周期性交易，发行人可以定期获知其发行债券在公开市场上的共识价格信息，观察其债券的价格，了解投资者的预期利率、投资需求情况等。①

对于投资者而言，不但可以持有相关的债券，也可以在二级市场进行折价或溢价出售。因此，在二级市场进行交易的时候，就需要债券财务信息和绿色特征的持续披露。

6. 债券偿付

借款人一般通过支付面值或本金在到期日债务终结时赎回债券。发行人的责任就是支付利息和赎回本金、记录保存等，但通常由担任债券受托人的信托代理人（通常是银行）代为执行。

第三节 我国绿色债券的发展现状

一 绿色债券的发展状况

绿色债券正在逐步地成为调动全球债券市场满足绿色投资需求的一个有力工具。目前来看，绿色债券只占全球债券市场的不到 0.2%（在中国的比例为 2%），具有巨大的扩张潜力。由此来看，绿色债券市场的规模需要得到迅速扩大。

中国的绿色债券起步较晚一些。直到 2015 年，中国才着手正式建立绿色债券的制度框架。2015 年下半年，在监管层的推动下，绿色债券在中国

---

① Frank J. Fabozzi, *The Handbook of Fixed Income Securities* (New York: McGraw-Hill, Inc, 2012), p.106.

开始加速发展。2015年7月14日，北京市金融局、中国人民银行营业管理部、北京节能环保中心等16家单位共同签署了《绿色债券联盟发起成员单位合作备忘录》。这代表着各单位将据此在各自职责范围内进行密切的合作，助推北京辖内企业在境内外资本市场发行绿色债券。2015年7月，新疆金风科技发行了绿色企业债券。2015年底，中国农业银行在伦敦发行绿色债券。2015年12月，中国人民银行发布公告称，在银行间债券市场推出绿色金融债券，即金融机构法人依法在银行间债券市场发行的、募集资金用于支持绿色产业项目并按约定还本付息的有价证券。

2016年，有35个新的中国绿色债券发行人进入市场，其中两个最大的发行人是上海浦东发展银行和兴业银行，其绿色债券占中国发行规模的43%，它们也成为2016年全球范围内最大规模的绿色债券发行人。

在上海浦东发展银行、兴业银行分别发行境内首批绿色金融债券且全部实现超额认购后，引来各金融机构和企业的参与。中国绿色债券市场呈现快速增长态势，2016年发行规模达2000亿元，占全球绿色债券发行规模的近40%，已成为全球最大规模的绿色债券发行市场。

历经4年的发展，截至2019年末，我国境内外累计发行绿色债券（含资产证券化）545只，发行总规模已突破1.1万亿元（见图5-3）。2019年，我国境内外贴标绿色债券发行总规模创历史新高，总计发行218只绿色债券（含资产证券化），发行总规模达3613.73亿元，同比增幅达34.5%。其中，境内市场发行贴标绿色债券165只，发行规模达2458.63亿元；发行绿色资产证券化产品（绿色ABS、绿色ABN）32只，募集资金392.03亿元；在国际债券市场发行绿色债券21只，发行规模约合人民币763.07亿元。此外，2019年我国发行非贴标绿色债券492只，发行规模达1.63万亿元，其中5582.56亿元投向各类绿色项目。

随着发行规模不断增大，绿色债券发行占整体债券市场发行比例上升，信用债券仍为主要发行产品。2019年，中国人民银行三次下调金融机构存款准备金率，通过"小幅度、高频率"的公开市场操作保持流动性合理充裕，债券市场发行利率整体下行，为绿色债券市场发行量创历年之最奠定了基础。从整体发行情况来看，2019年我国债券市场发行债券4.37

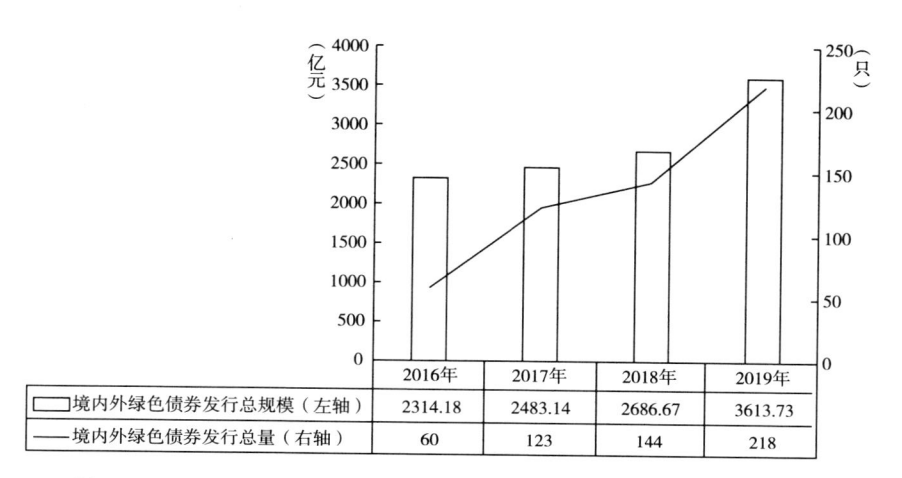

图 5-3　2016~2019 年中国境内外绿色债券（含资产证券化）发行情况

	2016年	2017年	2018年	2019年
境内外绿色债券发行总规模（左轴）	2314.18	2483.14	2686.67	3613.73
境内外绿色债券发行总量（右轴）	60	123	144	218

资料来源：《IIGF 观点｜中国绿色债券市场 2019 年度分析简报（上）》，http://iigf.cufe.edu.cn/info/1012/1359.htm。

万只，总发行量达 45.18 万亿元，相比于 2018 年的 43.84 万亿元实现了稳步增长。绿色债券受益于债券市场发展环境，贴标绿色债券发行量占债券市场总量的比重由 2018 年的 0.47% 上升至 2019 年的 0.54%，但总体占比仍然较低。[①] 从当前绿色债券的发行结构来看，信用债券仍为绿色债券发行的主要债种，利率债券的发行比例仍然较低。在 2019 年陆续出台的关于绿色市政债券的相关政策引导下，未来以利率债券发力提升绿色债券整体发行量前景可期。

从整体来看，2019 年我国境内发行贴标绿色债券募集的 2458.63 亿元资金中，有 2131.01 亿元实际投向了符合《绿色债券支持项目目录（2015 年版）》规定的项目，占比高达 86.67%。《绿色债券支持项目目录（2015 年版）》将符合绿色债券投向规定的项目分为六大类 31 个小类。从一级分类的投向来看，2131.01 亿元资金中，以绿色金融债券为主的部分债券投向了多个领域，在单一投向中，清洁交通领域发行绿色债券的规模最

---

① 《中国绿色债券市场 2019 年度分析简报（上）》，http://iigf.cufe.edu.cn/info/1103/3269.htm。

大，达 385.30 亿元；清洁能源次之，发行规模为 347.23 亿元；用于污染防治、资源节约与循环利用、生态保护和适应气候变化、节能领域的绿色债券发行较少，占比均低于 10%（见图 5-4）。

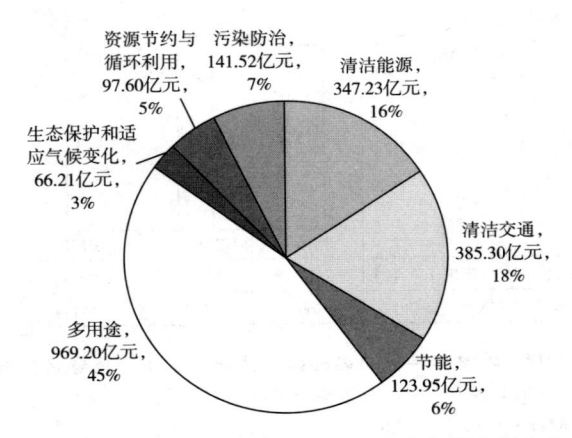

图 5-4　2019 年中国境内贴标绿色债券募集资金投向分布
资料来源：中央财经大学绿色金融国际研究院发布的《中国绿色债券市场发展报告（2019）》。

二　绿色债券的创新和风险

（一）绿色债券的创新

1. 注重绿色债券创新的示范效应

对于公共机构及银行而言，它们会相应地发行示范性的国内绿色债券。之所以这样做，具体的目的是让国内投资者的需求明确地浮出水面，只有这样，才能够进一步为其他投资者的投资提供指导并为一个初期市场带来一定程度上的流动性。

2. 对绿色债券的信用增级

在进一步对绿色债券的信用进行增级的时候，应该由政府设立专项基金，对较低评级的绿色债券新品种提供相应的担保，从而进一步实现外部增信，提升绿色资产价值。

2016 年 5 月，浙江吉利以增强型评级（A1/A/A）发行了一只绿色债券，并提供了来自中国银行伦敦分行开出的备用信用证担保。

3. 对绿色债券的经济激励

对于绿色项目而言，由于其周期较长且前期具有较高的成本，因而建议对绿色项目实施价格补贴、财政贴息和投资补助等优惠措施。

在中国，对贴标绿色债券的税收激励于 2015 年 3 月由中国人民银行提出。在国外，2015 年 12 月，印度证券交易委员会（SEBI）为印度可再生能源项目的 500 亿卢比债券提出了税收激励。

4. 对绿色债券的制度创新

与普通债券相比，绿色债券具有一些特殊制度的安排，如国家发展改革委发布的《绿色债券发行指引》明确规定绿色债券比照国家发展改革委"加快和简化审核类"债券审核程序，提高审核效率，债券募集资金占项目总投资比例放宽至 80%，发行绿色债券的企业不受发债指标限制等；2017 年 3 月 2 日，中国证监会发布的《中国证监会关于支持绿色债券发展的指导意见》中提出建立审核"绿色通道"，适用"即报即审"政策等。以上这些制度安排在一定程度上是有助于提升绿色债券发行的便利性的，使得融资成本有所降低。

（二）绿色债券的风险

1. 投资者及债券承销机构缺乏激励

在社会责任投资理念相对欠缺的情况下，若绿色债券不能较其他类别债券提供更高的财务投资收益，则它并不享有比较优势。对于承销机构来说，也是同样的道理。若绿色债券发行程序更为烦琐的话，则其承销绿色债券的动力也会更弱。

2. 环境信息披露机制不完善

由于相关环境信息披露机制不是很健全，对于发行人将募集资金用于绿色项目难以进行确保，从而难以为绿色债券发挥其支持绿色产业发展的作用提供充分的保障。

3. 可能产生监管套利

在给绿色债券开放"绿色通道"的情况下，若监管的节奏跟不上，那么很容易导致非绿色项目套上绿色项目的"外衣"，从而与发行绿色债券的初衷有所背离。

4. 不良率的风险

虽然现在的政府对于绿色债券格外的重视，但是如果绿色债券脱掉绿色的"外衣"，其仍然是债券，并不会因为披上绿色的"外衣"就免去其偿还债券本息的义务。

而且，它作为一种债务融资工具，仍然需要募集资金的企业或项目具有正常的现金流以保障债券本息的安全。虽然新疆金风科技和中国农业银行的绿色债券均获得了国际投资者数十倍甚至上百倍的超额认购，但华锐风电债券与无锡尚德电力债券一度因面临违约，让债券市场焦躁不安，天威英利债券虽有央企作为后盾，但还是暴露了到期无法还本付息的信用风险。

金融机构发行的绿色金融债券虽然是由金融机构作为偿债主体，但仍然受到其发放的绿色信贷不良率的影响。

5. 绿色债券的发展评价

我国绿色债券市场与采用自愿披露信息方式的海外市场相比，其信息披露目前还需依靠制度加以相关的约束。为了能够进一步保证绿色债券市场的公开和透明，消除投资者对这一新兴融资工具的疑虑，确保资金流入那些合规的绿色项目，监管层应尽快推进信息披露机制的完善，中国工商银行城市金融研究所的张静文指出，目前，中国人民银行规定发行人应当按季度披露募集资金使用情况，并鼓励发行人按年度向市场披露由独立评估机构或认证机构出具的评估报告，国家发展改革委对此却并无规定。而根据中国人民银行第9号文件，由国家发展改革委核准的绿色企业债券无须审批即可直接进入银行间交易市场，未来监管层应考虑进一步完善绿色企业债券信息披露监管规定，避免在同一市场中存在两种监管标准的情况。①

三 绿色债券发展过程中存在的障碍

（一）相关配套政策和法律制度不健全

我国关于绿色债券的理论探索始于2013年，指引性政策开始出现于

---

① 《绿色金融债方兴未艾》，http：//bond.hexun.com/2016-03-26/182982182.html。

2015年，专门法律或制度至今尚未完全形成。相关理论与政策则主要受国内经济转型压力、环境保护诉求、国际绿色债券发展拉动等因素影响，被倒逼着开展变革。虽然近年来我国《政府工作报告》数次强调"绿色"理念，并针对绿色债券市场发布了专门性公告和指引，但绿色债券整体的政策与制度建设仍落后于发达国家。

（二）绿色债券国际认可度不高

近些年，我国绿色债券发展迅速，种类逐渐丰富，且覆盖各个不同领域的不同产业，募集资金亦投向环境保护和气候减缓项目。但由于国际社会对绿色债券技术水平、行业和环境的要求较为严格，目前受国际认可的中国绿色债券仅有两类，即新能源企业与商业银行发行的绿色债券，最终导致很多地方政府用于降低能耗和环境保护的项目只能发行普通债券而非绿色债券，而缺乏政府部门主导的绿色债券发行示范，将不利于扩大绿色债券市场占比及降低绿色产业融资成本。

（三）绿色债券存在政策套利机会

目前，我国大多数绿色债券划分的主要依据是发行人是否将之标识为绿色债券。绿色债券获得投资者超额认购现象的发生，反映了投资者对绿色债券的高度认可。在缺乏第三方评价机构进行有效监督时，较难甄别项目的绿色性，部分不良发行人通过"漂绿"进行政策套利，利用绿色债券"外衣"包装非绿色项目以压低融资成本，影响了绿色债券市场的健康发展。

（四）绿色债券评估标准尚不成熟

2016年，中债资信发布了绿色债券评估认证方法体系，填补了我国绿色债券评估标准的空白。但我国绿色债券尚处于起步阶段，专门的绿色债券评估机构少，项目评估标准、信息披露范围不明确等问题普遍存在，阻碍了我国绿色债券的健康发展。随着绿色债券市场规模加速扩大，若不能及时制定出一套统一、可行的第三方评估标准和指引，最终将会损害我国绿色债券市场整体的公信力。

四 绿色债券问题解决措施及发展路径

（一）优化绿色债券健康发展的制度环境

我国绿色债券的发展离不开外部制度环境、市场交易制度和市场监管制度三者的协同变迁。一方面，政府要在充分认清绿色债券内涵及作用的基础上，参照国际相关绿色投资标准和准则，加强绿色债券外部制度研究，制定出符合我国特色的标准实施体系，统一绿色债券项目界定范围，进一步优化绿色债券结构分类，为促进绿色债券市场的发展排除法律制度上的障碍。另一方面，监管机构应针对各自的监管环节出台相关制度，规范市场参与各方的行为。同时，通过提供专门、高效、便捷的监管服务，优化企业通过绿色债券进行融资的市场环境，吸引更多国内外投资者承担自身社会责任，促进我国绿色债券市场的快速发展。

（二）加大绿色债券的政府扶持力度

1. 突出政府的鼓励与引导作用

由于我国绿色债券以政府自上而下的引导为主，企业主动应对气候变化和环境恶化的意识普遍不强。因此，政府的政策性导向应当多元化，针对主体要更广泛，涵盖企业、能源商、投资者等。比如，地方债与绿色债券的有机结合，通过有政府信用担保的地方债和以政府绿色资产作为抵押担保的优惠待遇，结合政府财政补贴、信贷指引、信用组合机制等，更好地发挥政府的引导作用，提高公众对经济发展社会效益的关注，增强绿色债券投资者信心。

2. 积极推行激励措施

政府要加大绿色项目的政策倾斜力度，通过探索发行双重追索权的绿色债券、减费降税、降低交易成本等措施，充分带动金融机构、市政部门、企业发行绿色债券的积极性。

3. 加强对募集资金的管理

探索建立绿色的项目资金库，进一步增进募集资金的循环利用，在整合现有资源的基础上，着力完善绿色金融政策支持体系，使募集资金向小微绿色企业债券倾斜。

4. 推进财税等配套政策的协调与配合，提高金融机构开展绿色金融业务的奖励

综合考量、统筹兼顾各利益相关方在绿色债券发展过程中所担任的角色和具体的利益诉求，从而最大限度推动和引导我国绿色债券向前发展的进程。

（三）加大债券市场影响效应

为避免政府主导对债券发挥自身资源配置作用的影响，一是要充分利用市场治理机制，保障政府监管的有效性；二是利用行业标杆效应，对运营效果好的机构给予更多政策优惠，为后续实施机构提供追赶动力；三是加大市场监管力度，为避免发行方绿色项目造假，要健全担保机制，强调声誉监管的重要性，确保项目价值，为绿色债券发展保驾护航。

（四）建立第三方认证方法体系

为确保发行绿色债券的企业所募集的资金投入绿色项目，引入独立第三方绿色认证尤为重要。本书建议我国参照国际市场基本原则，制定和完善绿色债券的评估标准，选拔行业内公信力强、技术水平高、客观公正的第三方中介机构作为绿色债券的评估机构，并适时发布推荐认证机构名单，培育和发展本土化的第三方认证机构，不断提升我国绿色债券在国际市场中的地位。

第六章 绿色基金

绿色基金是指专门针对节能减排战略、低碳经济发展、环境优化改造项目而建立的专项投资基金,其目的是通过资本投入促进节能减排事业发展。绿色基金具有节能环保的特性,具有较高的科技含量以及良好的回报前景。

第一节 发展绿色基金的国际经验

目前,全球可持续发展已进入以绿色经济为主要驱动力的新阶段。美国的"绿色新政"、日本的"绿色发展战略"总体规划、德国的"绿色经济"研究等都表明,经济的"绿色化"是增长的新引擎已经成为世界的共识。

绿色基金的发展势必会对低碳经济起到促进作用。设立绿色发展基金已被列入"十三五"规划,如何深化投融资体制改革,通过政府投资引导社会资本,借鉴普惠金融,发展绿色基金市场,以带动更多的民间资本进入低碳环保行业也成为国内外各方的关注点。G20财长和央行行长会议对政府通过绿色金融带动民间资本进入绿色投资领域已达成共识,政府与社会资本合作的绿色发展基金将成为重要路径,也一定会成为中国可持续发展的新动力。

绿色信贷、绿色债券、绿色基金、绿色保险都是绿色金融体系的重要组成部分。作为资金来源广泛的绿色基金,包括绿色产业基金及绿色担保基金,在金融体系下更具有举足轻重的作用。目前,内蒙古、云南、河北、湖北等地已经纷纷建立起绿色发展基金或环保基金,以推动绿色投融资。这对地方政府投融资改革和统筹协调绿色城镇化资金的筹措十分有利，也会推动绿色发展的进程。

一 绿色基金起源及发展

在 20 世纪六七十年代环保运动的影响下，世界上第一只将环境指标纳入考核标准的绿色投资基金——Calvert Balanced Portfolio A 于 1982 年在美国面世。此后，英国于 1988 年推出了第一只绿色投资基金——Merlin Ecology Fund。

从绿色金融体系的国际经验来看，英国绿色投资银行是世界上第一家专门致力于绿色经济的投资银行，它的作用是解决基础设施融资中市场缺失的问题，通过调动私人资本来加快向绿色金融的转型。

在美国、日本等发达国家，绿色基金在近年得到了较大发展。由于金融市场发展程度的差异性，绿色基金在不同市场上有不同表现。在发达国家，绿色基金的发行主体主要是机构，尤其是美国在 1996 年成立了社会投资论坛，自此绿色基金开始高速发展。而在日本，受自然环境及人文环境等影响，环保意识在社会中广泛传播，绿色基金在日本发展起来，具有代表性的是日本日兴生态基金（Nikko Eco-Fund），其向重视环保、业绩优异的生态企业进行投资，极大地促进了生态的改善。2016 年，澳大利亚发行了清洁能源创新基金（Clean Energy Innovation Fund），以此支持太阳能、生物燃料等清洁能源及创新型企业发展。

美国是世界上社会责任投资（SRI）发展最早和最完善的市场。自从第一只绿色投资基金在美国面世以来，市场相继推出了许多绿色投资基金，这极大地促进了美国社会经济生态效益的提高，也促使更多 SRI 将生态环境作为重要筛选指标，通过股东对话的形式来提高对企业环境的重视，这是美国初期绿色投资基金的构成形式。

目前，发展社会责任投资基金得到了欧洲大多数国家的重视。在西欧地区，绿色投资基金是社会责任投资的第三代金融产品，更专注于环境等某个具体的领域，而且其资产增速也大于市场资产的平均增速。SRI 资产的平均增长率、投资策略、投资者结构、资产的配置情况，在欧洲不同的国家之间差异较大。

为实现环境可持续发展，欧洲投资基金（EIF）的管理经验在应对气候变化方面得到充分运用，欧盟委员会于 2008 年创办全球能效和可再生能源基金（GEEREF），基金采取 PPP 组织架构形式，由公共部门出资，向中小型项目开发者和企业提供股权投资，包括新兴市场中的可再生能源和能效项目、绿色基础设施项目，从而有效发挥母基金的投资杠杆效应。

二 对我国发展绿色基金的启示

国际上绿色产业基金的发展经验对我们有如下几方面的启示。

第一，通过绿色基金可拓宽融资渠道，构建多元化的投资主体结构。从长远来看，绿色产业基金的资金应主要来源于民间。应通过政策和制度的调整，积极拓宽绿色产业基金的融资渠道，发展民间资本、养老金、金融机构、国外资本和政府资金等共同参与的多元化投资主体结构。

第二，发展绿色产业基金组织形式，因地制宜，合理发展。长远来看，有限合伙制度更适合绿色产业基金。因为其能有效地将资本与专业人才结合起来，在明确划分责、权、利的基础上，提高决策的专业水平，在激励和约束管理人行为的同时减少有限合伙人承担的风险和责任。

第三，积极利用外资推动绿色基金可持续发展。加强引进国际来源资金是城市绿色发展的重要方式。我国目前基金众多，其中不乏与绿色基金相似的产业基金，但针对性较弱，缺乏专业人士的研究引导，市场参与度不足。考虑到国际市场的因素，产业基金的发展不仅仅可以寻求国内投资，更可以引进外资和国外专业人员，建立绿色产业基金项目库，进一步获得国际金融机构等在基金和技术上的支持，同时提高资金使用效率也是确保城市绿色发展融资的重要因素。

第四，推进环保并购基金的发展。根据环境商会的不完全统计，从 2015 年至今，已有超过 20 家上市公司宣布设立环保并购基金，包括万邦达、上风高科、先河环保、盛运环保、格林美等。国内环保并购基金普遍采用"上市公司+PE"，即上市公司联手 PE 成立并购基金的模式。这既可以推进上市公司承担社会责任，也可以充分吸引民间资本参与到低碳环保产业的发展中。

三 PPP 模式助力绿色产业基金的发展

从国际经验来看，单靠政府资金已不能满足大量的公共基础设施投资需求，这就需要利用国际及国内民间私人资本进行公共基础设施建设，PPP 模式逐步成为应用广泛的项目融资和实施模式。

建立公共财政和私人资本合作的 PPP 模式的绿色产业基金，提高社会资本参与环保产业的积极性，是推动绿色基金发展的重要路径，此类绿色基金包括主要投资于区域环境保护的流域水环境基金、土壤修复产业基金、雾霾治理产业基金等。投资者可以通过银行贷款、企业债券、项目收益债券、资产证券化等市场化方式举债并承担偿债责任。

第二节 我国绿色基金的发展现状

2017 年 6 月 14 日，国务院总理李克强主持召开国务院常务会议，决定在浙江、江西、广东、贵州、新疆 5 省区选择部分地方，建设各有侧重、各具特色的绿色金融改革创新试验区，在体制机制上探索可复制可推广的经验，推动经济绿色转型升级。会议同时决定，支持金融机构设立绿色金融事业部或绿色支行；鼓励小额贷款、金融租赁公司参与绿色金融业务；支持创投、私募基金等境内外资本参与绿色投资。绿色金融和绿色基金再次引发各界关注。

2019 年 1 月，国家发展改革委等部门印发的《建立市场化、多元化生态保护补偿机制行动计划》提出适时扩大绿色金融改革创新试验区试点范围。2019 年 12 月，兰州新区获批成为绿色金融改革创新试验区。兰州新区绿色金融改革创新试验区将围绕九项任务开展工作，依托"一带一路"借鉴国内外绿色金融发展经验，提升金融业开放合作水平，为西部地区深化金融改革创新和助推绿色发展崛起积累经验、提供示范。截至 2019 年我国共有 6 个绿色金融改革创新试验区。为推动地方绿色金融体系建设，鼓励绿色基金发展，2019 年，广州、吉林、广西等地区纷纷发布关于构建绿色金融体系的指导意见或规划方案，其中鼓励绿色基金发展是构建地方绿色金融体系的重点内容之一。具体来看，2019年7月29日，广州市发布的《关于促进广州绿色金融改革创新发展的实施意见》提出完善绿色金融市场体系、加大绿色信贷产品创新力度等；11月，吉林和广西相继印发文件，明确提出推动地方绿色金融体系建设，鼓励地方绿色基金发行。截至2019年，全国已有近20个省市出台了地方绿色金融发展规划和实施意见，地方绿色金融体系建设不断完善和推进。

一 绿色金融与绿色基金

绿色金融是支持环境改善、应对气候变化和资源节约高效利用的经济活动，它的主要作用是引导资金流向节约资源技术开发和生态环境保护产业，引导企业生产注重绿色环保，引导消费者形成绿色消费理念，促进环保和经济社会的可持续发展。绿色金融的突出特点是将对环境保护和对资源的有效利用程度（生态效率）作为计量其活动成效的标准之一。

绿色基金是专门针对节能减排战略、低碳经济发展、环境优化改造项目而建立的专项投资基金，可以用于雾霾治理、水环境治理、土壤治理、污染防治、清洁能源、绿化和风沙治理、资源利用效率和循环利用、绿色交通、绿色建筑、生态保护和气候适应等领域，在绿色金融体系中资金来源最为广泛，具有举足轻重的作用。

二 我国绿色基金发展前景广阔

截至2016年底，在中国证券投资基金业协会备案的265只节能环保绿色基金中，股权投资基金159只，占比达到60%；创业投资基金33只；证券投资基金28只；其他类型基金45只。① 对比国内外绿色基金发展历程和趋势，结合我国具体国情，中国绿色基金的发展已经开始呈现以下特点和趋势。

（一）绿色产业市场空间巨大，绿色基金大有作为

在大气、水、土壤污染防治三个"十条"以及PPP模式的推进下，

---

① 《我国绿色基金发展前景广阔》，https://www.chinacace.org/news/view?id=8516。

"十三五"期间,中国环保市场潜力巨大。根据国合会绿色金融课题组的测算,"十三五"期间,若按照现有的环境规划和计划的"低方案",中国在可持续能源、环境基础设施建设、环境修复、工业污染治理、能源与资源节约等五大领域的绿色融资需求为14.6万亿元;若基于环境无退化原则的"高方案",则资金需求高达30万亿元,未来的绿色金融市场发展空间广阔。近年来,中国绿色信贷、绿色债券、绿色基金等为绿色产业引入社会资本8万亿元左右。[①] 作为绿色金融体系的重要组成部分,绿色基金的资金来源广泛,资金量充足,可以汇集政府、机构以及私人资金,在绿色产业市场中必将大有作为。

(二) 各级政府发起设立绿色发展基金已成为一种趋势

党的十八大以来,党中央、国务院就加强生态文明建设、推动绿色发展做出了一系列重要决策部署。党的十八届五中全会明确提出,要加快发展绿色金融,设立绿色基金。2020年7月15日,由财政部、生态环境部和上海市人民政府共同发起设立的国家绿色发展基金股份有限公司在上海市揭牌运营,这是中国深入推进生态文明建设的又一关键举措。该基金首期募资规模885亿元,其中中央财政出资100亿元,出资方还包括长江经济带沿线11省市、部分金融机构和相关行业企业。

目前,山东、内蒙古、宁夏、安徽等17个省区市成立了省级绿色发展基金或投资引导基金,云南普洱市、陕西西安市、安徽新安江市等地级市也成立了市级绿色产业基金。

(三) 越来越多的企业积极创设绿色私募股权和创业投资基金

目前,节能减碳、生态环保已成为很多私募股权基金和创业投资基金关注的热门投资领域。2010年以来,一些大型企业积极参与绿色基金的设立和运作,如中国节能环保集团有限公司联合银行、保险公司、工商企业等设立的绿色基金已超过50亿元;建银国际联合上海市城市建设投资开发

---

① 《2020绿色金融行业现状及发展前景分析》,https://www.chinairn.com/hyzx/20200712/115658272.shtml。

总公司共同设立建银环保基金；亿利资源集团、泛海集团、正泰集团、汇源集团、中国平安银行等联合发起设立了绿丝路基金，致力于丝绸之路经济带生态改善和光伏能源发展等。

2015年以来，环保类上市公司逐渐成为发起设立绿色并购基金的主要力量，例如，南方泵业（300145，股吧）设立"环保科技并购基金"；格林美（002340，股吧）拟设立"智慧环保云产业基金"；再升科技（603601，股吧）发起设立"再升盈科节能环保产业并购基金"；高能环境（603588，股吧）设立"磐霖高能环保产业投资基金"；等等。进入2016年，环保并购基金持续得到市场关注，这种热潮势必会引起一轮环保产业的并购热潮。

（四）绿色基金成为中国国际绿色金融合作的重要载体

为推动主要国家央行和金融监管机构之间在宏观金融层面就应对气候变化和环境相关的金融风险开展合作，2017年底，中国人民银行与法国央行、荷兰央行、德国央行、瑞典金融监管局、英格兰银行、墨西哥央行、新加坡金融监管局等8家机构共同成立了央行与监管机构绿色金融网络（NGFS），以强化金融体系风险管理，动员资本进入绿色低碳投资，促进环境友好、可持续发展。

为体现"一带一路"建设中可持续发展的内在要求，中国人民银行指导中国金融学会绿色金融专业委员会与伦敦金融城牵头多家机构发布了《"一带一路"绿色投资原则》（GIP），作为重要成果列入2019年第二届"一带一路"国际合作高峰论坛成果清单。2019年8月，其召开第一次全体会议，宣布成立秘书处，在北京和伦敦分设办公室。GIP参与机构不断扩大。自发布以来，GIP得到了各方的积极响应。截至目前，已有39家大型金融机构签署了GIP。其中包括17家参与"一带一路"投资的主要中资金融机构，以及22家来自英国、法国、德国、卢森堡、日本、中国香港、新加坡、巴基斯坦、哈萨克斯坦等国家和地区的大型银行和其他金融机构。[①]

---

① 《绿色金融国际合作中的"中国角色"｜气候变化与绿色金融系列之六》，https://www.yicai.com/news/100989551.html。

三 我国绿色基金存在的问题

目前，中国绿色金融中的绿色信贷、绿色债券、绿色保险已取得积极进展，绿色基金也将进入快速发展阶段。然而，在现有的宏观金融形势和金融改革背景，以及全国低碳发展目标之下，我国的绿色发展面临很多融资挑战。针对绿色投融资经常面临的高风险、期限错配、信息不对称、产品和分析工具缺失等问题，政策的顶层设计落到具体执行层面时，所依据的细则还并不完善；绿色项目的收益风险分担机制并不完善，激励投资者进行绿色投资的动力不足；绿色金融产品在设计和发行的过程中，无法突破原有的限制，配套的细则尚未落实到位；等等。如何通过创新金融工具和服务手段，多维度地满足绿色产业投融资需求，值得各方深入讨论与通力合作。

四 针对绿色基金的政策建议

基于国内外绿色基金发展历程的对比分析，结合我国绿色基金发展的特点、趋势和存在的突出问题，参考国际经验，本书给出如下推动绿色基金发展的建议。

（一）发挥社会投资论坛的力量，以责任投资的理念推动绿色投资基金的发展

社会投资论坛（SIF）对欧美绿色投资基金的发展起到了关键性作用。例如，1991年英国建立的世界上第一个社会投资论坛（UK Social Investment Forum，UKSIF）对包括绿色投资在内的 SRI 具有里程碑意义，它为 ESG（环境、社会和治理）投资搭建了良好平台。

此外，社会投资论坛还能发挥监督作用：一方面，监督金融机构自身的环保状况和节能减排效果；另一方面，监督金融机构对环境污染企业的融资状况、对环保产业的支持力度以及绿色产业投资基金的使用情况。我国也已经发起成立中国责任投资论坛并召开了四次年会。未来，应积极鼓励类似的组织，推动更多机构投资者参与到环保产业和绿色投资基金的发

展进程中来。

（二）积极利用 PPP 模式，吸引和鼓励更多的金融机构和社会资本开展绿色投融资

从国际经验来看，单靠政府资金已不能满足庞大的公共基础设施投资需求，在 PPP 模式下，政府通过特许经营权、合理定价、财政补贴等公开透明的方式，完善收益和成本风险共担机制，实现政府政策目标；投资者按照市场化原则出资，按约定规则与政府共同成立基金参与建设和运营合作项目。PPP 模式实现了公共财政和私人资本的合作，能够利用国际及国内民间资本进行公共基础设施建设，已逐步成为应用广泛的项目融资模式。

我国应加大利用政府和社会资本合作（PPP）模式动员社会资本的力度，支持设立各类绿色发展基金，实行市场化运作，激励更多金融机构和社会资本开展绿色投融资，有效抑制污染性投资。

首先，亟待出台专门规范这种特殊 PPP 模式绿色产业基金的法律法规和操作细则，以完善顶层设计，通过特许经营权等壮大绿色基金的实力，为绿色基金的发展注入持续推动力。在实践中，可以考虑以地方财政投入启动资金，引入金融资本和民间资本成立绿色产业基金。PPP 模式下的绿色产业基金，可以通过股权投资于地方政府纳入 PPP 框架下的项目公司，子基金或项目公司作为种子项目投资运作主体，对城市绿色基础设施相关产业进行市场化运作，自担风险、自负盈亏，政府授予项目公司一定期限的特许经营权。

其次，国家和地方政府应尽早出台对绿色基金的相关扶持政策。目前，"十三五"规划中指出，要支持绿色清洁生产，推进传统制造业绿色改造，对符合生态发展的投资项目给予一定税收优惠，为项目贷款提供优惠利率，国家政策性银行拨出环保专项贷款等，支持绿色基金发展的财税金融政策在实践中还需要在不同层面予以推进落实。

最后，建立适用面相对较广的投资绩效评价体系。目前，任何一项资产都有相应机构对其进行投资评级，而绿色基金的特殊性要求它具有更加

完善的体系。从基金的创立到退出，每一个环节都要做到有据可循。尤其在基金创立之初，更要健全筛选制度，确保该基金满足绿色发展的基本要求。

（三）鼓励各级政府以多种形式发起或参与发起 PPP 模式的绿色发展基金

本书建议根据不同绿色发展基金的特点合理确定政府定位和参与方式。政府出资的绿色发展基金要在确保执行国家绿色发展战略及政策的前提下，按照市场化方式进行投资管理。

地方政府可通过放宽市场准入、完善公共服务定价、实施特许经营模式、落实财税和土地政策等措施，完善收益和成本风险共担机制，支持绿色发展基金所投资的项目。同时，应陆续出台具体政策，以解决民间资本融资难、融资贵等问题。要有效保障投资人的利益，真正搭建民间资金与政府项目之间的普惠桥梁。

在"十四五"期间，我国环保市场潜力巨大。建立公共财政和私人资本合作的 PPP 模式的绿色发展基金，提高社会资本参与环保产业的积极性，是推动绿色基金发展的重要路径。

（四）积极探索建立绿色担保基金，扩大绿色项目融资来源

绿色基金不仅包括绿色投资基金，也包括绿色担保基金。未来中国可以考虑设立包括绿色中小企业信用担保、绿色债券、绿色 PPP 项目担保等在内的绿色担保基金，并通过市场化、差别化的担保政策、补贴政策、税收优惠政策等进行综合调整，以担保机制的完善推进绿色产业融资风险管理与激励机制的创新，积极运用绿色担保基金解决环保企业，尤其是中小企业的融资难问题。

当地政府应在资金筹集和投向等方面发挥政策引导作用。未来我们应该在绿色金融助力城市低碳绿色发展的执行层面给予更多关注和研究，分析地方城市（包括绿色交通、绿色建筑等行业）低碳融资障碍。

（五）在中央政府层面设立绿色基金

中央级绿色产业投资基金或绿色发展基金，主要是指中央政府及各部门所设立的，专门用于绿色经济发展特定领域的基金，这也应该是绿色发展基金的重要模式。该类基金的政府资金来源主要可以考虑财政拨款、财政贴息、国债项目安排等。从投资者结构来看，绿色发展基金应是作为公私混合型的模式设立，投资人包括政府、金融机构、企业、私募股权基金、保险公司、养老基金、国际金融机构、各类气候基金等。

明确有关PPP模式的扶持政策以适用于绿色产业基金。具体来说，应该在国务院办公厅印发《关于推行环境污染第三方治理的意见》的基础上，进一步明确新的投资运营模式（如特许经营）、审批便利化、财政补贴或奖励、绿色债券等优惠政策和融资工具同样适用于PPP产业基金。

本书建议出台对绿色产业基金的相关扶持政策。根据《产业投资基金管理暂行办法》中的有关内容，按投资领域的不同，产业投资基金可分为创业投资基金、企业重组投资基金和基础设施投资基金等几类；在《国务院关于鼓励和引导民间投资健康发展的若干意见》中，提出了鼓励民间资本参与水利工程建设、土地整治、矿山地质环境恢复治理以及支持民间资本进入城市污水处理、城市园林绿化行业领域等多项国家发展政策。这些政策应该加以细化，地方政府在操作细则中可通过放宽准入、减免税收、补贴和土地政策等措施来支持绿色产业基金的发展。

（六）在地方政府层面设立绿色基金

为提高社会资本参与PPP项目的积极性，拓宽项目融资渠道、降低各方投资风险，中央与地方两级政府都在积极探索成立PPP引导基金，包括财政部与国内10家大型金融机构共同发起设立的1800亿元PPP融资支持基金，财政部与山东、山西、河南、江苏、四川及新疆等地都成立了不同规模的PPP引导基金。

以PPP产业投资基金为主要模式设立绿色发展基金。PPP基金投资模式主要有投资入股PPP项目公司、给PPP项目公司提供债权融资及"投贷结合"三种。目前由省级政府或地市层面出资成立引导基金，再以此吸引金融机构的资金，合作成立产业基金母基金的方式比较普遍。各地申报的项目，经过金融机构审核后，由地方财政做劣后级，母基金做优先级，杠杆比例大多为1：4或1：5。内蒙古环保基金、山西省改善城市人居环境PPP投资引导基金、江苏PPP融资支持基金就是这种实例。其他地区可借鉴相应经验，出台这种PPP模式绿色基金的法规和操作指南，为社会资本参与创造一个比较稳定的法律环境。

绿色产业投资基金通常有一定的期限，而PPP项目的周期可能长达数十年，因此参与PPP的产业投资基金一般需要多种方式退出。具体的退出方式有三种：项目清算退出、股权回购/转让、资产证券化。

（七）加强绿色投资国际合作

随着全球化和经济的快速发展，发展中国家面临同样的问题，比如工业化、城市化、全球化、城市污染和资源短缺的压力，迫切需要多维度的联合跨国行动来实现可持续发展。

2015年，中美建筑节能与绿色发展基金作为刚结束的第八轮中美战略与经济对话的重要成果之一正式推出。该基金将与镇江和张家口两个城市合作，建立市级建筑节能和绿色发展基金，促进美国节能环保技术在中国市场的应用，并将成功经验在其他城市进行复制和推广。在基金的运作上，将引入PPP这一创新模式。未来可以通过这种基金模式鼓励绿色金融国际合作，并共同创造绿色就业机会。

目前，推动绿色金融的全球发展已经在G20达成共识，国际投资的绿色化和环境社会责任的承担也成为关注热点。而亚投行、丝路基金、亚洲开发银行、国际金融公司等在推动亚太金融合作、生态领域、基础设施投资方面也更多强调环保因素。借鉴全球基础设施基金的经验，未来可以联合全球合作伙伴，运用PPP模式，在共建"一带一路"国家进行绿色投资，推动改善生态环境，促进绿色发展的国际合作。

第三节　我国绿色基金的发展路径

从绿色金融体系发展的国际经验来看，绿色基金的发展经历了从无到有，从缓慢发展到高速发展的历史阶段。绿色投资基金的概念虽然在20世纪80年代就已出现，但是直到20世纪末期，绿色投资基金的数量增长仍十分缓慢。

近年来，随着各国对环境问题以及经济可持续发展的重视，绿色基金在美国、日本和欧洲等发达国家和地区得到了较大发展。美国市场相继有更多的SRI将生态环境作为重要筛选指标，通过增强股东话语权来促使企业提高对环境的重视，这便是美国绿色投资基金初期的构成形式。进入21世纪后，绿色投资基金进入高速发展阶段，极大地促进了美国社会经济生态效率的提高。在日本，曾经的粗放型经济增长模式造成的严重危害使得企业逐渐认识到环境的改善能节约成本，而通过绿色投资基金可以在取得良好经济效益的同时推动生态环境的改善，这极大地促进了绿色投资在日本的发展。在欧洲，绿色投资基金是社会责任投资的第三代金融产品，更专注于环境等某个具体的领域，而且其资产增速也大于市场资产的平均增速。

我国的绿色发展基金起步较晚，但发展势头迅猛。中国政府"坚持绿色发展，着力改善生态环境"，明确提出加快推进绿色城市、智慧城市、人文城市建设，加快财税体制和投融资机制的改革，创新金融服务。2016年7月，在中国的推动下，G20财长和央行行长会议正式将发展绿色金融的七项倡议写入会议公报。之后，在G20峰会上，绿色金融得到各成员国的关注，并且首次被写入G20峰会公报。与此同时，"发展绿色金融，设立绿色发展基金"被列入"十三五"规划，成为一大亮点。绿色发展基金可以充分运用政府与市场的双轮驱动，有效化解金融创新的资金瓶颈问题，势将成为中国可持续发展的新引擎。

2016年8月30日，中央全面深化改革领导小组第二十七次会议顺利召开，会议审议通过《关于构建绿色金融体系的指导意见》；8月31日，中国人民银行、财政部等七部委联合印发了《关于构建绿色金融体系的指导意见》（以下简称《指导意见》），引起了各方关注。

《指导意见》明确提出，通过政府和社会资本合作（PPP）模式动员社会资本，支持设立各类绿色发展基金，实行市场化运作。《指导意见》首次提出中央财政整合现有节能环保等专项资金设立国家绿色发展基金，同时鼓励有条件的地方政府和社会资本共同发起设立区域性绿色发展基金。

《指导意见》向社会各界发出了政策层面支持绿色投资的信号，有利于激励更多的金融机构和社会资本开展绿色投融资，同时更有效地抑制污染性投资。2017年6月14日，国务院常务会议决定建设绿色金融改革创新试验区，多措并举，推动经济绿色转型升级，并提出支持创投、私募基金等境内外资本参与绿色投资。绿色基金的政策落地也会有助于提振投资者信心。

第七章 绿色保险

绿色保险，是责任保险中一个分支，是一种特殊的责任保险。第二次世界大战之后，绿色保险迅速发展起来。由于对绿色保险的研究起步较晚，在我国绿色保险还只是一个陌生的概念。虽然我国在各个省份进行了绿色保险的试点运营，但是由于实务经营中对环境责任保险的理解是比较狭窄的，同时在经营的过程中还存在一些问题，环境责任保险在我国并没有发挥出治理的功能。通过结合我国国情的发展，可以让绿色保险成为解决我国环境问题的工具，改善我国生态环境状况，实现社会的可持续发展。

第一节 绿色保险的主要内涵

环境问题已经涉及生存权，成为当代亟须解决的问题。绿色保险作为环境侵权救济体系中的一种制度，具有转嫁风险、保障公民环境权益、促进经济发展和实现社会稳定的优点，引起了更多人的关注。

一 绿色保险的概念

（一）保险和责任保险的概念

保险是分散风险、消化损失的制度。最开始，"保险"一词是西方国家的舶来品，英文名称为 Insurance。保险是什么，根据《保险法》第二条规定，"本法所称保险，是指投保人根据合同约定，向保险人支付保险费，保险人对于合同约定的可能发生的事故因其发生所造成的财产损失承担赔偿保险金责任，或者当被保险人死亡、伤残、疾病或者达到合同约定的年龄、期限等条件时承担给付保险金责任的商业保险行为"，可知保险的定义就是一种经济制度，是一种以经济补偿作为保险手段的商业经营行为。

此外，保险还体现着一种法律关系，即投保人和保险人通过保险合同的约束形成的契约关系。还有理论认为，保险是集合多数遭受同一风险的人成立起来的保护他们共同利益的团体，通过公平合理的方法筹集资金，以便对遭受该项风险所引起的损失给予适当的补偿。

这些定义都强调了保险减少交易风险、填补损失的作用。此外，保险更能发挥出维持经济活动正常进行和维护社会稳定的功能，因此它又被人们称为"精巧社会的稳定器"。

责任保险又被称为第三者责任保险。《保险法》第六十五条规定，责任保险是指以被保险人对第三者依法应负的赔偿责任为保险标的的保险。责任保险通常被划分在广义的财产保险范畴中，中国也将其作为财产保险中的一类来规定。学者们将广义的财产保险分为三类，即有形财产保险、无形财产保险以及责任保险。对于特定标的的灭失、毁损的保险，就是有形财产保险；对于将来可取之收益丧失的保险，则为无形财产保险；对于发生事故而需要由其财产支出的保险就是责任保险。

我国《保险法》第九十五条第二款的规定中提出，责任保险属于财产保险业务的范畴，因为其承担的标的是一种无形的民事损害赔偿责任。通过构成要件可以看出，责任保险是一种民事法律责任，这种责任是被保险人对第三者依法应负的赔偿责任。这种法律责任是由于某种行为而造成他人的人身或财产受到损失或依照合同应由致害人对受害人所承担的一定的义务，即经济损害赔偿。

19世纪，在法国最早出现了责任保险，也是最年轻的险种之一，在性质上是基于民事责任的一种分散和防范侵权损害的法律技术，其社会功能在于通过缴纳保费组成一个共同体。一旦发生保险事故，通过保险、再保险的功能将个人的损失衡量出来，进而填补被害人的损失。

目前，责任保险已经在英国、法国、德国、日本以及瑞典等国家的核能事故、工业事故、交通事故、航空器事故、医疗事故、产品责任和环境事故等危险活动领域和意外灾害领域得到广泛的应用。责任保险在环境事故中应用，就产生了一种新的环境责任制度，即绿色保险制度。

（二）绿色保险的概念

1. 绿色保险的产生与发展

绿色保险是环境责任保险的形象称呼，是指被保险人由于对环境造成污染所必须承担的损失赔偿和治理责任的保险。绿色保险要求投保人按照保险合同上的约定向保险公司缴纳保险费用，一旦发生了污染事故，就由保险公司承担起对污染受害人的赔偿和治理责任。目前，绿色保险已经在发达国家中广泛被采用，是环境高危企业发生污染事故后维护受害人权益的一种有效理赔制度。

早期绿色保险中的环境风险和责任风险是由公众责任保险（Comprehensive General Liability，CGL）承保的。20世纪60年代以前，发达国家环境风险还不突出，环境责任案件较少，因此CGL保单并未将环境责任损害赔偿列为除外责任，即CGL保单承保污染风险。但CGL作为一般责任保单承保了既不是保险业预期的，也不是保险业有意承保的环境损害赔偿责任。

20世纪60年代随着环境责任案件的增多，保险人在这个领域存在一定风险，于是保险人便在CGL保单中添加了"突然和意外条款"，只承保"突然和意外的环境损害责任"，"渐进性环境损害责任"被定义为除外责任。然而，正是渐进性环境污染风险市场的空白引起了欧洲保险人的极大兴趣，它们开始评估渐进性的环境污染风险是否能被保险覆盖。

在伦敦一家经纪公司（H. Clarkson有限责任公司）的领导下，欧洲保险人开始收集大量跟环境污染风险暴露有关的环境条件、公司经营和管理保单之类的重要信息。通过这一活动，1974年欧洲诞生了第一张非美式风险的环境损害责任保单。在瑞士再保险公司的倡导下，有超过35家的再保险公司投入这次世界范围的环境保险活动。随后保险人又将这个活动的内容扩展到美式风险的领域，并开始对美式风险的环境损害责任进行评估。

美国第一次为渐进性环境污染风险提供环境损害责任保单的限额是每次赔偿40万美元，累计赔偿800万美元。这一限额在20世纪70年代中期增长为每次赔偿500万美元，累计赔偿1000万美元。之后伴随绿色保险的发展保单限额达到了更高的水平，但由于环境责任风险具有广泛性、不确定性和赔付金额高的特点，保险人对承保条件要求更严格。

1989年在坚持严格承保条件的原则下，绿色保险的经营者们不断积极地向市场提供公众需要的更高保险限额、更宽保险范围和更多保险保单的绿色保险。直到20世纪90年代，绿色保险的时代才真正来临。成功承保重大环境风险所需要的数据和信息被保险公司、经纪公司和风险技术顾问发展成为应对各种复杂问题的参考，并将其提供给正在寻找利用保险和金融工具有效转移环境风险的客户。

目前，绿色保险的保险范围已经扩大到几乎任何工业、商业或机构的环境风险。有超过25种不同类型的环境保单，这些保单为应对污染风险提供了更多的选择。其中包括为重新治理环境而设计的超额保险、保护债权人存在环境问题的财产免受财务牵连的保单，这些都很受投保人的欢迎因而被不断开发。

虽然目前绿色保险典型的保单赔偿累计限额是1000万美元，保险期限是10年，但随着时间的推移，绿色保险的赔偿限额将被扩大，期限也会越来越长。现在绿色保险的保单广泛被修改，并且有很大的交易量，给存在环境风险的客户提供了既有创造性又灵活多样的解决难题的方法。

2. 绿色保险的含义

环境责任保险（Environmental Liability Insurance）又被称为"绿色保险"，指的是以被保险人因为环境污染而承担的损害赔偿和治理责任为标的的保险。要求投保人按照合同按一定的保险费率向保险机构缴纳保险费，一旦出现投保人因为环境污染而承担损害责任赔偿和治理责任的情况时，就由保险公司代为支付相应的保险费额。

绿色保险作为民事责任的一种分散和防范侵权损害风险的法律技术，主要包括三层法律关系，即投保人和保险公司之间的契约关系、投保人和受害人的侵权赔偿责任关系以及保险人与受害人的赔偿关系，三者之间相互制约、互为条件。通过绿色保险方式，被保险人将造成环境的损害赔偿责任转嫁给保险公司，再通过保险公司将损失分散到全体投保绿色保险的

"潜在环境侵权人"身上,从而实现环境损害赔偿的社会化。

在绿色保险中,投保人、被保险人以及受益人往往都是同一个人,即污染企业。绿色保险包含契约之债、侵权之债和损害赔偿之债,污染者和保险人之间是契约的关系,适用于过错责任原则,即保险人可以在合同中约定免费条款,规定如污染危害系污染者故意或是重大过失所导致,保险人则不承担赔偿责任,进而来监督企业加强自身管理,避免出现环境侵权行为。

3. 绿色保险的类别

关于绿色保险的种类,在学术界并没有统一对其进行界定,从责任保险的标准入手,结合前人的成果,进而对其进行了统一的概括。

第一,依照绿色保险合同对环境污染责任的约定,绿色保险分为:环境损害责任保险和自有场地治理责任保险。环境损害责任保险指的是保险公司对被保险人由于污染环境造成第三人的人身伤害和财产损失而发生的赔偿承担给付保险金的责任。这类保险并不承担所有的环境损害风险,而仅仅承担与第三人的人身伤害和财产损失相关联的风险。自有场地治理责任保险指的是被保险人因其污染自有的场地,依法负有治理污染的责任并因此而支出治理费用等,保险公司以保险合同约定的赔偿限额为基础,承担给付保险金的责任。

第二,依据环境污染致人损害而发生索赔的时间是否在保险合同的有效期间,绿色保险分为事故型责任保险以及索赔型责任保险。事故型责任保险指的是保险人仅以被保险人致人损害的行为或事故发生在责任保险单的有效期间内为条件,向被保险人承担给付保险金的责任。索赔型责任保险指的是在保险合同的有效期间内发生对被保险人环境责任索赔事件,保险公司应当承担给付保险金的责任。

环境污染致人损害而发生索赔的时间是在保险合同失效若干年甚至几十年之后,保险公司是无法把握未来的保险给付责任的。保险公司为限制其责任承担,在保险合同中规定了被保险人向保险公司通知索赔的最长期限,现代的环境保险已经由事故型责任保险发展为索赔型责任保险。

第三,根据绿色保险关系的建立是否取决于排污企业的意志,可以将之分为强制责任保险和自愿责任保险。强制责任保险又称为法定责任保险。在世界上很多国家对绿色保险采取的是强制性投保的形式，如美国、瑞典、德国等针对有毒物质和废弃物的处理、处置可能引发的损害赔偿责任实行强制保险制度。欧盟正在考虑在成员国内推行环境责任的强制保险，在我国也已经对某些污染环境的行业采取了强制保险制度。与强制责任保险相反，自愿责任保险则是在投保人与保险机构双方平等的基础上，自愿经过协商一致订立保险合同的一种保险机制。

4. 绿色保险的内涵分析

环境责任保险即绿色保险要求投保人依据保险合同，按照一定的保险费率向保险机构缴纳保险费，当被保险人因为环境侵权损害而应承担赔偿和治理责任时，保险公司就代为支付法定数额的保险金。从这个意义上来说，其实质是被保险人依法所承担的侵权损害赔偿责任通过保险合同转移给保险人，从而规避了因承担环境侵权损害赔偿责任而遭受重大利益损失的一种制度。因此可以看出，环境责任保险的标的既不是财产也不是人身，而是被保险人因污染环境而应承担的损害赔偿责任。

但是，并非所有的损害赔偿责任均为环境责任保险的标的，一种损害赔偿责任能否构成环境责任保险的标的，必须具备以下几个条件。

第一，属于法定的损害赔偿责任。环境责任保险的标的应该是由法律规定所必须承担的，具有一定的法律责任。自20世纪60年代以来，各种环境侵权的事件频频发生，因此世界各国都纷纷采用立法方式对环境侵权责任予以规定，进而使环境侵权的救济成为一种法定的责任。同时，环境责任保险的标的必须是损害赔偿责任，非损害赔偿责任不得成为保险的标的。此外还需要注意的是，若此责任的履行得以转化为损害赔偿或是转化为金钱计算，也可作为环境责任保险的标的。

第二，属于民事责任范畴。环境民事责任、环境行政责任以及环境刑事责任构成了当代环境责任体系的三大组成部分，但是只有环境民事责任可以成为环境责任保险的承保标的，而被保险人致人损害所必须承担的行政责任、刑事责任不得作为环境责任保险的标的。

第三，该项责任是由于疏忽、过失等行为造成的，或是虽然没有过错，但是根据法律规定应对受害人承担的民事赔偿责任。若被保险人故意制造保险事故导致他人受害，就属于道德风险，不应划入责任保险的范畴。

第四，必须为被保险人对第三人负赔偿责任。此处的第三人是除被保险人之外的任何一人，但被保险人若成为受害人，第三人则不可主张责任保险金的给付。

二 绿色保险的特征

（一）赔偿主体具有替代性

在一般的民事侵权救济过程中，其赔偿义务主体为侵权者。在绿色保险中，赔偿义务主体是具有专营性的保险公司，但是这种保险公司所承担的责任并非因为自己的环境侵权行为而导致的，而是基于污染事故的合法保险协议，即投保人向保险公司支付约定的保险费用，进而使保险公司替代被保险人在发生保险事故时给付赔偿金的责任。

这一替代责任的设置解决了污染后果的严重性和侵权者赔付能力有限性间的矛盾，平衡了个体权利和社会公益间存在的冲突。但是，赔付主体被替代，并不能说明"污染者负担"原则遭到了背离。在绿色保险中，污染危害系数过大引起的重大损失，保险人并不承担赔偿责任，而是由污染者自己承担。

（二）保险合同内容具有特定性

绿色保险合同的内容具有特定性，对于每一份合同来说，都有自己特有的条款，与其他的合同不同，没有具体的格式。由于每一个企业的生产地点和生产流程不同，在经营过程中也有各自的特点，对环境造成污染的可能性和危害性都不同。因此，保险公司在承保过程中要有专门的环保技术人员以及相关的知识工作人员对每一个标的进行实地调查和评估，并确定其保险费率。

（三）承保责任范围具有有限性

环境污染所造成的损害往往具有广泛性和不确定性，因此经常需要巨额资金来赔偿，保险公司出于利润的考虑要衡量所收的保险费和承担的赔付风险之间是否平衡。在实践过程中，绿色保险的对象往往限于偶然、突发性的环境污染事故带给人身体上或是财产上的损害，而正常运营状况下的继续性或复合性污染所导致的损害不在承担的范围内。虽有某些予以承保的立法和实践，如德国《环境责任法》第19条、法国自1977年以后由英国保险公司和法国保险公司组成的再保险联营，以特别责任保险单承保污染事故，但其限制条件极为严格。

（四）保险具有公益性和依赖性

绿色保险实现了环境侵权损害赔偿责任的社会化，同时还可以弥补传统民事损害赔偿制度难以使受害人得到及时有效赔偿的缺陷，实现经济效益和社会发展、社会效益和社会公平的统一，具有很强的公益性。为了能够保证绿色保险具有的公益性，同时为了避免保险公司拒绝承保，各国对高污染企业均强制要求投保绿色保险。

但是绿色保险的经营风险远远高于其他商业保险，仅要求保险公司承担赔偿风险就显得太过于苛刻了，因此绿色保险往往对政府具有很强的依赖性。各国在实行绿色保险制度的过程中，政府经常从财政、税收上进行扶持，如减免税、注入保险基金等，这些支持对绿色保险的发展至关重要。

三 绿色保险制度与相关制度的比较

（一）绿色保险与一般商业保险的区别

1. 绿色保险的社会意义与一般商业保险不同

其实商业保险的社会性主要体现在保险涉及社会上众多的被保险人。而绿色保险的社会性还体现在其与社会生活密切相关，是保险业直接介入社会发展进步的一种表现，尤其是绿色保险在环境污染事故纠纷解决中所起到的特殊作用，是一般商业保险无法企及的。

2. 绿色保险的法律性质与一般商业保险不同

一般商业保险的法律性质主要体现在保险行为上，而绿色保险的法律性质则体现在保险标的的环境侵权责任、绿色保险的产生和转移保险的需求与法律有关。各个国家的法律制度将直接影响企业的发展，同时还会影响保险公司承担的保险责任大小。而一般商业保险的投保风险与社会生产、生活中的自然风险、意外事故、经济风险有关，而绿色保险的责任损失风险指的是一方对另一方的损害或伤害承担一定的法律责任。

3. 绿色保险保障的是第三者利益

一般商业保险主要是以有形财产或者利益为标的的财产保险，纯粹为被保险人本人的利益所存在，而绿色保险需要为第三者的利益才能存在。

（二）绿色保险与环境民事责任的区别

1. 责任依据不同

环境民事责任除了财产权和人身权受到侵害外，还以受害人的环境权益受到侵害作为追究民事责任的依据。绿色保险则以投保人为第三人承担赔偿责任为赔付依据，两者承担责任的依据是不同的。

2. 承担风险作用不同

绿色保险对环境民事责任的分担具有十分积极的作用，但是绿色保险不可能代替民事责任制度，进而为受害人提供全面、有效的赔偿。责任保险发生的任何变化都是以民事责任制度本身的变化为基础，同时落后于民事责任制度的变化。

3. 归责原则不同

环境民事责任以"无过错责任"作为归责原则，不考虑行为人是否具有过错，只要其造成环境污染，就得承担民事责任；而绿色保险以"无过错责任"和"过错责任"相结合作为归责原则。

（三）绿色保险制度与环境损害赔偿制度的区别

1. 赔偿主体不同

在一般的环境赔偿中，赔偿的义务主体是侵权者，行为人实施了侵害他人环境权益和其他民事权益的行为，因此，受害人可以就环境侵权而丧失的那部分利益向侵权人提出赔偿要求。然而在绿色保险中，赔偿的义务主体为具有专营性的保险公司或单位，保险人基于绿色保险协议在发生保险事故时承担替代被保险人给付保险金的责任。

2. 赔偿范围不同

环境侵权造成的损害多种多样，但总的来说有三种，一种是财产损失，一种是人身伤害，还有一种是环境损害。根据我国的相关法律，财产损失采取全部赔偿的原则，赔偿的范围主要包括间接损失和直接损失两部分。然而绿色保险赔偿范围具有限定性，绿色保险针对的是投保人造成损失后，他人要求赔偿时应承担给付的责任。在此，绿色保险的投保人若系故意或重大过失给自己造成损失，就不在保险人的责任范围内。

3. 赔偿的承担方式不同

环境损害赔偿的承担，一般遵循环境责任原则，也称为污染者负担原则。污染者负担原则强调污染环境造成的损失及防治污染的费用应当由污染者承担，不应转嫁给国家或社会。然而污染环境往往造成了极大的损失，致使污染者没有足够的赔偿能力。如果要求污染者进行充分的赔偿，就会严重影响企业的生产活动，甚至导致破产。为了解决这一难题，环境学者们呼吁建立绿色保险，将污染者的全部责任或是部分责任转嫁给社会，故称为环境污染损害赔偿的社会化。绿色保险正是通过责任风险社会化机制解决环境损害赔偿问题的有效方式之一。

第二节 我国绿色保险的发展现状与建议

一 我国绿色保险的发展现状

（一）我国绿色保险市场情况

当前我国绿色保险市场的发展并不平衡，绿色保险产品的开发供给与实际的需求不匹配。通过查阅中国银行保险监督管理委员会的官网可以发现，截至 2020 年，我国的财产保险公司约有 87 家，其中包括 64 家中资保险公司、23 家外资保险公司，但是目前在市场开发上具有绿色保险的公司数量不多，主要绿色保险产品有绿色建筑保险、气象指数保险、光伏项目保险、风电保险等①，绿色保险覆盖领域较为单调。同时我国又是一个环境问题比较复杂的大国，对于绿色保险多样化的需求较大，而目前自主参保的企业所占比例较低，我国绿色保险市场未来有较大发展空间。

（二）我国绿色保险的外部环境

从宏观角度上看，其体制机制并不健全。我国在环境损害的责任赔偿方面并没有健全的管理机制，对于存在污染环境问题的企业没有强力的责任追究制度，仅仅停留在行政处罚上，宏观制度不完善，微观细节又过于模糊。对环境污染事故所涉及的赔偿问题并没有明文规定其赔偿标准，缺乏相应的实施条例，这就导致了赔偿不到位，环境风险的压力也无法正常发挥作用，进而导致绿色保险无法发挥作用。另外在赔偿数额上常常会受到行政决策因素的影响，缺少相应的法律依据，往往对企业构不成风险压力，环境污染问题依旧存在。

（三）我国绿色保险的内部环境

从当前我国的绿色保险行业来看，产品比较单一，具有的针对性也不够强。通过查阅相关的信息和资料可以看出，我国保险公司新开发的绿色保险主要集中在船舶、石油钻井以及天然气勘探等容易造成环境污染的行业内，这些也都是我国法律规定的必须参保的行业。保险公司开发提供的绿色保险产品也多是基于现有的法律规定所涉及的渗漏污染责任险、船舶污染责任险等。

对于一些如水污染责任险、噪声责任险以及核辐射责任险等其他环境保险未进行积极的开发和相应的市场投放，保险产品的单一化在很大程度上阻碍了企业在实际投保过程中的选择。

当前，我国在处理环境污染事故方面的评价机制还不完善，在很大程度上增加了保险公司的认定难度，使其无法合理地给予补偿。绿色保险机制往往涉及的方面较多，事故发生的原因也比较复杂，对于相关责任的认

---

① 中国银行保险监督管理委员会，http：//www.cbirc.gov.cn/cn/view/pages/index/index.html。

定和评估需要专业性极强的人才完成,但是目前我国在这方面的人才储备不足,因此在发生事故之后无法提供有力的专业技术支持,事故责任就无法准确认定,保险赔偿无法合理实施。

除了缺少专业的评估人才,评估机制也是相当不完善的,事故发生之后,评估机构没有完善的评估机制,无法对其实施准确合理的评估,因此导致很大程度上出现责任的偏差,进而影响保险公司的核心利益,甚至造成更大的不可预知的损失。

受到历史发展因素的影响,我国主要的环境污染企业集中在与化学品相关的行业、石油化工行业以及各类重工业生产行业中,这些行业的企业又多是国有企业,在发生污染后,就出现了"依靠政府买单"的现象,同时这些企业自身没有很强的环保意识,对绿色保险认识存在缺陷,导致企业只追求自身的发展而忽略了环境保护,很少有企业能够通过加强风险控制和技术革新来减少环境风险。

二 我国绿色保险的发展建议

(一) 建立健全环境责任保险的法律法规体系

我国目前涉及环境保护的法律法规主要有《水污染防治法》《大气污染防治法》《环境噪声污染防治法》《放射性污染防治法》《环境影响评价法》《清洁生产促进法》等。要充分发挥环责险的积极作用,就要健全法律法规体系,不断细化相关条例规范,明确水、土壤、大气污染责任者对相关责任承担和经济补偿的要求,并且要寻求恰当的契机将其纳入环责险。此外,要制定并落实实施强制性的环责险条例制度,努力将其转变为一项长效的环保体制机制。

(二) 支持保险公司环境责任保险的业务拓展

对于绿色保险产品单一的现状,相关政府部门应该通过制定一系列的激励制度,刺激和激励保险公司拓展绿色保险业务。首先,中央财政应该划拨出专项资金用来支持保险公司将环责险在全国范围内进行推广,并且应用专项资金进行专业人才的培养和评估机构的建立发展。其次,对于符合相关条例及规定的企业在税收方面应当进行适当的政策倾斜,最大限度地支持保险公司在产品开发上的工作。最后,还应当建立环保部门、保险机构以及银行信贷之间的联动机制,努力实现企业投保的环责险与相关的环境评估指标、获取信贷资质等指标挂钩,将三者连接起来,进而提高企业对环境污染的思想认识,采取更加积极的措施进行环境风险的控制,实现经济效益与社会效益的双赢。

(三) 深化环保部门与保险行业的合作

环保部门与保险行业的协调合作是必不可少的,首先,应该采用先进的技术手段打造信息共享平台,实现环保部门与保险行业相关数据的分享;其次,在双方协调上,由第三方来健全对环境损害的赔偿制度,规范相应的责任认定工作。一旦加强与深化了环保部门与保险行业的合作,进而建立起统一的标准,对具体的细节掌握就具备了可靠的评估依据,这样就能够在很大程度上推动环责险在企业中发挥其风险控制作用。

(四) 不断拓展绿色保险的内涵

首先要树立起长远的绿色保险理念,明确绿色保险不仅是应对现阶段的环境污染事故的风险控制手段,同时也是致力于环境保护的长效机制。气候变化和环境变迁等所产生的一系列问题都应当纳入绿色保险,同时要求行业内部深化理解绿色保险的理念,全面评估保险业在推动社会环境可持续发展中的重要作用,将传统的绿色保险内涵释放出来,使其外延不断扩展,并且将可持续发展理念贯穿到发展的始终。

要不断拓展绿色保险的承保范围,将可能出现的污染事故以及事故发生后对企业完成营业目标的影响等项目纳入承保范围,同时将绿色保险的运营模式和运营理念纳入传统的保险品种实践中。此外,还要建立政府部门主导下的与气候变化相关的特大型灾害保险制度,从试点开始,逐步推广,例如单独制定洪水保险制度,降低日益频发的洪水、飓风等风险损失。

相比于西方发达国家的绿色保险,我国的绿色保险还处于比较落后的阶段，但是我们也看到包括政府机构在内的相关领域的各种力量正在积极地进行探索和创新，并试图建立具有中国特色的绿色保险业，进而推动我国的经济社会建设和环境的可持续健康发展，同时希望更多的专业人士投入该课题中，为提高我国保险业的发展水平做出重要的贡献。

第三节 我国绿色保险制度的建设

一 我国建立绿色保险制度的必然性

虽然我国在很多方面建立起了绿色保险制度，但是从整个环境保护的领域中可以看出，我国并没有完善的绿色保险制度体系，同时也没有关于绿色保险的专门立法。随着环境问题的不断加剧以及公众环保意识的提高，企业承担环境损害赔偿责任的风险相应增加，同时由于市场经济的发展，企业要将环境责任重点进行考虑，将企业责任社会化，因此，在环境保护领域中就要建立起全面的绿色保险制度。具体而言，在我国建立绿色保险制度的必要性表现在以下4个方面。

（一）为中国保险业提供新的机遇和增长点

1980年，我国开始正式恢复保险业务，同时由于受到各个方面的影响，加上自身机制的缺陷，保险业务发展速度比较缓慢。中国银行保险监督管理委员会的统计数据显示，2020年12月全国各地区原保险保费收入合计45257亿元。[①] 但是保险密度不高和深度不够，从整体上看，我国需要新的业务增长点。

长期以来，绿色保险一直是一种具有很强的社会管理功能的保险，其发展与社会生产和人民生命的关系是非常密切的，很容易得到社会的响应，有利于保险业务的发展。我国的绿色保险业由于受到社会环境和市场环境的影响，其规模和作用不能满足高速发展中的国民经济需求以及社会

---

① 《2020年12月全国各地区原保险保费收入情况表》，http：//www.cbirc.gov.cn/cn/view/pages/ItemDetail.html? docId = 963083&itemId = 954&generaltype = 0。

需求。

在加入 WTO 后，随着我国市场主体的增多，国民待遇进一步提升，竞争也不断加剧，众多的保险公司开辟了新的业务以吸引客户，因此，市场受到环境保险的影响与驱动进而发展。当前，全球的风险管理人都在关注环境保险市场，我国也应适应形势，建立和完善绿色保险制度，进而在国际竞争中占有一席之位。

（二）绿色保险能够适应市场经济下的环境保护管理要求

长期发展过程中，我国在计划经济下形成了一套以行政管理手段为中心的环境管理要求，而环境损害责任保险是市场经济的应运之物。如申报登记制度、"三同时"制度、限制治理制度、征收排污费制度、责令赔偿损失制度等，这些制度采取行政命令的方式，迫使企业从事一定行为，而企业本身则缺乏对环境保护的主动性。

随着市场经济的发展，政府可以控制企业的途径逐渐减少，因此一些依靠政府发号施令的管理方式就很难发挥作用。比如"三同时"制度所适用的前提是建设单位在项目内立项、设计、建筑施工、竣工验收等都要在政府的严格控制下。然而在市场经济条件下，企业可以建立自主立项，同时不需要政府立项审批，"三同时"制度的建设也不需要政府在资金上的拨付，因此政府就难以对其设计、施工进行控制，"三同时"制度也就难以发挥出应有的作用。对于市场经济来说，就要采用市场经济的管理制度和方法，绿色保险制度就是在市场经济的条件下促使企业主动保护环境的制度。

绿色保险制度可以为企业分散环境风险提供保障，加强企业的经济核算，进而避免投资者因意外的污染事故而遭受损失，同时，随着科技的快速发展和广泛应用，人类破坏自身生存环境的能力大大增强。企业为了维持生存与发展，其排污行为常常难以避免，出现的污染损害也是社会发展过程中所必须付出的代价。

环境污染的危害通常是比较广泛的，其程度也是比较严重的，具有公害性和扩散性，不仅会对不特定人的生命健康、财产以及其他合法权益造成损害，同时还会殃及子孙后代。一旦发生污染事件，赔偿金和治理费用的数额很高，往往会使企业在生产和投资过程中遭到冲击，因此对于企业来说，要将重大的风险责任转嫁出去或是限制在最小的范围内。

绿色保险是规避风险、转移损失的有效手段。排污企业除了依据保险合同向保险公司支付保险费外，在实际发生环境损害后，不承担任何的赔偿责任，而是将其损失赔偿责任转嫁给保险公司，保险公司将损失再转嫁给上千万个投保人。这样某个投保人的危险和损失通过保险合同分摊到所有投保人身上，使之消化于无形。

保险公司在承保的过程中，可以督促企业对生产过程中未达到环保要求的环节进行改造，加强管理，促进环保。绿色保险是对潜在性危害结果提供救济和基于风险的损害赔偿提供保障的最为可行的措施。

（三）绿色保险制度可以促使排污企业主动做出改善

在绿色保险制度下，出于稳健经营的考虑，保险公司在对排污企业进行保险前，必定会对企业的资质、业绩、技术能力、风险状况等进行深入的调查、分析，从而确定污染危险等级（指数），并决定采取承保、拒保、调整保险费率等不同方法。一些科技力量强、信誉好的企业就可以得到保险公司的认可；一些技术力量薄弱、资质差的企业就得不到保险公司的认可，在环保市场中很难立足。

另外，在保险合同有效期间，保险公司会进一步加强对被保险企业的监督检查，并对企业采取风险防范措施提出合理化建议，或给予必要的技术与信息上的支持，从而可以促使被保险企业为了降低保险费率和维护企业声誉而遵守环境与安全法律法规，增强风险防范意识。

（四）绿色保险制度有利于社会稳定和保障企业的生产经营秩序

随着环境污染的日益严重，人们的法律意识和环境污染索赔意识开始提高，这一点可以从大量的居民请愿、申诉要求改善环境，赔偿环境污染损害的案例中看到。由于排污企业无力承担巨额的损害赔偿费用，得不到赔偿的受害者往往采取过激手段，例如封堵企业大门和经营道路，甚至捣毁生产设备，严重影响了社会安定和企业正常的经营秩序。不难想象，如果企业总是面对类似上述的问题，一定会影响企业的生产。因此，客观上需要一种社会机制来协调解决这样的问题。绿色保险制度的建立，使污染损害赔偿有了保障，从而也就减少了发生纠纷的可能性，相应地会有利于社会的稳定和企业生产经营秩序的安定。

二 我国绿色保险存在的问题及原因

国外保险市场已形成了一系列成熟的机制，与法律、政府政策有效地融合在一起。我国的保险市场才刚刚发展，绿色保险的法律体系还不成熟，技术上也很落后，环境损害的计量技术、保险费率的有效界定等方面都是目前的难题。在20世纪90年代初，我国保险公司和当地环保部门合作推出了污染责任保险，大连是最早开展此项业务的城市，1991年正式运作。后来，沈阳、长春、吉林等城市也相继开展。2015年，中共中央、国务院颁布的《生态文明体制改革总体方案》明确提出，在环境高风险领域建立环境污染强制责任保险制度。截至2015年末，环境污染责任保险参保企业增加到近5000家，试点省区市扩展至近30个，重点行业包括冶金、石化等20余个高风险行业，保险经济补偿和社会治理作用初步显现。从保障金额来看，2015年我国环责险提供保障金244.21亿元，同比增长7.52%。[①] 2015~2017年，中国环责险投保企业数量不断增加，保费收入不断增长，保险费率有所下降。然而，从全国范围来看，投保企业的数量占规模以上工业企业的比例仍不足5%，环责险保费收入占责任险保费收入仍不足1%，保险费率仍高于一般责任险的平均保险费率，投保规模有待提高，产品性价比有待进一步优化。

目前环责险推广实施遇到的难点在于，缺少对环境高风险企业强制投保的法律约束和相关环境风险评估标准，企业投保意识也相对不足。绿色和平污染防治项目主任保航表示，"进一步分析，对污染者追责力度不足、环责险承保范围狭窄、承保时间短以及企业环境信息不透明，在一定程度

---

① 顾向一、陈诗一：《环境污染责任保险制度演进及路径选择》，《复旦学报》（社会科学版）2020年第3期。

上影响了环责险的落地实施"。①

(一) 保险的赔付率太低、费率较高

任何一个投保人都必然要考虑保险费率和赔付率问题。如果保险费率很高，而赔付率又很低，投保人就会失去投保热情。我国的绿色保险之所以难以发展，重要的原因之一就是保险费率较高，而赔付率却很低。在保险赔付率很低的情况下，坚持高费率不做调整，就会降低投保者的积极性。

(二) 保险责任范围过窄，难以充分发挥保险的作用

在实践中，环境侵权损害责任保险的对象往往仅限于由偶然的、突发性的环境污染事故造成的人身伤害、财产损害等损失，而将企业正常、累积排污行为所致损害以及污染所致国家重点保护野生动植物、自然保护区损害排除在外。这种责任范围过窄的保险，解决不了许多企业面临的非事故污染损害所产生的赔偿责任问题，难免使企业对绿色保险持保留态度。

(三) 环境执法不严，排污者缺乏承担责任的压力

我国的环保法规不够健全，尤其缺少污染赔偿方面的具体规定，再加上执法不严，无法对排污者形成客观压力。虽然污染环境造成了损失，却只有极少数承担赔偿责任，绝大部分经济损失由国家、社会来承担。另外，缺少有效的环境纠纷解决机制。我国现有的环境纠纷解决途径主要是民事诉讼和行政调解，一方面污染受害者无力承担高昂的诉讼费和律师费，另一方面排污企业多是当地的利税大户，在一定程度上受当地政府的保护，使得受害者在索赔过程中困难重重。这种状况使排污者很少有忧患意识，觉得保险无关紧要。

---

① 《"环责险"亟待破解"落地难"报告显示"环责险"保费收入占比较低》，http://www.chinaepli.com/front/articles/2499.htm。

（四）绿色保险自身存在局限性

绿色保险制度作为公共安全网在一定程度上提高了排污企业冒险的积极性，促使了个人责任的丧失，引发了道德危机。因为投保责任险之后，一旦发生环境损害，企业可以通过保险合同将损害赔偿责任转嫁给保险机构，而它本身除了缴纳保险费外，无须付出任何代价。于是，除了高收益率外，企业将不会考虑采用环保技术，不会考虑削减污染和保护环境。所以绿色保险制度的存在削弱了市场机制和经济手段在抑制企业排污行为方面的积极作用。特别是在保险公司对规模大小不一、污染程度不同的企业以统一的保险费率收取保险费时，那些清洁生产的企业同那些污染企业受同等保护，此即意味着同样规模但污染性较大的企业并不需要付出较多的保险费，清洁生产企业实际上是为污染企业分担风险、提供补贴，这无疑造成了竞争的不公平，也是在鼓励企业通过高投入、高消耗、高污染的生产方式来抵减保险成本负担。由于有这种局限性，政府的环境保护主管部门就失去了积极推动绿色保险制度建立与发展的积极性。缺乏政府主管部门推动的绿色保险制度，发展必然是缓慢的。

三 完善我国绿色保险制度的对策建议

（一）建立强制责任保险为主、自愿责任保险为辅的保险制度

绿色保险在我国大多属于自愿性保险，多数企业因抱着侥幸心理而没有参加该保险，使无辜受害人得不到公平赔偿的现象普遍存在。基于我国环境问题的现状，可借鉴美国和瑞典的立法模式，实行强制责任保险为主、自愿责任保险为辅的保险制度。在产生环境污染和危害最严重的行业实行强制责任保险，如石油、化工、采矿、水泥、造纸、核燃料生产、有毒危险废弃物的处理等行业。对凡是从事高度危险、有毒或废弃物处置的企业强制其按政府制定的价目表，缴纳保险费投保。如英国在 1965 年发布的《核装置法》要求安装者负责最低为 500 万英镑的责任保险。鼓励凡是从事污染性经济活动的，即在生产、运输、储存、使用和最后处理产品的过程中产生污染物并对周围环境造成损害危险的企业都要进行投保。同时

根据环保部门确定的投保企业的污染危险等级（指数），分别使用不同的保险费率。在具体实践中，鉴于环境问题的种类、性质、污染源（主要是工业企业）营运状况、污染危险的程度及范围各不相同，原则上需要办理绿色保险的企业，均须以个案为基础，由保险公司与投保的特定企业协商确定保险合同的详细内容。我国在一些行业也已推行强制责任保险，依照《海洋石油勘探开发环境保护管理条例》（1983年）第九条的规定，从事海洋石油勘探、开发的企业、事业单位和作业者应具有有关污染损害民事责任保险或其他财务保证。我国是《国际油污损害民事责任公约》（以下简称《公约》）的缔约国，该《公约》规定了强制责任保险，我国《海洋环境保护法》对此做了相同的规定，即载运2000吨以上散装货油的船舶，应当持有效的《油污损害民事责任保险或民事责任信用证书》。应当总结这种强制责任保险的经验，将强制责任保险扩大到其他污染严重的行业和领域。在城建、公用事业、商业等污染较轻的行业可以实行自愿责任保险。是否投保，取决于企业的自愿。因为这类企业是否投保，对企业和社会的影响一般不会很大。

（二）扩大责任保险范围

从国外经验看，污染责任保险的范围都在不断扩大，这是一个共同趋势。因此，我国责任保险也不应仅限于突发性污染事故，而应把经常性排污造成的第三人受害的民事赔偿责任纳入责任保险的范围。投保范围不仅应包括违反《环境保护法》的经济社会活动、意外事故以及不可抗力导致环境污染造成的人身损害、财产损失，而且应包括企业正常、累积排污行为所致的损害以及污染所致的国家重点保护野生动植物、自然保护区损害。

当然，这样一来会增加保险公司的风险，保险公司出于盈利目的，可能不愿意承保。为了促进保险公司承保，就需要政府的财政支持和政策优惠，如减免税措施、注入保险基金、由政府出面促使各保险公司联合起来承保以进一步分散风险或进行再保险等。如意大利在1990年由76家保险公司组成联合承保集团，经过大量的调查取证，制定出合理的保险费率，承保污染责任保险。由于适应了环境污染危机的现实需要，此项业务发展迅速，很快占整个责任保险业务总量的90%以上。随着我国保险市场的开放，外国保险公司不断进入，竞争将更加激烈，我国保险公司应该勇于开拓新的险种和承保范围。

另外，可考虑借鉴法国的做法，在承保累积性污染事故时，附加严格的限制条件。如要求投保人必须遵守法律和保单规定的条件，充分履行安装损害防止设施和维护保险标的安全的义务，且保险人或其代理人有权不经预先通知而随时前往查看，以促使被保险人采取改进措施和避免事故发生。如违背保险合同条款，或违反有关法律、行政命令，则被保险人无权获得赔偿。

对于保险实施的对象，应以"属地管辖"为基本原则，在此原则下，不论企业的性质和大小，也不论是中国企业还是外国公司的分支机构，只要有可能污染环境，就应该是责任保险实施的对象。原则上，被保险人因污染环境造成第三者人身或者财产损害而应当承担的赔偿责任，保险人依照绿色保险承担填补损害的责任；而且被保险人依照法律规定应当承担的治理污染的责任，也属于绿色保险的承保范围。因此，笔者赞成有些学者对绿色保险范围的主张，即绿色保险应当为被保险人提供更为有效的保护，其保险责任范围应当包括：因环境中的有害物质而造成的人身损害、疾病和财产损害，以及因有害物质对自然资源造成的损害；绿色保险还应当承保环境责任的抗辩费用，以及优先考虑治理环境污染的责任。除非绿色保险单对保险人的保险给付范围有明确的限定，保险人才对被保险人因为污染环境而引起的赔偿责任以及污染治理责任承担保险给付责任。

美国司法实务对绿色保险单约定的除外责任条款所持的解释立场值得我国借鉴。在美国，绿色保险单一般将被保险人自己的财产损失作为除外责任，而保险人以赔偿限额承担保险责任，即被保险人自己所有或者照管的财产因环境污染而受到损害的，保险人对之不承担保险责任。对被保险人因为污染环境导致他人损害而承担的赔偿责任，保险人仅以保险单约定的赔偿限额承担保险责任；超过保险单约定的赔偿限额的部分，保险人不承担保险责任。被保险人污染土地或地下水层，应当承担治理污染的责任，其责任属于保险责任范围；但是，若被保险人污染的土地或地下水层属于自己所有或使用时，保险人是否得以对被保险人自有或照管的财产所发生的损失进行除外责任对抗？例如，被保险人对其购买的土地下面的污水管道应当承担治理责任时，保险人以被保险人的自有财产除外责任为由，拒绝承担保险责任。美国法院的判例认为，治理污染的费用由有关的政府机构负担将增加纳税人的负担，而且，公众的健康与安全较保险单的任何明示约定更为重要，保险人应当承担保险责任。因此，保险单关于被保险人自有财产的除外责任的约定，在法律规定被保险人应当承担污染治理的责任时，不具有对抗社会公共利益的效力，保险人应当对被保险人承担保险责任。基于有害废弃物的处理费用昂贵且极具危险，美国《1980年环境问题的处理、赔偿和责任综合法》规定，将有害废弃物的倾倒划入土地的现有所有人应承担的义务范围，而不包括在保险人保单的承保风险之内。

（三）实行环境侵权责任保险赔偿限额制

环境侵权责任保险的赔偿限额按照"利之所生，损之所归"的一般民事侵权责任理论，环境侵权人在追求经济利益的活动中造成了环境和他人合法环境权益的损害，就应承担赔偿全部损失的责任。但是，在环境侵权责任保险中，在给予受害人赔偿时，应实行赔偿限额制。环境侵权限额赔偿原则是环境侵权责任保险限额赔偿的基础。在环境侵权中，环境本身所遭受的损失和由环境侵权所导致的受害人的财产、生命、健康和精神损失一般相当巨大。如果让环境侵权人承担全部的赔偿责任，极可能使该侵权人陷入困境甚至走向破产，其结果不仅是一个侵权人的消失，还可能导致几十人、几百人甚至几千人的失业。这不仅使受害人因侵权人破产而得不到全部赔偿，也不利于经济的发展和社会的稳定。出于促进社会发展、提高就业的考虑，一些国家和国际组织自20世纪50年代开始实行环境侵权责任保险赔偿限额制，如1959年《匈牙利民法典》第339条的规定、1960年《核能领域第三方责任公约》的规定、我国《海商法》第210条的规定等。实行环境侵权责任保险赔偿限额制有利于促进投保人、受害人采取措施，减少环境侵权的发生及其损害的扩大。环境侵权行为发生后，其损害后果是逐步显现和扩大的。如果对损害后果没人负责而由保险人全额赔偿，其扩大的可能将难以估量；而如果实行限额赔偿，出于减少自己损失的考虑，投保人和受害人将会积极地减少损害和防止损害范围扩大，从而也有利于降低环境侵权的危害性。

实行环境侵权责任保险赔偿限额制也有利于维持保险机构的清偿能力。环境侵权责任保险的索赔时效为：财产保险的保险利益必须在保险事故发生时存在，而订约之际不必一定存在；人身保险的保险利益在订约时必须存在，在保险事故发生时可以不必存在。与普通的财产保险和人身保险相比，环境侵权责任保险的保险利益则要复杂得多，即由于环境侵权事故的发生既有突发性的，也有累积性的，还有转化性的，从而使保险人对被保险人发生在保险单有效期内的污染所造成的损害难以把握其未来的赔偿责任。针对环境侵权的这一特征，西方国家的保险人为限制其责任，经常在保险单中使用"日落条款"，即在保险合同中约定自保险单失效之日起最长30年为被保险人向保险人索赔的最长期限。任何人超过这一期限向被保险人请求环境责任赔偿的，保险人不应当承担保险责任；对在保险单有效期内发生的被保险人环境侵权索赔事件，保险人承担保险责任。为平衡受害人和保险人的利益，我国对环境侵权责任保险也应规定相对长的索赔时效。

应注意绿色保险中代位权的行使，即保险公司在支付赔偿金之后，向对污染事故产生负有责任的第三者，包括法人和自然人求偿。然而由于环境污染具有多因性，第三者对污染事故的发生是否负有责任很难确定或不能确定，故在此场合下可适用因果关系推定原则来确定其应承担的责任。但对被保险人一定范围内的亲属或雇员，保险人不享有代位求偿权。

（四）科学合理地确定保险费率

在污染责任保险中，保险费率的确定是最困难的。保险费率的高低取决于风险大小及最大赔偿金额的估算，需要在大量污染侵权事实的基础上，运用科学的方法进行风险评估，而且要准确确定每个企业的污染风险等级异常困难。我国实行的环境侵权责任保险的费率是有管理的浮动制，但环境侵权的特性决定了其责任保险应实行自由的费率制。实行自由的保险费率符合市场决定价格的原则。从本质上讲，保险费率是保险标的风险的买卖价格。在市场经济中，这一价格应由买卖双方根据风险的高低通过谈判决定。然而在我国现有的保险市场，保险费率是由国家直接规定的。这种管制费率制度的直接后果是保险质量不高、保险人的承保能力弱化，间接后果是承保业务的风险普遍较高、受益较低。而且，保险人为转移风险，采取的措施之一是提高保险费率，这将使风险程度低的投保人更多地选择退出保险市场，留下那些风险程度高的投保人。当投保人的风险普遍较高时，无疑将导致保险人的资产质量恶化，或导致保险人"惜保"。即使出于国家政策原因，保险人不得不承保，它们也将提高保险费率，从而又开始下一轮恶性循环。实行自由的保险费率有利于促进投保人采取措施降低环境侵权的风险。环境侵权责任保险本身只是分散了环境侵权的风险，而没有降低风险。但是，如果实行自由的保险费率，则可以通过保险费率这一杠杆，促使投保人积极采取环保措施，降低环境侵权的风险。

针对我国目前的情况，对重点污染区域、一般污染区域、轻度污染区域的排污企业还应实行差别费率，并且对每个区域排污企业的不同排污程度实行可浮动的保险费率。实行差别保险费率可以抑制绿色保险制度引发的负面作用，对其进行合理的设计并不断予以完善是现实而明智的选择。这样不仅可以照顾到不同污染区域、不同污染程度企业的公平，同时还有利于促使企业不断地提高技术水平，减少污染物的排放，防范事故风险。如大连市保险公司按不同行业确定了 6 种费率，最高的如石油、化工、印染等，保险费率为 3.6%；最低的如城建、公用事业，保险费率为 2.2%。投保企业如当年无事故发生，在续保时可给予优惠。除了由保险公司采取强有力的监管措施，督促投保企业增强安全环保意识、注重污染防范和治理外，重要的是区分具体污染危险的情况，对不同企业使用不同的保险费率，即实行差别保险费率。

（五）开办新险种

从目前的状况看，我国的环境污染损害赔偿往往仅依赖司法或行政手段解决，甚至有的采用"私力救济"的方式进行，保险市场还没有在解决环境污染问题上发挥应有的作用。其中，保险业自身的完善相对而言更为重要。我国绿色保险所涉及的主要是船舶、石油钻井等造成的污染事件所产生的责任保险，不仅内容单一，而且限制性条款较多，前面提到的噪声污染、水污染、辐射污染等缺乏规定。根据我国环境侵权的现状，现阶段至少可以开办以下一些责任保险。

一是核事故风险责任保险，即以核泄漏、核辐射、核污染、核爆炸等核事故风险为范围的责任保险。在其他各种财产保险和责任保险中，通常是将核事故风险排除在保险责任范围之外的，并且不允许扩展承保，从而使上述风险实际上成了其他保险业务中的绝对除外责任；而核事故风险责任保险则恰恰相反，它不仅承保各种核事故风险造成的财产损失责任，而且承保各种核事故风险造成的第三者损害赔偿责任。因此，以各种核事故为主要承保责任是核事故风险责任保险的重要特点，它的产生与发展，既满足了投保人转嫁核事故风险的需求，又弥补了其他保险业务风险保障的不足，是对整个商业保险制度的完善。

二是海洋环境责任保险，即以由海洋环境污染引起的环境损害为范围的责任保险。本险种也是我国开办较早的环境侵权责任保险。

三是水污染责任保险，即以生产者或经营者在生产、经营过程中产生的各类水体污染或所排放的污水造成的损害为范围的责任保险。

四是声震污染责任保险，其责任范围包括生产者、经营者在生产、经营过程中产生的噪声以及震动所造成的直接或间接的损害赔偿责任。

五是辐射责任保险，即以计算机、移动通信工具以及其他辐射源的生产者因其产品辐射而造成的损害为范围的责任保险。

六是大气污染责任保险。

七是上述风险所产生的施救费用。

（六）强化绿色保险机构以社会公共利益为最高宗旨的责任

绿色保险机构应是以社会公共利益为最高宗旨的政策性组织，绿色保险属于公共物品范畴，其运作极具风险性，即保险人收取一定的保险费却承担了较高风险,并且保险金的赔偿多是巨额支付。政府的经济实力雄厚,且具有私人资本无法比拟的强大的公信力,能够使作为受害人的社会公众获得充分的赔偿。环境管理作为一项造福于人类的公益事业,是代表社会公共利益的政府的一项重要职能。依法设立的绿色保险机构应该是以社会公共利益为最高宗旨的政策性组织,它不应以营利为目的,没有自负盈亏和必须赢利的压力。因此世界上绿色保险制度发达的大多数国家,其绿色保险机构多由政府全部或部分出资而设立,并受政府的实际控制和监督。此外还应该设立公共性的保险保障基金。保险保障基金是指保险组织为了有足够的能力支付可能发生的巨额赔款,从年终结余中专门提存的后备基金。基于绿色保险的公益性,其保障基金也可以有多元化来源。国家可通过税收拨付和环境行政征收费用转移的方式,如排污费、环境罚款在上缴国库后再按一定比例转移至保障基金中。保障基金属于保险人的资本,主要支付巨大污染事故的巨额赔款,且只有在保险人当年业务收入和其他准备金不足时方能动用。

(七) 加强环境法制建设,进一步完善法律环境

法律制度是绿色保险发展的基础。监管部门和国家有关部门要共同努力,建立健全法律法规,从维护公众利益的角度研究发展绿色保险的法律环境。企业不愿意投保,并不是说我国污染损害事件很少发生。由于我国环境纠纷处理立法滞后,处理机制不健全,而且污染受害者多是缺乏专业知识的农民、渔民、市民,他们在得不到公正赔偿时只有默默忍受,当忍无可忍时,就采取过激手段,影响社会安定。正如著名环境法学家金瑞林教授指出的"因环境问题而产生的环境侵权现象及救济将成为今后我国的一大社会问题",因此,为加强环境法制建设,在制定《环境损害赔偿法》时把环责险纳入其中是现实的迫切需要。

第一,应进一步完善《保险法》关于责任保险的规定。我国《保险法》对责任保险的专门规定,仅有两个条文。《保险法》第六十五条规定:"保险人对责任保险的被保险人给第三者造成的损害,可以依照法律的规定或者合同的约定,直接向该第三者赔偿保险金。"该法第六十六条规定:

"责任保险的被保险人因给第三者造成损害的保险事故而被提起仲裁或者诉讼的，被保险人支付的仲裁或者诉讼费用以及其他必要的、合理的费用，除合同另有约定外，由保险人承担。"而对于责任保险与民事责任制度的关系、责任保险与财产保险的本质区别、责任保险的适用范围及其标的限定、责任保险的第三人地位、责任保险人的给付责任、责任保险的第三人索赔的抗辩与和解等诸多问题，在我国现行《保险法》中难以找到令人满意的解决依据，需要进一步完善。

第二，应逐步提高企业的排污标准，严格执法，强化企业的环保意识，切实维护公众的环境权益。环责险制度依赖民事责任制度的健全、公众参与制度的完善，同时还要加强对公民环保意识和法律意识的培育。绿色保险制度的兴起与公民环保意识和法律意识密切相关。只有在公民对自身的环境权益和法定权利有充分认识的前提下，绿色保险制度才可能得以长足的发展。同时，公民的环保意识和法律意识的提高也是推动法律制度本身不断发展的动力之一。这要求我们加大相应的法制宣传力度，充分利用现有的各种传播手段让广大民众知法、懂法，从而为保险业务的开展提供市场资源。

（八）注重绿色保险专业人才的培养

绿色保险要求的技术和管理水平较高，在国外，保险风险勘察员大多是各行业的专家，如建筑专家、农业专家、企业管理专家等，他们熟悉各行业的生产、经营情况及技术问题。积极培养绿色保险专业人才，不但可以督促被保险人提高风险防范意识，而且可以加大保险公司自身风险管理的力度，同时还应重视发挥行业协会的协调作用。

（九）实践绿色保险需再保险配套立法

环境污染侵权损害一旦发生，其损害程度可能是非常巨大的，如果保险人的负担能力不够高，甚至可能会因为一个案件的理赔而破产。因此，将来的相关立法必须采用必要的制度设计，防患于未然，尽量提高保险人的风险负担能力，以促进和引导绿色保险制度在我国的实践。

1. 绿色再保险的概念

再保险也称"分保",是对保险人所承担的有损失补偿或给付责任的保险。再保险的概念有广义和狭义之分,广义的再保险指以原保险的任何保险责任为保险标的而成立的保险合同,包括全部再保险和部分再保险;而狭义的再保险则指仅以原保险的部分保险责任为标的而成立的保险合同,其实质是部分再保险。我国《保险法》第二十八条第一款规定:"保险人将其承担的保险业务,以分保形式部分转移给其他保险人的,为再保险。"可见,我国立法采用了狭义再保险的概念。

环境侵权责任再保险以原保险人对原被保险人的保险赔付责任为标的,再保险与原保险的关系具有独立性和从属性。环境侵权责任再保险(绿色再保险)的独立性要求环境侵权责任再保险与原保险各自独立存在,分别拥有其当事人,其权利与义务的关系各自独立。原保险人仅依原保险合同对原被保险人负责,再保险人仅依再保险合同对原保险人负责,两者各自独立,其权利与义务不能混淆。而其从属性要求,环境侵权责任再保险(以下简称"再保险")与原保险虽互相独立,但是两者之间仍有若干关联,再保险合同是原保险合同的从合同,而原保险合同是再保险合同的主合同。以比例再保险为例,如果原保险合同由于无效、撤销等原因而不复存在,则分出给再保险人的部分也必将不存在。其实,再保险的这种从属性还可以具体表现为:再保险不能脱离原保险而存在,原保险合同无效、解除和终止,再保险合同将因无保险利益而随之无效,即"同一命运原则";在再保险合同中,可直接赋予原被保险人损害赔偿请求权,其理论依据和法律上的理由在于"责任保险可赋予第三人直接请求权"。但我国相关立法仅有独立性的规定,而缺乏从属性的规定。我们可以将环境侵权损害赔偿责任保险的再保险界定为:将原保险人所承担的环境侵权损害赔偿责任向再保险人投保分散的保险。

2. 再保险的功能

有专家认为,再保险具有分散危险、减轻责任以扩大承保能力、确保保险业稳健经营的功能。再保险至少具有如下功能。

第一,再保险能够促进保险业务的开展,满足保险经营所追求的"平均法则",以此提高保险经营的财政稳定性。

第二,再保险能实现特定区域内风险的有效分散。环境侵权具有累积性的特点,有些风险责任常因累积而逐渐增大,而单个标的保险金额并不巨大。从表面上看,这类保险业务符合"大数定律"和"平均法则",但当这些标的同处于某一特定区域时,同时发生损失的可能性就比较大,具有"风险责任集中化"的特点。再保险能够从地域调剂角度来分散这些潜在的集中风险。

第三,再保险能对特定期间的风险进行彻底分散。再保险能够使保险业务充分满足"大数定律"和"平均法则"的要求,确保保险人财务的稳定。某一类保险承担的风险可能在特定的期间比较集中,因而其财务的稳定可能具有时间性。污染责任保险的保险人可以通过再保险将其所承担的特定时间段内的风险从时间和标的数量两个方面进行双重分散。

第四,再保险有助于通过相互分保来扩大风险分散面。相互分保是扩大风险分散面的最好方式,其特点是保险人既能将过分巨大或集中的风险责任的一部分转移出去,同时又能对其他保险人的业务予以分入。因此,某一特定的保险人所承担的总的保险责任虽然不变,但实现了风险单位的大量化和风险责任的平均化,因而风险得到了最佳分散,财务稳定性得到明显提高。

3. 再保险的形式

(1) 临时再保险

临时再保险是指保险公司与再保险公司之间平时并无再保险合同关系的存在,保险公司对于一些可能造成巨额损失或超出一定限额的环境侵权保险业务认为有分保的必要时,才临时与再保险公司洽谈协商订立的一种分保合同。合同订立后,须在短期内(一般为30天或40天)结付保费。其优点是能迅速地转嫁环境侵权造成的巨额损失;相对于固定再保险而言,它更具有灵活性;对于一些好的业务,分出人还可以自留。但因双方没有预先订立合约,签订手续较为烦琐,每一笔再保险业务均须订立再保险合同,其行政性业务开支高,而导致保险费比较高。

(2) 固定再保险

固定再保险指再保险合同当事人事先订立的再保险协议。根据这类协议，分保的分出人必须按合同规定的条件和限额向接受人办理分保，而分保的接受人也必须毫无例外地予以接受，双方不能对业务进行选择。其优点在于，对于分出人而言，手续比较简单，因而运营费用比较低；对于接受人而言，分保数较大且稳定，保险费收入比较稳定。但这种形式可能将部分业务排除在事先约定的合同之外，因此，分出公司需借助其他再保险方式另行分出。此外，因当事人双方是绝对固定的，分出公司不能单方面不遵守合同而与其他再保险公司建立新的分保关系，且有关业务的自留额和经营方法等都已由再保险合同事先约定，故因无法变动而缺乏灵活性。由于其具有强制性，分出人必须办理分保，接受人也必须接受，因此，当分出人的业务为营利性业务时就会给其造成保费收入外流，影响其自身承保能力的扩大，而接受人一旦接受的业务质量较差，则必然会给其经营造成很不利的后果。

（3）预约再保险

预约再保险是介于临时再保险与固定再保险之间的一种形式，凡属于合同内明确规定的业务种类和范围，分出的保险人可以分给再保险人，也可以不分给再保险人，但分出保险一经办理分保，再保险人必须接受。此类形式对于原保险人而言，就好比办理临时分保一样有选择权；对于再保险人而言，则同固定分入再保险一样，没有选择的余地。

预约再保险合同和固定再保险合同一般是长期的，事先并不规定具体的终止日期，订约双方均有权通知对方终止合同。上述 3 种再保险合同形式可供再保险的当事人酌情自愿选择使用。

4. 绿色再保险承保机构的组织形式

在目前的再保险市场上，经营再保险的组织形态主要有专营再保险公司、兼营再保险公司和再保险集团等。专营再保险公司本身不直接承保业务，而是专门从事对原保险公司办理再保险业务。兼营再保险公司是普通的保险公司，它往往既是分出公司，又是接受公司。这种公司经营不同类别的直接保险业务，这些由它自己承接的保险业务，需要通过再保险的方式来分散责任，办理分出保险。再保险集团是由若干保险公司或再保险公司所构成的一种再保险组织形态。往往由若干保险公司或再保险公司共同约定，以固定的比例共同分摊每一个公司所承接的分保业务。其目的是通过联合起来的方式，增强经营能力。

绿色再保险承保机构可以任意选择其组织形式，但法律应规制其再保险业务，如禁止价格卡特尔（Cartel）等横向限制竞争行为的出现，对于市场份额过大的独占垄断或寡头垄断的机构的行为适用《反垄断法》，以保障再保险市场的有效竞争。

第八章 碳金融

习近平总书记在党的十九大报告中指出,要"推进绿色发展。加快建立绿色生产和消费的法律制度和政策导向,建立健全绿色低碳循环发展的经济体系"。中国是全球第一大碳排放国家,碳金融产品必将成为绿色金融的重要创新产品。因此,我国应该推动碳金融发展,以此带动整个绿色金融发展。

第一节 碳金融的特征和功能

一 碳金融的特征

(一)社会科学与自然科学的交融性

碳金融加深了环境学、经济学、社会学三者之间的联系,将气候变化、环境污染、经济可持续发展与人类生存条件综合考虑,以市场机制来解决科学、技术、经济、社会发展的综合问题。首先,气候变暖的影响是全球性的,决定了碳金融具有全球跨度的特征;其次,减弱碳排放和经济发展之间存在某种程度的替代关系,意味着各国经济可持续发展的基本条件是采用低碳发展模式;最后,碳金融的发展对环境治理的作用关乎着人类生存与灭亡的社会性问题。恶劣的气候和环境变化将给人类带来毁灭性的灾难。

(二)特殊价值取向的金融行为

碳金融并不以经济效益为导向,而是以执行国家特定政策和人类共同生存、发展环境为宗旨。碳金融不以眼前利润为终极目标，而是以获取良好的生态效益和环境效益为己任，支持低碳产业的长远发展，弥补传统金融忽视环境和社会功能的缺陷。

（三）以碳排放权为标的的金融交易

碳金融是以碳排放权和碳配额为标的的交易活动。碳排放权具有"准金融属性"，它首先作为商品买卖，而后进一步衍生为具有投资价值和流动性的金融衍生工具（如碳排放期货、期权、掉期等），其"准金融属性"日渐凸显。从碳金融的内涵可知，碳金融本质上是"碳交易+金融属性"，碳交易衍生为具有投资价值的金融资产，通过对碳资产收益的追逐带来产业结构的升级和经济增长方式的转变。

二 碳金融的功能

（一）碳金融可以加速低碳技术扩散

温室气体排放主要来源于能源消费，不同国家、不同地区的能源效率差异巨大。改变一国经济对碳能源过度依赖的根本方法是，加快清洁能源、减排技术的研发和产业化，促使高碳经济转型为低碳经济。目前，清洁发展机制（CDM）和联合履约机制（JI）是发达国家将减排的技术和资金向发展中国家和经济转轨国家转移的主要通道。碳金融，尤其是碳基金，降低了项目的交易成本，缩短了项目谈判周期，能有效促进低碳技术的扩散。据世界银行估计，从2007年到2012年，清洁发展机制每年为发展中国家提供约40亿美元的资金，这些资金通常会形成6~8倍的投资拉动效应。

（二）碳金融可以减少交易摩擦

碳金融作为金融业的有机部分，同样具有金融业作为中介服务行业所共有的特征。具体表现为，给碳排放权供需双方构建交易的桥梁，以提高碳交易的效率。在清洁发展机制下，跨国减排项目具有专业技术性强、供需双方分散和资本少的特点，导致交易双方的搜寻成本和谈判成本均较高。碳金融提供的交易媒介能有效减少交易摩擦，降低供需双方的交易成本，促进项目市场的启动和发展。以欧盟碳排放交易体系（European Union Emission Trading Scheme，EU ETS）为例，自2005年建立以后，碳排放权很快衍生为具有高流动性的期货、期权等金融衍生品，使得碳交易变得更加标准化、透明化，加快了碳市场演化的速度。碳金融强大的中介能力和信息优势，一方面推动了全球碳交易市场的价值链分工，有效降低了交易成本；另一方面带动了相关金融机构、中介组织和其他公司进入碳市场，扩大了碳市场的容量，提高了流动性，促使碳市场整体规模呈现指数型增长。

（三）碳金融可以转移减排成本

碳排放权的出现使排放成本由最初的外部社会承担转变为企业的内部生产成本。由于不同企业间的减排成本存在较大差异，需要考虑碳价格因素进行碳交易或减排投资。碳金融则能提供企业跨国、跨行业和跨期交易的途径，通过碳金融市场购买碳金融工具，一般企业可以将减排成本转移至减排效率高的欧盟企业，亦可将之通过项目转移至发展中国家，这种转移将实现微观企业和发达国家的减排总成本最小化。

（四）碳金融可以发现碳价格

成熟的碳金融市场，例如期货交易所可以提供碳排放权定价机制。一方面，碳期货具有价格发现和价格示范作用；另一方面，碳金融中的套期保值产品有利于不同碳市场之间的价格实现统一，同时有助于保持商品贸易市场和能源市场之间的渠道畅通。影响碳排放权交易的因素繁多，诸如碳排放权的稀缺程度、供求双方的交易意愿、交易风险和治理污染成本等，碳价格是否能够及时、准确并全面地反映以上信息，直接关系到资金能否迅速、合理流动，以及其他资源能否优化配置。此外，碳价格对于减排企业的生产成本和相关投资决策都有着重要影响。

（五）碳金融可以转移气候风险

碳排放权成为一种有价值的稀缺资源，这意味着具有排放需求的实体增加了气候风险,这种风险来源于碳市场的价格波动。由于与能源市场高度相关,碳市场的价格波动非常显著,同时,政治事件和极端的气候也将增加碳价格的不确定性,加剧碳市场价格的波动。不同实体对气候风险的适应能力和抗风险能力大有不同,碳金融提供了一个转移和分散风险的载体,可以实现不同实体所承受的风险与之承受能力相匹配。

第二节 国际碳市场的发展现状与趋势

一 国际碳市场的发展现状

(一) 全球碳市场的发展现状

随着全球对温室气体的关注,尤其是在 2005 年《京都议定书》生效后,碳金融市场得到了迅猛发展。2008 年,全球碳交易量增长至 48.1 亿吨,是 2005 年的近 7 倍。2009 年虽然遭遇金融危机的冲击,全球碳市场的交易金额仍然达到 1440 亿美元。[1]

通过分析世界银行统计的 2010~2011 年全球碳市场交易总量,发现在国际碳金融市场上,配额市场中的碳金融产品占据了碳金融市场的绝对份额,达交易总量的 80% 以上。而在基于项目的碳金融市场中,一级市场的交易总量不到 15%,二级市场的交易总量占 85% 以上,其中 s-CER(二级市场 CER)交易量最大,占所有项目市场交易总量的 80% 以上。在所有的交易产品中欧盟碳排放交易体系发放的碳排放配额(European Union Allowance,EUA)的交易量最大,占市场交易总量的 80% 以上。

碳市场交易量不断增长,2011 年碳市场总值增长 11%,达 1760 亿美元,交易量创下 103 亿吨二氧化碳当量的新高。[2] 这一增长出现在经济动荡、欧盟碳排放交易体系趋向长期供过于求和碳交易价格下跌的情况下,

---

[1] 彭路:《产业结构调整与绿色金融发展》,《哈尔滨工业大学学报》(社会科学版)2013 年第 6 期。

[2] 《国内外碳交易市场发展现状及趋势走向分析》,http://www.tanjiaoyi.com/article-7026-1.html。

其主要推动因素是以财务收益为动机的交易量强劲增长。核证减排量（CER）市场和新生的二级减排单位（Emission Reduction Units，ERU）市场流动性增加，也带来二级京都抵补交易量的大幅增加（增长 43%，达 18 亿吨二氧化碳当量，估值 230 亿美元）。2011 年全球碳市场继续遵循与往年相同的模式，主要由欧盟碳排放交易体系推动。[1]

从 2012 年开始直至 2013 年上半年，欧洲经济持续下滑，同时《京都议定书》第一承诺期的到期，导致以欧盟碳排放交易体系为代表的全球碳市场低迷不振，各类碳单位价格屡创新低，但市场交易仍然活跃。据彭博新能源财经（BNEF）统计，2012 年全球碳市场交易量达 107 亿吨，同比增长 26%；交易额为 610 亿欧元，同比下降 36%。2013 年全球碳市场交易量约为 104.2 亿吨，交易额约为 549.08 亿美元。[2] 相比于 2012 年全球碳市场交易量变化甚微，而交易额有一定幅度的缩水。这主要是因为全球第一大碳交易市场——欧盟碳排放交易体系（EU ETS）持续低迷，经核证的减排量现货价格最低已跌至 0.03 欧元/吨，而欧盟碳排放配额价格也一路下跌至 2 欧元/吨以下。根据《2016 年碳定价现状与趋势》可知，已有大约 40 个国际司法管辖区以及超过 20 个城市、州和地区正在进行碳定价，共覆盖了 7 亿吨二氧化碳当量，约为全球 GHG 排放量的 13%。过去的 10 年，碳定价机制所覆盖的碳排放量比例增长了 3 倍。[3]

《全球碳市场进展 2021 年度报告》显示，2020 年全球碳市场的交易额达到 2290 亿欧元，同比增长近 20%，交易量也达到了 103 亿吨。全球碳市场交易额已经连续 4 年快速增长，2020 年交易额超过 2017 年的 5 倍。

（二）EU ETS 碳市场发展现状

EU ETS 碳市场是全球第一个跨国排放权交易机制，同时也是全球最大的碳交易市场。自 2013 年 1 月 1 日起，欧盟碳排放交易正式进入第三阶

---

[1] 《世界银行发布〈2012 年碳市场现状与趋势〉报告》，http://bbs.pinggu.org/thread-1497789-1-1.html。
[2] 《世界碳交易市场建设总体情况》，http://www.tanpaifang.com/tanjiaoyi/2016/0721/54823.html。
[3] 《全面解析世界碳定价机制最新进展》，http://www.tanjiaoyi.com/article-19392-1.html。

段，即 2013~2020 年这一时间周期，并且这正好与"后京都时代"同期。欧盟碳排放总量以每年 1.74% 的速度下降，以确保 2020 年碳排放要比 1990 年至少降低 20%。与前两阶段相比，第三阶段的政策主要有三方面的调整：第一，排放上限和配额将由欧盟统一制定和发放；第二，有偿拍卖将取代无偿分配，而拍卖配额的比例会逐年增加；第三，扩大排放配额的适用领域，将更多的行业纳入配额限制范围。

2013 年欧盟碳市场总交易量约为 102.6 亿吨，总交易额约为 528.49 亿美元。其中，EUA 交易量约为 86.5 亿吨，交易额约为 523.48 亿美元，CER 交易量约为 7.09 亿吨，交易额约为 4 亿美元；联合履约机制项目减排单位（ERU）交易量约为 9 亿吨，交易额约为 1.02 亿美元。与 2012 年相比，2013 年欧盟碳市场总交易量小幅下降，而总交易额的降幅约为 38%。这主要是因为欧盟碳市场的供求关系未能从根本上得到改善，碳价格仍持续走低。2013 年，联合国总共签发的 CER 为 2.7 亿吨，上半年的月签发量多于下半年。2013 年 3 月的 CER 月签发量最多，达 6285 万吨，1 月签发了 4339 万吨，4 月签发了 3723 万吨，在全年月度签发中分别位列第二和第三。CER 供给量的增加加剧了欧洲碳市场供过于求的局面，导致 CER 现货价格在 2013 年上半年出现大幅波动，跌至历史最低价格。[①]

截至 2013 年 12 月 31 日，欧盟碳排放交易体系已经吸纳了 10.6 亿吨的 CER 和 ERU，这些 CER 和 ERU 用于抵消碳排放。而截至 2013 年 12 月 31 日，UNFCCC 共签发了 22.6 亿吨的 CER 和 ERU。除欧盟碳排放交易体系以外，其他政府或交易体系对 CER 和 ERU 的需求量为 6.3 亿吨。综观全球的 CER 和 ERU 供给和需求数据，将有 5.7 亿吨的 CER 和 ERU 过剩。供过于求的关系也从根本上影响着碳市场价格，特别是在欧盟碳市场中。由于日本、新西兰等国已经退出了《京都议定书》第二承诺期，CER 和 ERU 受供给过剩的影响，价格下行趋势明显。[②]

目前，欧盟碳排放交易体系已覆盖 31 个国家，包括 28 个欧盟成员国、

---

① 《2014 年全球碳排放交易市场发展报告分析》，http://ecep.ofweek.com/2014-06/ART-93004-8420-28840091.html。

② 《2014 年全球碳排放交易市场发展报告分析》，http://ecep.ofweek.com/2014-06/ART-93004-8420-28840091.html。

挪威、冰岛和列支敦士登,并将于2020年与瑞士的碳排放交易体系接轨。该体系也为约11000家高耗能企业及航空运营商设置了排放上限,这意味着欧盟碳定价政策体系覆盖了45%的温室气体排放。[1] 这些行业的温室气体排放量约占欧盟地区排放总量的50%以上,二氧化碳的排放量约占80%以上。欧洲统计局数据显示,2014年欧盟温室气体排放量比1990年已减少约20%,第三阶段的目标几乎能够超额完成。由此,在2014年欧盟峰会上通过了《2030年气候与能源政策框架》,设定2030年温室气体排放量比1990年至少减少40%的新目标。

(三) 美国碳市场发展现状

从整体上来说,美国有很多区域性碳金融市场,但是这些市场中有很大一部分是近年才成立的,并且市场发展缺乏比较稳定的连续性。西部气候倡议(Western Climate Initiative,WCI)成立时间较晚,且没有正式启动,目前只有加利福尼亚州一州坚决实行减排,其他各州、省,有的因为受经济危机打击较重,已经退出了该机制,如犹他州、新墨西哥州、俄勒冈州、亚利桑那州、华盛顿州、蒙大拿州;有的因为担心本州的产业转移会造成经济下滑而犹豫不决,如加拿大的安大略省、不列颠哥伦比亚省。目前,欧盟正接触加利福尼亚州,希望与它达成连接协议,将来加利福尼亚州的减排配额或许能与EUA进行互换。中西部温室气体减排协定(Midwestern Greenhouse Gas Reduction Accord,MGGRA)计划到2020年,温室气体排放量在2005年的基础上减少20%。其他区域碳市场由于影响力较弱,在此不一一详述。

例如,美国区域温室气体减排行动(RGGI)碳市场的初始配额发放以拍卖为主,每个季度举行一次拍卖。《全球六大碳市场周报》显示,2020年拍卖基价设定于2.32美元。2020年3月,RGGI碳市场举行了本年第一次拍卖,拍卖配额1621万吨全部成交,成交价为每吨5.65美元。2020年6月,第二次拍卖配额1634万吨全部成交,成交价为每吨5.75美

---

[1] 《以欧洲视角看中国新启动的碳排放交易体系》,http://www.sohu.com/a/216341816_825427。

元。2020年9月2日，第三次拍卖配额1619万吨全部成交，成交价为每吨6.82美元，较去年同期上涨31%。

二 国际碳市场的发展趋势

（一）碳市场金融化趋势

碳市场是近年来才逐渐发展起来的新兴市场，与已经成熟的传统实体大宗商品交易市场相比还十分青涩，金融机构也尚未广泛深入参与到碳市场的链条当中来，但是全球碳市场的金融化趋势日渐显现。未来参与碳市场的金融机构与碳市场金融产品必将更加多元化。

在碳市场的发展初期阶段，政府和投资机构是市场发展的主要推动者，其次建立战略部门的大公司、意图培育市场的参与顾问、希望尽早取得商业优势的小型创新企业，以及金融机构和碳交易所也起到了推动作用。其中，金融机构以国际多边组织如世界银行、联合国国际金融公司、亚洲开发银行、欧洲投资银行等为主；碳交易所的主要作用是设立和管理各种碳基金，为项目开发提供贷款，开发有关金融衍生品，增强市场流动性，从而活跃碳市场，推动其更好发展。欧洲、美国等发达国家和地区在碳市场的交易机制设定和平台搭建方面渐趋成熟，已经吸引了大型工业温室气体排放者、国家金融机构、大型对冲基金、清洁能源科技供应商和专业经纪商、交易商以及专业服务供应商等广泛的参与主体。

然而，大型商业银行、投资银行、资产管理公司等传统意义上的国际金融机构，虽然紧随形势关注并跟进了碳市场的发展，而且相继成立了各自的碳市场部门，但是在参与的广度和深度上还远远不够，这与碳市场仍难匹敌其他大宗商品市场有很大关系。2015年底签署的《巴黎协定》明确了2050年全球碳中和目标，即碳净零排放，碳排放和减排正负相加为零。这向市场传递出了明显的信号，对于投资者来说也具有重要意义，将有更多的资本转向清洁领域，使得金融市场进一步关注碳减排相关领域的投资机会，会促使更多传统交易机构创新，开发出更多的碳金融产品，同时更深入地参与碳金融的发展。

（二）碳市场的全球连接趋势

从整体上来看，当前的全球碳市场呈现各区域独立竞争发展的总体形态，不同区域市场的制度安排存在比较显著的差异，包括排放配额的制定及分配方式、是否接受减排单位、如何认定减排单位以及交易机制等。这些差异使得不同市场之间难以进行直接的跨市场交易，降低了碳市场的流动性。从提高碳交易效率、扩大全球碳交易规模的角度来看，建立全球碳市场连接将是未来碳市场发展的趋势之一。未来全球碳市场主要有三种连接形式。

1. 分行业减排目标+全球碳市场+MRV[①]

以主要行业温室气体减排目标或减排基线的确定为基础，由行业碳市场逐步连接形成全球碳市场，并辅之以完善的温室气体监测、报告、核查体系。

从当前的国际市场实践来看，欧盟对运输业实施的减排措施是行业碳市场间横向连接的典型案例之一。由于运输领域中各个子领域温室气体排放都在增加，迄今为止欧盟出台了一系列政策旨在减少这些领域的排放。例如，设定汽车排放目标，建立轮胎阻力及压力强制性标准和标签制度，规定公共机构采购汽车时要考虑能源消耗和二氧化碳排放，设定化石燃料的排放强度目标以及试图把航空运输业纳入 EU ETS。减排范围扩大至航海运输、钢铁、电力等行业，可见欧盟有意推动无差别的行业减排。2011年，欧盟宣布了一项将飞经欧盟的国际航班纳入 EU ETS 的计划。尽管这一计划在中国、美国、印度等国家的坚决反对下被搁置，但欧盟仍坚持声称是否重启该计划取决于国际民航业所采取的减排措施是否符合其预期。

全球气候谈判推行行业减排，实际上是从发达国家的角度出发，希望通过协议让发展中国家共同承担减排义务，可以说，行业减排是推动跨国、跨区域碳减排市场机制的试金石。随着《巴黎协定》将发展中国家也纳入统一的减排体系，行业碳市场具有较强的可拓展性，未来的行业碳市

---

① MRV 是指碳排放的量化与数据质量保证的过程，包括监测（Monitoring）、报告（Reporting）、核查（Verification）。

场间连接也会是碳市场发展的方向之一。

2. 自愿减排目标+MRV

环境保护已经成为全球重要议题，随着该议题的不断推进和深化，自愿减排成为一种新趋势。自愿减排目标+MRV建立在自愿排放交易基础上，即自愿加入、强制减排，并以温室气体监测、报告、核查体系为运行保障，同样拓展至全球范围内。

《巴黎协定》倡导世界各国自愿减排，具体来说，其将包括发展中国家在内的所有国家的自愿减排行动纳入全球进程中，并致力于建立一套全球规范体系。自1990年世界气候谈判启动以来实行的"自上而下"的模式在2020年后不复存在，取而代之的是各国制定低碳发展的长期战略，并定期主动提交"国家自主贡献"作为阶段性的减排目标。这种"自下而上"的、松散的碳市场架构允许各国根据自身经济结构、政治意愿等因素完成碳市场的要素设计，减排目标不受国际条约的约束，分配方法、核算方法等其他要素也可以因地制宜，有助于激活各国家（区域）碳市场减排动力，扩大碳市场的发展规模。《巴黎协定》确定了"保留市场机制，允许缔约方之间自愿进行减排交易"的原则，未来的CDM等国际交易机制可能发生变革，国际上可能会形成基于《巴黎协定》的自愿减排抵消机制，而民间的自愿减排抵消机制亦能并存，会成为国际碳市场的新增长动力。

然而各国碳减排机制设计上的不统一意味着各地区的政策力度、环境完整性等方面存在差异，碳市场的连接机制如何设计将是一个充满挑战性的问题。

3. 全球减排目标+全球碳市场+MRV

全球减排目标+全球碳市场+MRV是指以国家（区域）减排目标或排放配额的确定为基础，由各区域碳市场逐步连接形成全球碳市场，并以完善的温室气体监测、报告、核查体系为运行保障。

当前，低碳经济已经逐步在全球运行，全球经济可持续发展理念也在世界各国形成了广泛共识，许多发展中国家（区域）的排放配额是以发达国家（区域）碳市场机制设计作为参考而确定的，这为现有的"自下而上"的区域型碳市场连接成全球碳市场提供了基础条件。目前主要碳排放国家间已经启动了相应合作，推动碳市场由区域层面向国际层面拓展。2012年3月，欧盟气候委员会与澳大利亚气候变化部就连接澳欧碳排放交易体系、构建国际碳市场达成一致；2013年4月，中国与澳大利亚讨论连接双方碳市场的可能性；更具示范意义的是，美国加利福尼亚州同加拿大魁北克省两地碳交易体系在2014年1月正式连通，成为北美区域气候合作的典范。[①]

《巴黎协定》中明确规定，"国家自主贡献"的自愿减排模式将从2020年以后，替代原有的"自上而下"的严格减排模式，未来强制性减排市场间的区域连接将可能因此受阻。

第三节 碳金融发展的国际协议及制度安排

一 《联合国气候变化框架公约》

《联合国气候变化框架公约》（以下简称《公约》）可以通过一般性承诺和特殊性承诺缔约。一般性承诺面向所有缔约方，缔约方需要遵守十项承诺，包括制订国家清单和减排计划并定期更新、在实践中宣传并使用各项减排技术、可持续管理汇和库、缔约方合作制订沿海地区综合性计划、科学评估减排措施对经济社会造成的各种影响、加强研究气候变化的相关课题、加强气候变化研究等信息的交流、加强关于气候变化的教育并提高教育水平以及促进公众积极参与环保活动等内容。特殊性承诺是针对附件Ⅰ和附件Ⅱ的发达国家而制定的。特殊性承诺为附件Ⅰ中发达国家设定了共同的减排目标，要求其制定政策措施，定期评审和报告实施情况；同时要求附件Ⅱ中发达国家向发展中国家提供资金和技术支持。发展中国家的履约取决于发达国家有关资金和技术支持的履行。

此外，《公约》还规定，为了保证发展中国家的经济可以正常发展，

---

① 《深度解析国际碳交易机制的演进与前景》，http://www.tanjiaoyi.com/article-15540-1.html。

这些缔约方不承担削减义务,它们可以接受发达国家的资金、技术援助,但不得出卖排放指标。发展中国家缔约方能在多大程度上有效履行它们在《公约》中的承诺,将取决于发达国家缔约方对其在《公约》中所承担的有关资金和技术转让承诺的有效履行,并将充分考虑到经济和社会发展及消除贫困是发展中国家缔约方的首要和压倒一切的优先事项。

除了以上规定外,《公约》还对争端的解决、公约的修正、议定书、表决权、批准加入、退约等操作问题做出了制度安排。

二 《京都议定书》

《京都议定书》是一部针对温室气体排放制定的国际法案,也是人类社会制定的第一部限制各国温室气体排放的国际法案。1997年12月,《联合国气候变化框架公约》第3次缔约方大会在日本京都召开,149个国家和地区的代表通过了旨在限制发达国家温室气体排放量以抑制全球变暖的《京都议定书》。

《京都议定书》为了有效促进各国完成温室气体减排目标,规定了以下四种减排方式。

第一,可以采用"集团方式",例如可以将欧盟内部国家视为一个整体,按照具体情况确定集团内部国家的具体减排目标,如一些国家减排高一些、一些国家减排低一些,只要保障整体上完成了减排任务即可。

第二,可以采用绿色开发机制,以此将发达国家和发展中国家共同纳入减排范围,促使全体缔约成员共同努力实现全球减排目标。

第三,按照"净排放量"标准计算温室气体排放量,净排放量是指实际排放量减去森林吸收的二氧化碳量得到的最终数值。

第四,在发达国家间开放"排放权交易",发达国家可以通过合法交易买卖排放量,无法完成减排任务的国家可以通过购买超额完成减排任务国家的减排量达到减排目标。

《京都议定书》不仅规定了温室气体的减排方式,同时还建立了履约合作机制。三种灵活的履约机制为发达国家和发展中国家实现减排任务提供了更好的支持,发达国家按照机制可以通过碳交易市场等进行碳排放量的买卖从而完成减排任务，发展中国家则可以获得来自发达国家的资金和技术支持，可以看出，这些灵活机制促进了各缔约方减排任务的完成。

这三种灵活的履约合作机制就是联合履约机制（JI）、清洁发展机制（CDM）和国际排放交易机制（ET），由此建立了碳排放权交易市场机制，并实现了 AAU（ET 下的配额）、ERU（JI 下的减排单位）以及 CER（核证减排量）的交易。AAU 可通过免费发放、拍卖等方式获得，而 ERU 和 CER 需要经过核证程序获得。

三 《巴厘岛路线图》

《巴厘岛路线图》的目的在于针对气候变化而寻求国际共同解决措施。2007 年 12 月 15 日，联合国气候变化大会在印度尼西亚巴厘岛通过该协议。大会原定 14 日结束，但美国与欧盟、发达国家与发展中国家之间由于立场上的重大差异展开了激烈交锋，会期被迫延长 1 天。具体来说，该协议主要有以下几项目标。

第一，确认为阻止人类活动加剧气候变化必须"大幅度减少"温室气体排放。本文件援引科学研究建议：2020 年前将温室气体排放量相对于 1990 年排放量减少 25%~40%。但文件本身没有量化减排目标。

第二，谈判应考虑为工业化国家制定温室气体减排目标，发展中国家应采取措施控制温室气体排放量的增长。比较发达的国家向比较落后的国家转让环境保护技术。

第三，谈判应考虑采取"正面激励"措施，鼓励发展中国家保护环境，减少森林砍伐等。

第四，谈判应考虑向比较落后的国家提供紧急支持，帮助它们应对气候变化带来的不可避免的后果，比如帮助它们修建防波堤等。

第五，为应对气候变化新安排举行谈判，谈判期为 2 年，应于 2009 年前达成新协议，以便为新协议定在 2012 年底前生效预留足够时间。2008 年计划举行四次有关气候变化的大型会议。

四 《哥本哈根协议》

2009年12月7日至19日,《联合国气候变化框架公约》缔约方在丹麦首都哥本哈根召开第15次会议,会议讨论《京都议定书》第一承诺期到期后的后续方案,并就未来应对气候变化的全球行动签署新的协议,形成的就是《哥本哈根协议》。《哥本哈根协议》将代替2012年即将到期的《京都议定书》。考虑到协议的实施环节所耗费的时间,如果《哥本哈根协议》不能在缔约方会议上达成共识并获得通过,那么在2012年《京都议定书》第一承诺期到期之后,全球将没有一个共同文件来约束温室气体的排放。这会导致人类遏制全球变暖的行动遭到重大挫折。正因如此,哥本哈根会议被广泛视为人类遏制全球变暖行动的最后一次机会。

经过参与各方的讨论,2009年12月19日,哥本哈根联合国气候变化大会历经12天正式闭幕。联合国气候变化大会主席丹麦首相拉斯穆森宣布,《哥本哈根协议(草案)》未获通过。但《哥本哈根协议(草案)》维护了《联合国气候变化框架公约》以及《京都议定书》确立的"共同但有区别的责任"原则,就发达国家实行强制减排和发展中国家采取自主减排行动做了一定的安排,并就全球长期目标、资金与技术支持、透明度等焦点问题达成了共识。

五 《巴黎协定》

(一)《巴黎协定》的目标

《巴黎协定》在国际社会具有里程碑意义,2015年12月,这份协议正式达成。《巴黎协定》是一份应对气候变化的全球协议,它为2020年后全球应对气候变化行动提供了依据。《巴黎协定》要求各方加强合作,把全球平均气温升高幅度较前工业化时期控制在2℃之内,并为把升温幅度控制在1.5℃之内而努力,同时在21世纪下半叶实现全球近零排放。

《巴黎协定》自2016年11月4日起正式生效,这意味着国际社会开启了新一轮的全球强化减排进程。在《巴黎协定》框架下,联合国、国际货币基金组织、世界银行等国际组织也在积极推动碳市场网络建设,以实现独立的减排价值评估体系、碳资产储备计划以及统一结算平台。这些都为包括中国碳市场在内的全球碳定价体系发展壮大提供了强大的推动力。

（二）《巴黎协定》的内容及贡献

《巴黎协定》包括目标、减缓、适应、损失损害、资金、技术、能力建设、透明度、全球盘点等内容。除核心协议外，还有 19 页的大会决议案文，为《巴黎协定》的具体落实和相关细节做出安排。

根据《巴黎协定》的目标，2020 年后，各国将以自主贡献的方式参与全球应对气候变化行动。发达国家将继续带头减排，并加强对发展中国家的资金、技术和能力建设支持，帮助后者应对气候变化。

1. 明确了全球共同追求的"气候目标"

《巴黎协定》指出，当前全球面临严重的气候问题，各国应该加强应对，将全球平均气温升高幅度控制在 2℃ 之内，并且应该为将升温幅度控制目标设定在 1.5℃ 之内而做出努力。该协定指出，必须尽快达到全球温室气体排放的峰值，在 21 世纪下半叶要尽可能实现温室气体净零排放，只有实现了这些目标才能有效地缓解气候变化对生态环境和人类生存造成的严重威胁。

2. 明确了各方的努力方向

《巴黎协定》相较于之前的气候协定又向前跨出一步，它摒弃了以往协定中的"零和博弈"思维，按照"共同但有区别的责任"原则、公平原则和各自能力原则，进一步加强《联合国气候变化框架公约》的全面、有效和持续实施。该协定强调各方的自主参与，强调对改善气候变化问题各方应该做出自主贡献，推动全球经济增长方式更加绿色可持续，以此避免曾经依赖石化产品的增长模式继续对气候造成不利影响。

3. 明确了各缔约方关心的重要问题

（1）透明度问题

《巴黎协定》规定要提升各方减排行动的透明度，从 2023 年开始，每 5 年都要对全球减排行动进行总体上的大盘点，以此了解各国在减排行动中的具体表现，帮助各国加大减排力度、加强国际合作，为实现长期减排目标奠定基础，督促各方更好地履行协定。

（2）资金问题

《巴黎协定》明确规定，发达国家缔约方必须为发展中国家缔约方的减排活动提供资金支持，这主要表现在减缓和适应两个方面，通过这种方式切实有效地平衡减缓和适应之间的关系。该协定强调，发达国家应该在全球气候变化应对中承担历史责任，发达国家有义务、有责任为发展中国家的减排活动提供资金、技术等方面的支持。此外，该协定还提倡其他国家也可以根据自身实际情况和能力，为应对全球气候变化提供一定的资金支持。

（3）法律约束力问题

根据《巴黎协定》的规定，其生效的条件是至少55个《联合国气候变化框架公约》缔约方批约，且这些缔约方的温室气体排放量占全球总排放量至少55%。

第四节 我国碳金融市场的发展现状

一 低碳融资

随着近年来对绿色金融的重视，当前我国已经建立起比较完备的绿色金融政策体系，在全球绿色金融治理中发挥着领跑者的作用。以绿色债券为例，根据中国金融学会绿色金融专业委员会主任马骏在2020年1月14日香港举办的"亚洲金融论坛"（AFF）的"绿色与可持续金融研讨会"上的讲话，2016年以来中国在境内外累计发行绿色债券达到1.1万亿元。初步统计显示，2019年中国境内外绿色债券发行规模达3500多亿元，较2018年增长近30%。通过这些绿色债券筹集的资金支持了一大批清洁能源、环保、节能、绿色交通和绿色建筑项目。① 除绿色债券外，还有碳债券、碳质押等低碳融资形式。

---

① 《马骏：2016年以来中国累计发行绿色债券超万亿》，https://www.greenfinance.org.cn/displaynews.php?id=2695。

（一）碳债券

债券是一种比较常见的项目融资方式，通过发行债券的方式，可以有效缓解金融机构期限错配的问题，还可以提供长期资本，有利于金融系统透明度提升，并保证其稳定性。同时，债券还能够推动银行贷款业务，开拓银行新的业务增长空间。对于企业来说债券也提供了更多融资选择，解决了融资难、融资成本高的问题。2015年12月，中国人民银行发布《中国人民银行公告》（〔2015〕第39号）和与之配套的《绿色债券支持项目目录（2015年版）》，国家发展改革委发布了《绿色债券发行指引》。2016年9月，中央国债登记结算有限责任公司与气候债券倡议组织等合作的"中债－中国气候相关债券指数"发布，成为全球首只气候相关债券指数。2019年，我国绿色债券募集资金主要用于污染防治、清洁交通和清洁能源领域，其中投向清洁能源领域的资金占募集资金总规模的26.04%，较上年（17.42%）大幅提升，超越污染防治、清洁交通领域，重回第一位；投向清洁交通领域的资金占募集资金总规模的26.01%，较上年（18.50%）大幅上升；投向污染防治领域的资金占募集资金总规模的12.73%，较上年（21.8%）明显下降。[①] 为进一步规范国内绿色债券市场，统一国内绿色债券支持项目和领域，依据《关于构建现代环境治理体系的指导意见》和《关于构建绿色金融体系的指导意见》（银发〔2016〕228号），中国人民银行会同国家发展和改革委员会、中国证券监督管理委员会起草了《关于印发〈绿色债券支持项目目录（2020年版）〉的通知（征求意见稿）》。

碳资产可以在市场上自由交易，其具有可测量和可报告的特性。碳资产在市场上具有公开的价格，因而其具有可衡量的价值。因权属明确，碳资产的来源、数量和价值等均是可以公开发布的信息，并通常有政府主管部门、碳咨询公司、碳交易所等专业单位或专业机构出具相关的报告，以供市场交易方了解。由此，碳资产可以作为债券的发行标的，由持有人控

[①] 联合资信评估股份有限公司：《2019年度绿色债券运行报告》，http://www.lhratings.com/research.html?type=2&page=2。

制和支配。碳资产的价值以市场上的碳价为依据，与发债主体的性质基本无关。因此，碳债券的发行标的属于项目或资产信用的应用范畴。

中广核碳债券是我国首单碳债券案例。该债券全称为"中广核风电有限公司2014年度第一期中期票据"，该笔碳债券的发行人为中广核风电，发行金额10亿元，发行期限为5年。主承销商为上海浦东发展银行和国家开发银行，由中广核财务及深圳排放权交易所担任财务顾问。债券利率采用"固定利率+浮动利率"的形式，其中浮动利率部分与发行人下属5家风电项目公司在债券存续期内实现的碳资产（主要是中国核证减排量，CCER）收益正向关联，固定利率为5.65%，浮动利率的区间设定为5~20BP（基点）。① 2021年，三峡集团在银行间债券市场成功发行碳中和债券。本期债券发行金额20亿元，期限3年，票面利率为3.45%，募集资金用于白鹤滩水电站项目建设，通过绿色金融助力节能减排目标。国家电力投资集团有限公司成功发行国家电力投资集团有限公司2021年度第一期绿色中期票据（碳中和债），成为首批银行间市场"碳中和"债券发行人。本期债券发行规模6亿元，期限2年，发行利率3.40%，募集资金全部用于集团所属吉电股份的光伏、风电等具有碳减排效益的绿色清洁能源项目。本期债券符合"中债-中国绿色债券指数"评定标准，将纳入其成分券范围。

通过以上分析我们可以看到，设计企业债券时，碳资产的价值高低很大程度上决定了其能否纳入债券考虑范畴。中广核碳债券采用的CCER碳收益对应于项目产生的减排量，因而收益较小。但对于重点排放单位而言，其持有的碳配额总价值是相当可观的，如何把这一部分资产纳入碳债券范畴是一个值得研究的问题。

（二）碳质押

碳质押是一种新型碳金融形式。质押的定义为，债务人或者第三人将其动产或财产权利移交债权人占有，将该动产或财产权利作为债权的担

---

① 《中广核风电公司发行国内首单"碳债券"》，http://www.cs.com.cn/sylm/jsbd/201405/t20140513_4388739.html。

保,当债务人不履行债务时,债权人有权依照法律规定,以其占有的财产优先受偿。由于碳配额具备成为质押品的特性,那么在实际碳市场中就可能存在敢于尝试碳质押贷款的放款机构。从碳市场中实际采取的形式来看,有银行直接向控排企业实施碳质押贷款,也有其他碳资产投资公司或投资基金与控排企业直接进行融资回购交易。

在我国,兴业银行首先开展了碳质押贷款业务。兴业银行在开展碳资产质押融资服务之后,于 2011 年与福建民营水电企业进行了深入合作,该企业以 20 兆瓦的小水电项目的未来预计售碳收入作为质押,成功从兴业银行申请到了融资支持。而 2010 年 6 月该企业的水电 CDM 项目已经在联合国成功注册,在刚开始就预计年减排量达到 4.3 万吨,并且进一步与瑞典某一碳资产企业签订了减排量购买协议,交易价格达到了 10.3 美元/吨。而兴业银行以该水电项目的未来收益,即应收账款作为质押担保,进一步为该企业提供了首笔 108 万元人民币的授信额度,并且会根据该项目实际的减排情况以及企业对该项目的进一步运营状况进行优化来提升对本企业的授信额度。[1] 国内最早实施的碳配额融资回购发生于 2015 年 1 月,融资方是北京华远意通热力科技股份有限公司(简称"华通热力"),其交易对手方为中信证券,融资总规模达 1330 万元。2016 年 1 月,华通热力又与招银国金投资有限公司进行了碳配额融资回购交易,融资规模达 1000 万元。[2]

碳质押具有合法性,其得到了政府的书面认可和鼓励。碳质押是将碳排放权作为质押品,其具有以下几点显著优势。首先,有统一、标准化的特征。与一般的大宗商品不同,碳排放权由政府予以核准、颁发的产生方式决定了其根源上的同质性。其次,有规范、透明的交易流程。各试点地区建立了各自的交易平台并制定了相应的交易规则,要求参与方进场交易。最后,有可作为价格参考的市值。碳排放权在交易所进行交易,交易所的公开交易价格可为碳质押在前期设计和后期处置时的价格提供市值参

---

[1] 王有强:《兴业银行碳金融业务的问题及对策研究》,硕士学位论文,石河子大学,2020。
[2] 《碳价格主导碳市场 成为最真实信号》,http://www.tanjiaoyi.com/article-18453-1.html?from=app。

考。在违约情况下，交易所可作为处置碳排放权的固定场所。

随着碳质押融资的发展，目前它已经成为我国碳市场中运用最为广泛的碳金融方式，但是从整个质押融资市场的角度来看，碳质押相较于其他抵押或质押品（如房屋、土地等不动产）融资，仍然处于小众地位。造成这一情况的原因主要有以下几个方面。

第一，监管部门的支持政策有待明确。在相关监管政策不清晰的情况下，碳金融产品开发的方向难免会受到政策不确定性的影响，这会导致碳质押标的价格的不确定性。第二，主管部门公开市场操作带来的影响。主管部门公开市场操作的积极意义在于稳定碳价在合理区间，减少市场投机行为。但如果主管部门从未进行过公开市场操作，则一旦实施公开市场操作，可能会造成标的价值的缩水或膨胀，增加银行评估的困难以及资产处置的风险。第三，质押登记功能设置不清晰造成的技术性障碍。完成碳质押的交易所应具备质押登记、冻结功能。在实际操作中，由于碳排放权采取电子化分配与交易，并无纸质化的权利凭证用于交换或背书，这就要求交易所自身开设登记、冻结功能，或通过IT系统与碳排放权登记簿联网，通过指令对处于质押状态的碳排放权进行冻结并出具质押。但是，当前各地交易所的交易系统及碳排放登记簿系统设计有较大差异，难以为大规模、规范化的碳资产质押融资提供技术保障。

二　中国森林碳汇

森林是应对气候变化的国际进程中不可忽视的一个重要议题。2016年11月4日，2015年联合国气候变化大会（COP21/CMP11）在巴黎达成的《巴黎协定》正式生效。《巴黎协定》作为当前国际社会治理应对气候变化的纲领性文件，首次将森林作为独立条款阐述，继续认同森林适应和减缓气候变化特殊功能的基础性，特别强调森林的非碳效应，即复合生态功能。

我国政府在提交的《强化应对气候变化行动——中国国家自主贡献》中提出到2030年森林蓄积要在2005年基础上增加45亿立方米左右的宏伟目标，构成国家三大自主贡献目标之一。

(一) 我国 CDM 林业碳汇项目的实施情况

实际上，我国发起了全球首个 CDM 造林项目，也就是"中国广西珠江流域治理再造林项目"。2006 年 11 月，按照 CDM 规则设计的"中国广西珠江流域治理再造林项目"在联合国 CDM 执行理事会成功注册，该项目由广西壮族自治区林业厅和世界银行联合实施，是全球第一个在 CDM 执行理事会注册的再造林项目。该项目的"退化土地再造林基线和监测方法学"是全球首个获得 CDM 执行理事会批准的 CDM 再造林碳汇项目方法学（AR-AM0001）。该项目在广西环江县和苍梧县营造 4000 多公顷树种混交的碳汇林。世界银行生物碳基金按照 4.35 美元/吨二氧化碳当量的价格购买项目在 2017 年之前产生的 46.2 万吨核证减排量（CER）。根据《联合国气候变化框架公约》CDM 项目数据库，截至 2017 年 9 月 5 日，全球共有 66 个林业碳汇项目获得 CDM 执行理事会批准注册。其中，中国有 5 个 CDM 林业碳汇项目获得注册（见表 8-1），注册造林面积约 31 万亩。

表 8-1　中国已经注册的 CDM 林业碳汇项目

项目名称	注册日期	预计年减排量（吨）	文献索引号
广西珠江流域治理再造林项目	2006 年 11 月 10 日	25795	0547
四川西北部退化土地造林再造林项目	2009 年 11 月 16 日	23030	2700
广西西北部退化土地再造林项目	2010 年 9 月 15 日	87308	3561
内蒙古和林格尔盛乐国际生态示范区碳汇造林项目	2013 年 1 月 17 日	6725	9525
四川西南部退化土地造林再造林项目	2013 年 2 月 5 日	40214	9563

(二) 中国绿色碳汇基金会开发和实施的林业碳汇项目及交易开展情况

中国绿色碳汇基金会是一家环保性质的全国性公募基金会，该基金会经国务院批准，于 2010 年 7 月 19 日在民政部注册成立。实际上，中国绿色碳汇基金会也是我国首家以增汇减排、应对气候变化为主要目标的全国性公募基金会，是国家首部《慈善法》于2016年颁布后，通过民政部认定的慈善组织。业务主管单位是国家林业局。该基金会的前身是2007年由中国石油天然气集团有限公司捐资3亿元，在中国绿化基金会下设的"中国绿色碳基金"。自2008年开始，中国绿色碳基金即在四川、云南、安徽等全国20个省区开展以吸收和固定大气中二氧化碳为目的的造林、森林管理以及能源林基地建设等，但主体是能源林。2010年中国绿色碳汇基金会正式成立后，这些项目由中国绿色碳汇基金会管理。中国绿色碳汇基金会自成立以来实施的项目类型主要包括碳汇造林项目、竹子造林碳汇项目、森林经营碳汇项目、碳中和林项目、公民义务植树碳汇造林项目等。中国绿色碳汇基金会主导的林业碳汇项目开发及其交易情况如下。

1. 开发中国核证减排量（CCER）林业碳汇项目

中国绿色碳汇基金会指导开发了国内首个中国核证减排量林业碳汇项目，并且完成了碳信用的交易。在国际碳市场的引领下，2011年11月，我国启动了北京、天津、上海、重庆、湖北、广东及深圳7省市碳交易试点，之后又新增了福建和四川2省的交易试点，全国形成了9个碳交易试点的格局，开启了基于国内相关规定运行的碳市场的探索。目前，9个碳市场的交易对象主要是试点省市对控排企业发放的工业排放配额。而林业碳汇也按照国家发展改革委印发的《温室气体自愿减排交易管理暂行办法》中的规定，加入了国内自愿碳交易体系，作为CCER进入市场交易。中国绿色碳汇基金会依据《碳汇造林项目方法学》的具体要求，于2011年指导广东翠峰园林绿化有限公司，在广东省梅州市和河源市等欠发达地区的宜林荒山地区建设广东长隆碳汇造林项目，实施碳汇造林1.3万亩。该项目造林资金来源于广东长隆集团向中国绿色碳汇基金会捐赠的1000万元。2014年3月30日，广东长隆碳汇造林项目通过了国家发展改革委批准的审定核证机构中环联合（北京）认证中心有限公司（CEC）负责的独立审定；2014年6月27日，该项目通过了国家发展改革委组织的温室气体自愿减排项目备案审核会审核，同年7月21日获得国家发展改革委的项目备案批复。2015年5月25日，国家发展改革委应对气候变化司搭建的中国自愿减排交易信息平台发布了广东长隆碳汇造林项目通过审核签发首期碳减排量5208吨的信息。随后，项目业主广东翠峰园林绿化有限公司与广东粤电环保有限公司签订了交易协议，交易碳信用5208吨，实现国内购买林业CCER的第一笔交易。[①] 2016年12月22日，福建省碳排放权交易开市，首日交易金额超1800万元。其中，在全国创新推出的福建林业碳汇挂牌成交26万吨，成交金额约488万元。[②] 根据福建省发展和改革委员会、林业厅、经济和信息化委员会联合颁布的《福建省碳排放权抵消管理办法（试行）》的规定，重点排放单位可通过购买林业碳汇抵消其10%的碳排放量。福建因此成为全国首个专门确定林业碳汇抵消控排企业碳排放量比例达到10%的省份，为更多林业碳汇减排量进入交易提供了有效模式。

林业碳汇质押的出现促进了林业碳汇的金融化，使其具有金融衍生品的特质。2016年6月6日，大兴安岭图强林业局在碳汇造林项目获得国家发展改革委备案通知书后，以40万吨碳汇量为质押授信，从大兴安岭农村商业银行获得全国首单林业碳汇质押贷款1000万元，开了全国林业碳汇金融产品创新的先河。[③] 此次林业碳汇质押贷款的成功发放，标志着我国连片面积最大的现代化国有林区——大兴安岭林区在推动林业资源型城市转型和探索碳汇交易有效路径上迈出了至关重要的一步，为我国加快实施森林碳汇交易和发展林业碳汇金融产业提供了有益参考。

近年来，我国相继出现了很多碳汇项目，截至2017年3月30日，国家发展改革委通过中国自愿减排交易信息平台公布备案的碳汇项目861个，其中林业碳汇项目12个，包括10个碳汇造林项目、1个森林经营碳汇项目和1个竹子造林碳汇项目。在这12个林业碳汇项目中，仅有广东长隆碳汇造林项目获得了碳减排量的签发。

---

① 《植树成林就可"卖空气"》，http://epaper.southcn.com/nfdaily/html/2015-06/05/content_7435648.htm？y1bl587lkm。
② 《福建省碳排放权交易火爆开市》，http://yq.fjsen.com/2016-12/27/content_18901095.htm。
③ 《大兴安岭探索生态补偿新路径 将森林碳汇培育成新的经济增长点》，http://www.forestry.gov.cn/main/72/content-1020672.html。

2. 试点自愿碳汇交易

自愿碳汇交易是一种购买者购买碳信用的行为,具体来说,就是指购买者（企业、社会组织、个人）为履行其社会责任或基于其他特定目的,向碳汇项目实施者或向碳排放权交易机构购买碳信用的行为。自愿碳汇交易的前提条件是有生产者和购买者,购买者要认同生产者实施项目产生的碳信用,价格由买卖双方谈判形成。多年来,中国绿色碳汇基金会成为推动我国森林碳汇自愿交易的倡导者和推动者。

中国绿色碳汇基金会自 2011 年开始便与华东林业产权交易所展开合作,开展了林业碳汇自愿交易试点,交易了来自碳汇造林和森林经营碳汇项目所产生的 15.45 万吨碳汇减排量。其中,碳汇造林项目产生的 14.8 万吨林业碳汇,被阿里巴巴、歌山建设等 10 家企业以 18 元/吨的价格认购;河南许昌县勇盛万家豆制品公司以 30 元/吨的价格签约购买了森林经营碳汇项目产生的 6000 吨减排量。[1] 中国绿色碳汇基金会还开展过农户森林经营碳汇项目产生的自愿碳汇交易,碳汇的购买方是中国建设银行浙江省分行。开展的自愿碳汇交易试点为中国以林业碳汇为主的生态产品市场化探索了一条全新的路径。此外,通过植树造林开展会议碳中和、婚礼碳中和、企业产品碳中和以及个人购买碳汇履行义务植树等,都可以列入自愿碳汇交易范畴。虽然这些碳汇交易量不大,但是作为生态产品货币化的样本,为中国乃至全球森林生态产品交易探索了路子,提供了示范。

3. 建设 CDM 造林项目

中国绿色碳汇基金会从 2012 年着手开展 CDM 造林项目。中国绿色碳汇基金会运用老牛基金会的捐款,组织实施内蒙古和林格尔盛乐国际生态示范区碳汇造林项目。该项目实施地点涉及内蒙古和林格尔县的 4 个乡镇 13 个村,面积达 2585 公顷,营造的森林为乔木、灌木混交林。该项目严格按照联合国清洁发展机制再造林碳汇项目方法学（AR-AM0001）设计和实施,于 2013 年 1 月通过联合国 CDM 执行理事会注册,成为可在国际碳市场交易的项目。该项目运行期 30 年,预计每年产生的碳信用为 6725 吨

---

[1] 马中、周月秋、王文主编《中国绿色金融发展报告（2017）》,中国金融出版社,2018,第 117 页。

二氧化碳当量。在前5年的建设期内，总投资将达2.5亿元，其中有60%的投资直接转化为当地村民的劳务收入。据监测，截至2017年项目区内有2690户的1万多名农民直接受益，已为当地农民创造了14万个工日的就业，为当地村民提供直接参与项目造林、抚育、管护岗位。该项目建成后，户均每年可获得3500元左右的林副产品收入。[①] 当前，造林任务已经圆满完成，该项目也成为干旱半干旱地区植被恢复的成功案例，有助于生态效益、社会效益与经济效益的协同发挥。

第五节 我国碳金融市场体系的构建

一 完善碳金融市场的政策

（一）建设并优化碳交易中介组织

近年来，我国碳交易中介组织已经取得了一定发展，但仍然是中国碳交易市场的一块短板。中国碳交易市场刚刚起步，又缺乏专业的碳交易中介组织，在与欧洲碳基金、国际投资银行等碳排放权购买方之间进行碳交易时往往因为缺乏经验、信息不对称等而处于被动地位。因此国内的商业银行应积极与国际投资银行沟通合作，积极参与和促进碳交易中介组织的建设，提供碳金融咨询服务。

（二）建立健全碳金融市场激励机制

中国人民银行可以联合各相关部门开展环保宣传工作，在全社会倡导环保，树立公民的低碳经济意识，引导公民全面认识和了解碳金融。国家应该制定并实施与碳金融相关的激励政策，激励金融机构更多地给节能环保项目提供信贷支持，增加对新能源信贷的投入，通过这些方式让企业意识到当前CDM和碳金融的巨大潜力，引导各行各业在充分了解行业特征

---

① 马中、周月秋、王文主编《中国绿色金融发展报告（2017）》，中国金融出版社，2018，第117页。

和自身发展目标的基础上,加强国际合作,积极开发 CDM 项目,以此为我国的碳金融发展提供良好的外部环境。企业也应该对碳金融树立积极态度并采取一定激励措施,在当前的发展浪潮下把握机会实现发展,充分利用国家优惠政策积极参与国家支持和倡导的项目。引导企业树立正确的减排意识,明确自身在发展过程中可以实现的减排目标,科学衡量实施减排的成本与收益,选择适宜合作的 CDM 项目,在进行项目合作的过程中应该积极引进和消化先进技术。同时,CDM 项目的业务流程比较复杂,相关业务要求也十分严格,这就要求企业加强人才的培养和储备。通过政策倾斜引导金融机构参与碳金融市场,为企业 CDM 项目以及自愿减排项目提供投融资等服务。

二 构建碳金融交易平台,完善碳金融交易市场

虽然近年来我国的碳金融交易已经取得了一定发展,但目前还没有形成全国性的大型碳金融交易市场,现有的区域性碳交易市场存在机制不健全、产品单一、影响力小等问题,我们有必要做大做强现有碳金融市场,早日形成一个有国际影响力的碳金融交易平台。

(一)整合资源,形成全国性碳排放权集中交易平台

相关部门和机构应该将国内的区域性碳金融交易平台和碳金融资源进行有机整合,在整合的基础上打造具有国际竞争力的全国性碳排放权集中交易平台,从而有效降低交易成本、提高交易效率、增强影响力。2008年,北京环境交易所、上海环境能源交易所、天津排放权交易所先后成立,完成了将环境权益引入现有产权交易平台的跨越。随后,多个省份甚至一些地区建立了环境权益交易所。各部委也陆续开展了相关环境权益交易试点工作。然而,相关部委近年来组织的调查摸底显示,相关交易在试点省份并不活跃,部分企业参与积极性不高,且国内还没有形成统一的碳交易标准,而是不同地区实行不同的标准。虽然各地均投入时间、精力和资金建立碳交易所,但是在交易量和交易效率上并不理想,也难以和国际碳交易市场顺利对接。为了国内碳交易发展以及更好地和国际市场对接,

应该在全国范围内制定并实行统一的政策标准、交易制度、具体程序。只有这样才能促进碳交易市场的信息充分、定价合理、成本降低。

（二）加强市场监管，提高市场效率及透明度

当前我国在北京、天津、上海、广东等地建立了多家环境能源交易所，但是这些交易所的主要业务集中在项目交易方面，非标准化合约交易相对匮乏。具体来说，当前我国碳交易市场上大多数业务为合同能源业务、节能环保技术的转让交易及CDM项目的撮合，但是很少有场内交易实现，这就导致交易市场上的很多交易难以监测，在这样的环境下难以形成碳排放交易价格机制，这也是国内碳价长期低于国际市场价格的主要原因。当前我国碳交易市场的发展呈现无序化、非规范化、同质化特征，一方面重复建设造成了严重的资源浪费，另一方面十分不利于国内碳金融市场的发展。此外，我国碳交易市场还存在地区性壁垒的问题，这严重阻碍了交易信息顺畅流通，浪费了交易机会。因此，我国碳交易应该树立"重质量、不重数量"的原则，进行市场的合理布局，积极借鉴和吸收碳交易发展良好的国家在制度设计、区域规划、平台设计等方面的经验，发展各有特色、分层级的区域性交易市场。政府应该给予碳交易市场在制度、技术、资金等各个方面发展的支持，通过适当的引导增加我国碳金融的场内交易，开设电子报价系统，积极应用网络信息技术实现各地交易所碳价格的联动，建立CDM项目减排评估情况、国际碳排放权价格波动情况等信息的市场参与者共享机制，提高市场效率，降低信息不对称，加强碳市场的标准化、规范化，构建全国统一的碳金融市场。

三 加大碳金融服务体系支持力度

我国的碳金融服务业还处于起步阶段，虽然已经获得了一定发展，但是缺乏健全的服务体系。然而，在历史机遇面前，我们有必要依托现有碳金融服务框架，结合碳金融服务的需求，系统设计中国碳金融服务体系，使其具有可持续发展的潜力。

（一）加强建设第三方核证机构

第三方核证机构是指在碳排放交易中，为避免或减少虚假的排放数据、确认项目产生的减排量的真实性而规定的经过认证、独立于甲乙双方的第三方交易辅助机构。就《京都议定书》三种机制而言，第三方核证机构是指经过联合国相关机构认证的，主要负责对温室气体的排放进行核实和核证，确保减排量的真实性和可靠性的机构。中国应建立良好的监管机制，大力扶持第三方核证机构，给予资金与技术的支持，确保碳金融市场的可持续发展。

（二）建立多层次的碳金融产品服务体系

碳金融活动涉及的机构很多，这就要求我们必须建立起一个多层次的碳金融产品服务体系，要将商业银行、保险公司、基金公司等传统金融机构以及碳交易所等全部涵盖其中。这些机构有的是在原有的经营范围内增加碳金融服务内容，有的是专门提供碳金融服务。它们可以依靠本机构原有的专业知识和客户资源，研究开发与碳金融相匹配的产品，提供相应的碳金融服务。

第一，开展碳金融咨询服务。第二，在信贷产品方面，商业银行应针对碳排放交易项目特点，制定信贷审批、风险管理、业绩考核政策与操作流程，将信贷产品延伸至项目产业链上下游企业，探索供应链融资的有效模式。第三，由政府部门、金融机构、私营部门分别出资设立三个层面的碳基金，投资碳排放交易领域。第四，在衍生产品方面，适时推出符合中国碳排放交易特点的中国碳排放交易单位和中国碳排放交易配额的期货、期权、远期合约，以及与温度、霜降、降雨、风力等相关的天气衍生产品，同时要建立健全场内市场和场外市场的碳金融衍生品交易市场，明确交易规则、交易登记结算事项。

第九章　我国绿色金融体系的构建

近现代以来，人类社会取得了巨大的经济成就，物质文化生活得到了极大的改善，但同时也付出了沉重的环境代价，经济活动对环境的破坏和由此导致的气候变化已经危及人民的健康和人类的可持续发展。人们对随处可见的污水、雾霾和食品安全隐患越来越焦虑和失望，对蓝天白云和绿水青山更加怀念和期待。因此，正确处理好经济发展与环境保护的关系，转变经济发展方式，加速推进经济的绿色化是我们这一代人不可推卸的历史责任。经济向绿色转型，必然要求投资向绿色转型，而发展绿色金融，构建中国绿色金融体系，引导大量社会资本进入绿色产业，则是推进绿色投资和经济转型的关键。

第一节　加强中央政府的规范和引导

当前，我国环境形势日益严峻，经济发展亟待向绿色、可持续模式转型。建立鼓励绿色投资、抑制污染性投资的体制机制，是推动我国经济发展模式向绿色转型的关键。党的十八届三中全会做出的《中共中央关于全面深化改革若干重大问题的决定》强调，"必须建立系统完整的生态文明制度体系……用制度保护生态环境"，"建立吸引社会资本投入生态环境保护的市场化机制"。党的十九届五中全会通过的《中共中央关于制定国民经济和社会发展第十四个五年规划和二〇三五年远景目标的建议》为我们指出了"双循环"新发展格局下绿色金融支持人与自然和谐共生的绿色发展的主体任务，即推动绿色低碳发展、支持生态环境质量持续改善、支持提升生态系统质量和稳定性、支持自然资源利用效率的全面提高。① 一个系统、有效的绿色金融体系可以使有限的财政资金撬动几倍乃至十几倍的社会资本投入绿色产业。过去几年，有关部门在引导绿色信贷方面已经做了一些卓有成效的工作，但距建立起一个完整的绿色金融体系尚远，中央政府在规范和引导方面还有很多需要注意的方面。

一 借鉴国际经验，提高环境标准

（一）建立符合国际规范、高效适用的环境标准

绿色金融标准一定要强调适用性，即符合当地的国情和实际。例如，2015年12月22日，中国人民银行发布了《中国人民银行公告》（〔2015〕第39号），其中提到"绿色产业项目范围可以参考《绿色债券支持项目目录（2015年版）》"。随后上海证券交易所和深圳证券交易所分别发布的开展绿色公司债券试点的通知中均提到"绿色产业项目范围可参考中国金融学会绿色金融专业委员会编制的《绿色债券支持项目目录（2015年版）》"，从而使《绿色债券支持项目目录（2015年版）》成为中国绿色债券发行的事实标准。《绿色债券支持项目目录（2015年版）》提到了"煤炭清洁利用"，遭到许多发达国家和国际组织的质疑：煤炭这样的"脏"能源（高碳排放、高污染）项目何以能够被视为"绿色"。我们认为，中国的能源结构中占比超过60%的一次能源来自煤炭，按照我国能源规划，再过二三十年，煤炭在一次能源中的占比才能逐渐降低到40%左右。所以不可能在短期内完全不使用煤炭，而且煤炭产业是我国多个省区市的支柱产业，对当地的发展有重大影响。因此，不可能不发展煤炭产业。在面对仍要大力发展煤炭产业的条件下，大力推动煤炭清洁利用、高效利用，努力降低其碳排放强度和总量、减少煤炭使用造成的环境污染，才是适合我国当前经济良性发展和绿色发展的转型之路。绿色金融标准不仅仅要高效、先进，更要适用，才能促进我国的长期、可持续发展。

---

① 《中共中央关于制定国民经济和社会发展第十四个五年规划和二〇三五年远景目标的建议》，http://www.gov.cn/zhengce/2020-11/03/content_5556991.htm。

(二) 建立高度透明的环境信息披露制度

绿色发展需要透明、有效。如果没有足够可信的信息，就无法建立一个有效的市场机制。信息披露可以帮助我们了解项目的绿色指标情况，以便判断投资是否有意义，进而践行绿色发展理念。一整套传递可持续发展的理念和模式的信息披露机制，有利于增信释疑，加强利益相关方的沟通和融合；有利于应对气候变化，实现整个社会的可持续发展，不仅能够维护项目业主的权益，还能保护投融资机构的利益；有利于增强跨国金融机构与相关企业的环保意识与社会责任感，提升其软实力。

环境信息披露的目的在于消除各方信息曲解，形成监督机制，进而确保各方权益。中共中央、国务院发布的《生态文明体制改革总体方案》首次明确了建立我国绿色金融体系的总体战略。我国未来的绿色金融体系，将绿色信贷、绿色债券、绿色股票指数、绿色保险、绿色基金、碳金融等各种工具包含其中，来为绿色企业提供融资服务，并通过各种政策支持来降低绿色企业的融资成本。这个体系不仅要包括各种融资工具，也要发展为这些融资工具服务的基础条件，尤其是用于识别绿色企业和绿色项目的环境信息和在此基础上开发的分析手段、分析工具。《中国上市公司环境责任信息披露评价报告（2018）》指出，要重视基础信息整合，即鼓励企业重视环境信息的收集、整理和分析基础工作。只有提供了充分的企业环境信息，例如二氧化碳和各种污染物排放量（如二氧化硫、氮氧化物、污水、固体废弃物等）的数据，投资者才能判断哪些企业是绿色的，哪些是污染型的，哪些是深绿的，哪些是浅绿的。换句话说，只有提供了环境信息，资本市场才能"用脚投票"，将更多的资金投入绿色企业，减少对污染性企业的投资。

环境信息披露除了可以直接为投资者提供单个企业环境表现的信息之外，还可以为资本市场开发绿色股票指数及相关产品、绿色债券指数及相关产品、绿色债券评级、第三方绿色债券认证等提供重要的基础信息。这些产品和服务，包括各种绿色 ETF 等基金产品，可以为更多的投资者提供更为便利的投资绿色产业的金融工具，有助于进一步强化资本市场向绿色产业配置资源的能力。《中国上市公司环境责任信息披露评价报告（2018）》指出，第三方机构对报告信息披露的审验是提升环境信息披露质量的一个重要方式。另外，环境信息披露也是强化企业承担环境与社会责任的有效手段。考虑到对声誉的影响，被要求强制披露环境信息的企业会更倾向于减少对污染性项目的投资，增加对绿色项目的投资或增加对环保事业的公益捐助。

一个良好的信息披露机制需要各国金融机构、政府部门、媒体的广泛合作，尤其要让已被全球近百家主要金融机构所接受的"赤道原则"成为金融机构环境和社会风险管理的借鉴依据，让绿色环境法规和《绿色信贷指引》成为各国、各地投融资的重要支撑，鼓励对外投资，鼓励企业积极提升投融资活动的透明度，防止项目投融资过程中的腐败现象发生。

（三）推动金融机构建立高标准的环境和社会风险评估体系

"两行一金"（亚洲基础设施投资银行、新开发银行、丝路基金）和我国金融机构应该借鉴"赤道原则"的标准或其他国际标准，积极主动地将环境和社会风险管理融入项目管理生命周期。不仅如此，从中长期来看，"两行一金"还应该制定比"赤道原则"更高的标准，成为环境和社会风险管理领域的楷模和全球领跑者。实际上，我国绿色信贷标准在全球已经具有领先性，已被蒙古国等周边国家借鉴和实施。中国工商银行绿色金融体系中的行业绿色信贷标准和绿色信贷分类工具在全球均属先进做法，同时中国工商银行也是全球少数正在进行环境和社会风险压力测试的先导银行之一。

（四）明确金融机构环境法律责任

在欧美等发达国家，商业银行如果为污染性项目提供了融资并由此导致了环境危害，就可能被依法起诉。这种由金融机构的环境法律责任所构成的威慑力，在很大程度上可以约束商业银行和其他贷款性金融机构的行为，促使商业银行等金融机构在投融资决策中考虑环境影响。因此，我国应该明确银行的环境法律责任，同时允许受环境污染损害者进行起诉，追究向该违法污染项目提供资金支持的贷款性金融机构的连带责任。修改现行《商业银行法》,并根据民事责任为主,行政、刑事责任为辅的标准,进一步明确银行等金融机构对其所投环境项目的法律责任。

二 制定财政支持政策,搭建绿色融资平台

(一) 加大绿色贷款贴息力度

财政贴息,也称为贷款贴息,是指政府基于支持特定领域发展的目的,对相关领域或项目的贷款利息在一定时期内按一定比例(部分或全部)给予补贴的政策。对绿色贷款的贴息是用较少的财政资金撬动十几倍乃至几十倍社会资金的有效手段。近年来,我国不断加大节能环保的工作力度,在财政支出方面陆续出台了数十项政策。但目前在节能环保领域的财政支出中,直接补贴较多、财政贴息支出占比较低,贴息政策虽然存在但具体运用相对有限。为了使财政对绿色贷款的贴息机制更加高效,加大财政贴息在节能环保领域的运用力度,具体需要加强以下几个方面的工作。

首先,加强财政贴息手段在节能环保类财政支出中的运用,扩大财政贴息资金规模。

其次,建立财政、银行、环保多部门单位的信息沟通共享机制,理顺和打通绿色信贷与财政贴息决策机制,同时明确各利益相关方的职责。

再次,完善财政贴息制度建设。一是适当提高财政贴息率。目前的政策大多要求贴息率不能高于同期中国人民银行贷款基准利率或银行贷款利率;也有部分政策是以当年实际利率为限,但也给予3%的上限限制。本书建议针对绿色贷款的贴息可以实际利率为限全额贴息。二是合理划定贴息期限。目前中央财政贴息政策的期限总体上不超过3年甚至更短,这大大限制了贴息政策的运用。三是确定绿色贷款贴息项目清单,对符合清单的项目简化和加快审批流程。

最后,健全相关配套措施,给予放贷银行一定的风险补偿。第一,设计针对绿色贷款的担保制度,财政给予一定支持。第二,发展第三方评级制度,加强对绿色贷款的监督评价。第三,以结果为导向,在针对

绿色贷款总体贴息的基础上，对效果好的项目和放贷银行给予一定的财政奖励。

（二）大力推进碳交易市场

中国向世界承诺了到 2030 年左右实现二氧化碳排放达到峰值的目标，并在 2017 年启动运行全国性的碳交易市场，这是推动我国经济结构向低碳、绿色转型的一个十分重要的动力。发展碳交易和碳金融产品也将是我国绿色金融体系中的重要组成部分。

碳交易是一项"政府创造、市场运作"的制度安排，是解决温室气体排放等环境负外部性问题的重要手段。碳交易和在此基础上的碳金融市场至少可以发挥以下几方面的作用：一是价格发现功能，通过价格信号实现碳配额资源在空间上的优化配置；二是成本分担功能，即让高排放者向低排放者支付，事实上起到共同为减排买单的作用；三是为减排者提供融资的功能，即通过向有未来碳收益的企业提供融资来支持其发展；四是为碳市场参与者提供风险管理工具。

碳金融是基于碳资产和碳交易市场，由银行、证券、保险、基金等主流金融机构深度参与，引入碳期货、碳期权、碳基金、碳回购等碳金融产品，并形成规模化交易的制度安排和金融交易活动。碳金融市场也将包括各类以未来碳收益作为质押或抵押的贷款和通过债券、股票市场的融资。

碳交易市场是降低温室气体排放、发展低碳经济的一个重要工具。碳排放权交易市场和排污权交易市场是降低减排成本、提高减排效率的重要的金融基础设施。碳排放权交易和排污权交易均是市场减排手段，只是标的物不同，相应的监管机构和监管方式也有所不同。中国作为世界第二大温室气体排放国，也是全世界核证减排量市场上的最大供应国，在当前的顶层设计阶段，通过总结区域碳试点的经验和教训，结合全国市场区别于区域市场的特点，力争在公平与效率、流动性和稳定性、政治可接受性和实践可操作性等方面取得平衡，是推动全国碳市场健康发展的重点。与此同时，排污权有偿使用和交易制度的建立也应该成为我国环境资源领域的重大制度创新。

(三) 大力发展多方共赢的 PPP 模式

由于绿色产业具有长周期、低收益的特点，以及政府对生态环境的保障责任，因此绿色金融的开展要注重与当地政府的合作，强化公共部门与私营部门的合作。以 PPP 作为绿色项目的重要融资和实施模式，获取当地政府的资金、信用支持，促进当地政府与绿色项目的投资者和经营者相互协调，巩固项目的环境风险管理和现金流管理。目前的 PPP 模式主要是针对单个项目，而 PPP 模式绿色产业基金是一种 PPP 的创新模式，对这种创新模式的扶持，首先就是要承认它是 PPP 产业基金模式，使其可以享受各种扶持 PPP 的优惠政策。

具体来说，首先，应该在国务院办公厅发布的《关于推行环境污染第三方治理的意见》（国办发〔2014〕69号）文件的基础上，进一步明确新的投资运营模式（如特许经营）、审批便利化、财政补贴或奖励、绿色债券等优惠政策和融资工具同样适用于 PPP 产业基金。其次，在地方层面尽快制定操作细则，充分体现合同管理和契约精神。比如天津生态城的建设，政府对其特许经营权的转让是以天津市政府规定的形式发布的，政府对运作资金池的特许经营公司的考核指标也十分详尽和科学，具有可操作性、可评估性。其他地区可借鉴天津模式，出台专门规范这种特殊 PPP 模式绿色产业基金的地方性法规和操作指南，为社会资本参与营造一个比较稳定的法律环境。

第二节　充分发挥地方政府的扶持和规划作用

绿色金融的发展在起步阶段必须依靠能力较强的大型金融机构和大城市来起示范作用，发展到一定阶段后，就必须积极推广到更多的地区，积极动员地方性的金融机构来参与。只有这样，绿色金融才能覆盖全国经济，才能推动大量中小企业的绿色化进程。2017年6月14日，国务院批准了五省区建立绿色金融改革创新试验区的方案，从发展绿色金融事业部、扩大绿色信贷和绿色债券发行、发展绿色基金、加快发展绿色保险、建立环境权益市场、建立绿色信用体系、强化政策支持等多个方面进行了部署。这是我国全面推动绿色金融落地的一项重要举措,在调动全国地方政府和金融机构开展绿色金融的积极性、强化相关能力建设等方面有十分重要的意义,有助于创造一些可复制可推广的经验。

一 地方政府扶持构建绿色金融体系的意义

(一) 绿色金融有助于增强地区综合竞争力

绿色生产力直接关系到一个地区的整体竞争力。长期以来,大多地方政府为了加快经济发展,以创造更多的GDP,便沿袭传统的粗放型经济发展模式,在产业发展中,只要能给地方带来大量投资、创造GDP、增加税收的产业,不管其是否对生态环境产生不良影响,都鼓励支持。由此产生了资源高度消耗、污染问题较多、生态严重破坏的后果,甚至酿成环境事故,影响地方社会形象,也影响地方官员的晋升;不符合清洁生产要求的生产活动造成二氧化碳排放量居高不下,节能减排压力大,不仅反映在国家发布的节能晴雨表中,还反映在频繁发生的环境事故中,地方生态环境受到质疑。高耗能企业生产的产品在国内市场缺乏竞争力,在对外贸易中又遭遇绿色贸易壁垒,严重削弱了地方政府的综合竞争力。

绿色金融不仅仅有利于转变地方发展方式,调整产业结构,保护生态环境,更有利于开发低碳产品,促进科技创新,增强地方政府的综合竞争力。因此,地方政府要提高综合竞争力,必须进行绿色转型,以绿色经济作为地方经济新的增长点,以绿色科技作为地方发展的支撑,构建绿色金融体系,发展绿色产业,生产绿色产品,才能抢占国内甚至全球绿色市场;只有保护生态环境,才能赢得好的声誉,受到人民群众的赞誉。

(二) 增加地方政府的绿色政绩

过去对地方政府政绩的考核是以GDP及其增速为标准,为了增加GDP,以获得好的政绩,地方政府对社会发展、改善民生、环境保护等方面重视程度不够。一些地方违背科学发展的现象还时有发生,有的对"短平快"的政绩项目兴趣浓厚,大举借债搞"政绩工程",有的以牺牲环境为代价换取经济增长,有的仍存在"一任一张新蓝图"的现象。然而注重数量的增加而忽视质量的提升、资源的节约,环境保护和生态保育的粗放经济发展已经到了资源难以支撑、环境难以容纳、生态难以恢复的状态,最终导致经济持续增长难以实现。

2013年中共中央组织部印发的《关于改进地方党政领导班子和领导干部政绩考核工作的通知》和2015年中共中央、国务院发布的《关于加快推进生态文明建设的意见》,对政绩考核目标体系、考核办法、奖惩机制做出了新规定。例如,对地方党政领导班子和领导干部政绩考核不唯经济增长"论英雄",提出"四不":不能仅仅把地区生产总值及增长率作为考核评价政绩的主要指标;不能搞地区生产总值及增长率排名;不能单纯以地区生产总值及增长率来衡量各省区市的发展成效;不再对限制开发区域和生态脆弱的国家扶贫开发工作重点县考核地区生产总值。另外,把资源消耗、环境损害、生态效益等指标纳入经济社会发展综合评价体系,强化指标约束考核,加大资源消耗、环境保护、消化产能过剩、安全生产等指标的权重,使考核由单纯比经济总量、发展速度转变为比发展质量、发展方式、发展后劲,即用绿色来衡量地方发展政绩。

新的考核标准引导地方政府构建绿色金融体系。《关于改进地方党政领导班子和领导干部政绩考核工作的通知》不仅能更加客观、公正地评价领导干部的工作,还能使领导干部从单纯追求经济增长的压力中解脱出来,着眼于地区的全面发展。根据本地区的实际情况,理性地寻找本地区的发展模式,转变过去以高投入、高排放、高污染换取经济增长速度的发展方式,发展绿色经济、创新绿色科技、培育绿色产业、增加绿色就业,使经济社会发展建立在资源能支撑、环境能容纳、生态受保护的基础上,把经济发展与社会和自然的和谐共处融为一体,真正走出一条个性化、特色化的绿色金融道路。

二 地方政府构建绿色金融的措施

地方政府要有效地推动地方绿色金融的发展,可以从政府评价机制、政策信号、政策手段、金融工具、能力建设等多方面入手。

（一）建立对绿色发展的业绩评价机制

地方政府发展绿色金融的积极性，在很大程度上源自其发展绿色产业、遏制污染产业发展的政策偏好，而这些偏好与地方政府官员的考核机制密切相关。未来，省级政府考核市县级主要官员业绩并决定其晋升时，不应继续以 GDP 作为主要评价指标，而应该重视当地的就业稳定和环境改善等老百姓最关心的指标；应该研究编制地方自然资源资产负债表并定期公布，以此作为评价地方政府"环境表现"的指标之一。对那些虽然能把 GDP 增长速度提升得很快，但使得自然资源"净资产"不断下降、生态环境不断恶化的地方政府官员进行问责。

（二）释放发展绿色金融的积极政策信号

2016 年 8 月，中国人民银行等七部委联合发布了《关于构建绿色金融体系的指导意见》（以下简称《指导意见》）之后，一些地方政府已经参照《指导意见》发布了当地的绿色金融实施意见、发展规划等文件。据不完全统计，发布了这类文件的地区包括内蒙古自治区、广东省、贵州省、青海省、安徽省、厦门市、大连市、青岛市、咸宁市、安康市等。这类地方性文件的发布，释放了当地政府和相关监管部门对绿色金融的高度重视和协同推进绿色金融发展的积极信号。这些信号看上去有些抽象，但对于投资者来说，可以降低未来政策的不确定性，从而增强其投资绿色项目的信心。比如，这些地方性文件中都有未来将通过财政、金融手段降低绿色项目融资成本的承诺，即使这些承诺的落地还需要一段时间，但中长期的投资者会考虑到未来融资成本降低的可能性，提升预期的资本金回报率，从而促进社会资本投资于绿色产业。

（三）将改善环境质量作为硬性约束指标

地方政府在编制经济发展规划时，应该以改善环境质量作为硬性约束指标。目前，一些地方政府在编制经济发展规划时，主要以保证 GDP 增速作为目标来挑选它们认为的战略产业、重点产业、支柱产业。但是，这些产业中的许多仍然是污染型的，或者没有明显改善环境的效果。按环境可持续原则编制的发展规划，首先必须确定未来（如5年、10年后）大气质量、水质量、土壤质量的改善幅度，单位GDP能耗、水耗的降幅，以及碳排放总量的降幅。根据这些要求，明确哪些高污染、高排放的产业不得纳入规划，哪些有明显的节能减排效益的项目应该重点支持，多少占比的新建筑物必须达到绿色建筑标准等。换句话说，必须将实现改善环境的目标作为经济发展规划的起点，而不是在建设了大量污染性项目之后再进行事后治理。要做到这一点，当务之急是在编制经济发展规划时，要有专家帮助量化各类产业和主要项目的环境成本和效益。以凭感觉、"拍脑袋"的方式来编制经济发展规划是无法实现环境效益的。

（四）吸纳社会资本投入绿色产业

要充分尊重市场机制，让有限的财政资金和公共资源尽可能调动更多的社会资本投入绿色产业。要科学设计绿色再贷款、担保、贴息等激励机制，适当地提高一些绿色项目的回报率（不需要提高太多，只要能起到吸引社会资本的效果即可），以撬动绿色信贷和绿色债券融资。地方可设立绿色基金，政府出部分资金以争取撬动几倍、十几倍的社会资本跟投。政府出资的绿色担保机构、绿色发展基金一定要按市场规则运行，不能因为"我出钱，我就派我的官员来管"。事实证明，派不懂金融的政府官员来管理金融机构和投资基金，会导致严重的浪费乃至金融风险的产生，这类机构也维持不了太久。

用哪些手段来撬动社会资本，各地可以仁者见仁，智者见智。比如，根据《2019年度绿色债券运行报告》，截至2019年末，我国已有20多个省区市出台了地方绿色金融发展规划和实施意见，地方绿色金融体系建设不断完善和推进。地方政府采取了释放政策信号、提供便利措施、实施财政激励、予以表彰认可等多种方式支持绿色债券的发行。其中，青海省、内蒙古自治区等地方政府及深圳市福田等区政府已经制订或正在研究推动奖励贴息、补贴绿色债券发行成本的计划。

（五）充分利用绿色金融产品创新成果

绿色金融成为一个主流化的议题，只是最近两年的事情，但许多绿色金融产品已有较长的历史。比如，自2002年被提出的"赤道原则"作为指导绿色信贷的国际准则已有19年的历史，国际上第一只绿色债券是2007年发行的，环境责任保险更可追溯到几十年之前了。在我国，兴业银行在10多年前就开展了多种绿色金融业务，绿色信贷、绿色债券、绿色保险、绿色基金、碳金融等主要绿色金融工具在国内都有运用，只是在地区间和金融机构间的普及程度还不均衡。因此，对于我国的许多地方来说，与其说是推动绿色金融产品创新，不如说是推动绿色金融结合当地实际情况开展创新性的运用。要积极总结国际上和我国大城市、大型金融机构已经开展的绿色金融业务的优秀案例与成功模式，将其灵活运用到面临不同经济和生态挑战的地区，解决当地具体的问题。比如，如何在老工业区通过绿色金融产品推动传统产业向绿色产业转型，如何在新开发区充分利用针对绿色建筑和绿色基础设施的融资模式，如何在西部省区通过金融大力支持新能源的发展，如何在京津冀地区通过创新融资模式支持清洁供暖以改善大气质量等，都是地方政府可以利用已有绿色金融创新成果的领域。

（六）健全绿色金融统计和业绩评估制度

随着绿色金融业务深入发展、产品创新不断丰富，健全绿色金融统计制度的必要性日益凸显，而目前许多地方银行的绿色信贷统计仍由人工逐笔完成，数据精确程度和报送效率较低。基于此，地方应探索开展全面的绿色金融统计，完善绿色信贷数据和授信企业信息统计，规范绿色信贷的银行内部标识和数据报送流程，健全地区绿色债券、绿色股票、绿色保险、绿色基金等的信息统计和数据公开流程，为绿色金融政策评估、相关机构业务评价和未来政策修订提供数据支持。

（七）提升地方金融机构业务能力

从绿色信贷的投放和绿色金融债券的发行情况来看，目前我国的绿色金融业务还主要集中在大中型金融机构，地方性金融机构开展绿色金融业务的能力还十分有限。而大部分中小企业的金融服务由地方金融机构提供，因此，中小绿色企业的融资难、融资贵问题还远没有解决。

各地应借助外部专业和大中型金融机构的力量，组织地方金融机构开展绿色金融专项培训和交流合作，宣传推广绿色金融的最佳实践、典型案例和有益经验，提高政府及监管部门工作人员对绿色金融的认识和监管水平，提升金融机构开展绿色金融业务创新和风险管理的能力，推动企业利用绿色债权及股权融资工具实现环保项目的多元化融资，培育投资者责任投资意识。地方金融机构积极参与绿色金融，将为中小企业的绿色融资创造条件。地方金融机构可以在开发中小企业绿色集合债、绿色供应链融资债、绿色项目投贷联动、绿色担保基金（上海市推出针对科技型中小企业的担保基金）、绿色保险或其他风险补偿机制等方面创新绿色金融产品，以有效降低中小绿色项目的融资成本并提高其融资的便利程度。

（八）成立绿色金融专业委员会

2015年4月，由中国人民银行批准成立的中国金融学会绿色金融专业委员会（以下简称"绿金委"）在建立金融界和绿色产业界与监管部门的沟通机制，推动支持绿色金融政策的形成和落地，推广绿色金融的理念、产品和工具等方面起到了十分积极的作用。自成立以来，绿金委的成员机构已经发展到190多家，包括所有大型银行和积极参与绿色金融的大中型保险、券商、基金等金融机构，一批研究、咨询和第三方服务机构，以及一批绿色企业。绿金委出版了绿色金融丛书（包括国际、国内绿色金融案例集等），支持了几十项研究课题（包括编制绿色债券目录等），组织了上百场绿色金融研讨活动，所建立的"绿色金融"微信公众号已成为我国绿色金融专业人士获取信息的重要平台。各地在推动当地绿色金融发展的过程中，也可以考虑建立本地的绿金委，以组织当地金融机构、绿色企业向监管部门献计献策，推动本地的绿色金融传播和创新。据不完全统计，目前新疆、浙江、广东、上海已经成立了自己的绿金委（有的设在当地金融学会之下，上海绿金委则设在陆家嘴金融城旗下），其他一些地方也在纷纷成立绿金委。

第三节 推进金融机构强化对绿色产业的投融资

金融机构应结合我国现有的绿色金融体系和自身发展的实际状况构建适用于自身的、有特色的绿色金融制度，即在法律法规、政策的框架下，培育绿色发展理念，融入发展战略，采用多种市场手段共同推进绿色金融的发展。本节主要介绍几种市场手段，包括借鉴"赤道原则"、创新并灵活运用绿色金融工具、建立绿色评级和绿色征信体系、建立绿色金融专营机构以及构建和完善环境与社会风险信息披露制度等。

一 遵循国家的法律法规和政策

2015年12月，中国人民银行发布了《中国人民银行公告》（〔2015〕第39号），同步发行了《绿色债券支持项目目录（2015年版）》，国家发展改革委发布了国内首份《绿色债券指引》。2016年3月和4月，上海证券交易所和深圳证券交易所分别发布了《关于开展绿色公司债券试点的通知》和《深圳证券交易所关于开展绿色公司债券业务试点的通知》。2016年8月，中国人民银行等七部委联合印发的《关于构建绿色金融体系的指导意见》将绿色金融体系建设上升到国家战略高度，成为全球首个相对完整的、以政府为主导的绿色金融政策框架，搭建起了具有可操作性的绿色金融基本要素体系。

因此，金融机构在支持中国企业"走出去"和践行绿色金融理念之外，还应积极响应、遵循国家绿色发展的环保法律法规和政策要求，促进国家经济发展方式的转变，同时符合东道国的环保法律法规和节能低碳的发展要求。"两行一金"以及其他金融机构在项目决策时，须在法律法规的框架下，制定严格的环境标准，严控对环境产生较大影响的项目；在项目的建设和运营中必须按照《环境保护法》的要求进行管理和监督，重点监督项目的环保设施是否正常运转、项目产生的"三废"是否达标排放以及项目的节能环保是否达到国家标准，充分体现一个负责任大国下的金融机构应有的绿色形象。

二 培育绿色发展理念，融入发展战略

在国家政策的指引下，我国绿色金融市场的发展仍需经历长期的理念培育的过程。与成熟市场相比，我国绿色金融市场发展的理念培育还处于初期阶段。

成熟市场的绿色发展理念由来已久，践行绿色金融理念已内化为金融机构的普遍行为准则。例如，自 1974 年世界第一家政策性环保银行——"生态银行"成立，到 2002 年在国际金融公司（IFC）主导下建立的自愿性绿色信贷原则——"赤道原则"正式问世。如今，"赤道原则"已经逐渐成为国际银行业绿色信贷准则，并用来综合评估项目对社会和环境的影响程度。而且众多银行已将绿色金融理念融入自身发展战略规划中，有的银行还建立了环境和社会风险评估体系，重视履行环境保护责任。另外，截至 2016 年欧洲资本市场的社会责任投资（SRI）占比 25%。[①]

兴业银行首席经济学家鲁政委介绍，在 2016 年 7 月中国银行境外发行 30 亿美元绿色债券的路演中，欧洲投资者专场约 70% 的问题是围绕标的项目是否能够产生环境效益展开的，并在确认债券的"绿色认证"后，欧洲投资者欣然接受了其比同等评级债券较低的利息水平。

三 大力推动绿色产业基金发展

绿色产业基金将投资者对社会以及环境的关注和它们的金融投资目标结合在一起。它不是追求纯粹物质利益的最大化，而是整体社会福利的最大化。绿色产业基金不仅从经济角度出发，而且考虑投资对象对自然和环境的影响。

我国太阳能、风能、生物质能等新能源丰富，土地辽阔，传统能源富集，具有发展绿色生态产业无可比拟的地理和资源优势，这也意味着具有

[①] 《我国已成为全球最大的绿色债券发行市场》，http://www.ce.cn/xwzx/gnsz/gdxw/201610/18/t20161018_16859794.shtml。

发展绿色经济的良好机遇。绿色金融要重点支持清洁能源、生态修复、环境治理、生态农业、绿色建筑和绿色交通等绿色项目，将社会资金引导到绿色产业上来。为推动我国绿色产业基金的发展，我们要加快推进帮助环保企业上市的绿色基金政策的实施。绿色产业基金的推出机制主要是通过扶持环保企业上市，但我国目前的绿色基金政策仍侧重于信息披露和环保审核要求等限制性政策，对绿色产业和企业的鼓励性政策较少，对处于成长阶段的绿色企业的扶持相对欠缺，这不利于绿色产业基金的推出。在美国、日本和欧洲，二板市场是为绿色产业基金投资企业的主要推出机制之一。在我国，应尽量降低二板市场的上市门槛和交易费用，同时提升市场的透明度和监管力度，实行严格的摘牌制度。除此之外，还要发展适合我国特点的绿色产业基金组织形式。由于受到现有法律和规定的限制，目前我国绿色产业基金的组织形式主要是契约型、封闭式的。长远来看，有限合伙制度更适合绿色产业基金，因为其能有效地将资本与专业人才有机地结合起来，在明确划分责、权、利的基础上，提高决策的专业水平，在激励和约束管理人行为的同时减少有限合伙人承担的风险和责任。

四 借鉴"赤道原则"

"赤道原则"作为国际主要金融机构可持续性项目融资的通行信贷准则，在投融资决策阶段搭建"过滤"机制，引导社会资本投向节能环保、有利于可持续发展的项目，同时抑制污染性项目的投资。因此，该原则是助推环保事业的一个强有力的机制，其实质就是把可持续发展作为信贷决策的重要变量。

在项目投资中，借鉴"赤道原则"需要注意以下问题。第一，将"赤道原则"内化为银行的信贷原则，即"赤道原则"应结合自身的实际情况，不可盲目地照搬照抄。借鉴"赤道原则"，为绿色金融谋划一整套理念、方法和工具，建立从决策到执行、制度到流程、能力建设到信息披露等全方位的环境与社会风险管理制度体系，使得原本一个概括性的原则框架变为一个具体的、可操作性的行动指南。第二，以国家产业政策和节能环保政策为导向，构建绿色信贷体系，即金融机构在做投融资决策时，不仅需要考虑国家的产业政策标准，同时还需要综合评估该项目对环境的影响，从而培育、形成绿色信贷理念。

五　创新并灵活运用绿色金融工具

为绿色债券提供税收和监管优惠。发行绿色债券，可以为绿色项目提供一个新的融资渠道。渠道畅通，资金可获得性提高，本身就会降低融资成本。另外，如果能够对投资者免征利息所得税、为用绿色债券融得资金进行绿色信贷的银行提供优惠的风险权重等，就可以进一步降低绿色债券的融资成本。

发行中小企业绿色集合债。许多中小企业由于规模较小难以独立发债，即使独立发债，其成本也太高。如果几家、十几家中小企业发行集合债，可以明显降低融资成本，提高绿色企业资金的可获得性。目前已有许多种类的中小企业集合债，未来应该发行以绿色为主题的中小企业集合债。当然，在这个过程中，监管部门要设法控制过高的中介费用、披露费用和其他成本。

发行项目收益支持票据。项目收益支持票据是绿色债券的一种。假设一个地方融资平台启动一个绿色项目（如地铁或水处理项目），但由于该平台的财务状况达不到发行债券的要求而无法以平台公司为发行主体在债券市场上融资。在这种情况下，就可以考虑发行项目收益支持票据，把有稳定现金流的绿色项目做成一个SPV（特殊目的的载体），以未来项目的收益来支持票据的还本付息。这样，就解决了融资可获得性的问题。

为绿色债券提供部分担保。国际上，世界银行旗下的国际金融公司（IFC）已经创立了一个为绿色债券提供担保的项目，可以为世界各国发行的绿色债券提供部分担保。取得担保后，那些名不见经传的企业发行债券的成本明显降低。我国国内金融机构也应该开发类似的对绿色债券和绿色贷款的担保服务。

允许和支持以绿色项目收费权作为抵押（质押）的贷款。污水处理等环保项目、地铁和铁路等清洁交通项目虽然收益稳定，但前期投资很大。如果能以经过政府收费主管部门确认的项目收费权作为抵押（质押）从银行取得贷款，将可以解决这些绿色基础设施项目融资的难题。

推进绿色贷款的证券化。许多银行的资产方已经有不少绿色贷款，但继续扩大绿色信贷则受到资本金、贷款比、合意贷款规模等的约束。绿色贷款的证券化可以帮助银行将这些绿色贷款"剥离"出资产负债表，避免占用资本金和受到其他约束，从而增加银行发放绿色信贷的资源。

六　建立绿色评级和绿色征信体系

建立绿色评级和绿色征信体系是绿色金融的一项核心基础性工作，有了对项目和融资企业的绿色评级并将其运用到征信系统中，就可以比较科学地评估其对环境产生的（正、负）外部性，为财政补贴或处罚、银行贴息或提高信贷和债券融资成本等决策提供依据。具体来说，被评为"绿色"的企业和项目可依据其绿色评级结果，在银行贷款、债券融资、政府贴息中获得相应等级的融资成本优势，从而达到鼓励绿色投资、抑制污染性投资的目的。

绿色评级是指考虑环境污染影响、生态系统影响以及自然资源的可持续利用等三大方面因素后的信用评级体系。其中，环境污染影响包括对人类需要的水、空气、土壤及食物生产等方面的污染影响或污染防治；生态系统影响包括对物种保护、气候等生态链条体系的影响，例如，建设水库、修建铁路与公路可能阻断生物迁徙，碳排放可能造成气候变化导致自然环境改变而使物种灭绝等；自然资源的可持续利用包括对水、石油、天然气等不可再生资源的有效利用。

绿色评级的范围需要根据银监会制定的《绿色信贷指引》以及中国人民银行和银监会制定的绿色债券政策实现具体落地。绿色评级需要采纳环保部门的监测评价结果与指标体系作为专项评价依据，其结果应该在信贷贴息、绿色债券审批、财政补贴、行政处罚、税收优惠等方面得到具体的运用。

绿色评级结果发布之后，银行信贷部门可参考该结果来决定是否授信和进行风险定价；财政部门和与之合作的银行可依据绿色评级进行绿色贷款、贴息等。除此之外，社会公众还可以利用绿色评级信息对企业的环境表现做出评价并通过舆论影响其行为。

七 建立绿色金融专营机构

从单一的、散落在各个部门的绿色业务上升到成立绿色金融专营机构——整合现有资源系统地实施绿色金融战略。

绿色金融专营机构应实行单列信贷计划、单独配置人力和财务资源、单独会计核算等运行机制，积极践行绿色金融，勇于承担社会责任。商业银行通过建立绿色金融专营机构大力发展绿色信贷，从组织管理、政策制度、流程管理、内部控制和信息披露等方面审视信贷项目的环境与社会风险，制定行业授信政策和差异化的信贷政策。证券公司通过建立绿色金融专营机构大力推进直接融资，拓宽融资渠道，优化融资流程，降低企业的融资成本。其他金融机构通过建立绿色金融专营机构大力拓展有特色的绿色金融产品和服务，共同推进绿色金融基本要素体系的建立与完善。

此外，绿色金融专营机构应根据自身战略目标建立绩效考核指标，衡量其经营状况以及对可持续发展和社会的贡献。金融机构的绩效考核指标依赖其制定的战略目标，但一般包括经济、环境和社会指标，并且需要披露绩效考核指标的计算方法，以便金融监管机构和社会的监督。

目前，国内设立绿色金融专营机构的金融机构屈指可数。兴业银行总行最早成立环境金融专业部门，组成了一支专业能力强的环境金融专业服务团队。2016年，天风证券将绿色金融纳入公司战略，在证券行业率先成立绿色金融事业部，并与中央财经大学合作，捐资建立了中国首家绿色金融国际研究院。我们鼓励"两行一金"以及其他金融机构设立绿色金融专营机构，加快构建绿色金融经营体系，全面实现绿色金融专业化运作，全方位推进绿色金融主动对接"一带一路"项目建设。

八 构建和完善环境与社会风险信息披露制度

信息披露有助于培育金融机构树立环境责任理念，引导更多社会闲置资本投资绿色项目，从而有效降低污染性投资。在项目中，绿色融资通常会面临项目信息不完全的问题，由于投资者没有足够的投资经验和投资先例作为参考，投资者的偏好倾向于风险厌恶，造成投资不足。完善的环境与社会风险信息披露制度不仅可以作为有效的监督手段降低金融机构的经营风险和环境责任风险，而且能够与私人资本分享绿色行业投资的相关经验信息，提高项目的透明度和投资者的信心，鼓励投资者将资金配置于优质的绿色项目，避免污染性投资。

常见的信息披露方式有临时报告和定期报告。临时报告通常在项目投资决策完成后进行，披露的信息以项目信息为主，包括项目的基本信息、投资金额、投资方式等，另外，项目方应该披露项目的环境与社会风险以及为消除该风险会采取的措施。定期报告通常包含两部分内容：一部分是类似于上市公司的年度报告或中期报告，主要披露金融机构的经营和财务状况；另一部分是对可持续发展的贡献进行披露。这些信息必须披露在金融机构的官网上，以便投资者获取相关信息。

总的来说，各类金融机构应在风险可控的前提下，发挥各自的独特优势，努力提升其在绿色金融产品的研发、环境风险管理、可持续投融资等方面的能力和水平，协同破除项目建设中投融资不便的障碍。政策性金融机构本身具备批发、大额、全额授信的优势，主要提供中长期贷款，匹配基础设施项目建设的资金要求，因此应发挥综合融资牵头人的作用；大型商业银行应该利用其牌照多、分支机构分布广、风险控制较好等优势，为企业提供综合性服务；股份制银行具有金融产品创新能力强、机制较灵活、决策较迅速等优点，可以针对重点项目和核心企业上下游配套业务开拓特色金融服务；证券公司应发挥资本市场的优势，为更多的绿色企业提供便捷和成本较低的融资（比如发行绿色股票和绿色债券等）；其他非银行金融机构如金融租赁公司、信托公司等都应利用其各自优势，进行绿色金融产品的创新，进而提供专业化的金融服务。

第四节 企业的绿色转型

经过改革开放 40 多年的快速发展，中国已经成为世界第二大经济体。但是，经济的快速发展也带来了非常严重的资源环境问题。基于此，中国经济必须进行绿色转型,坚决贯彻国家的可持续发展战略。根据联合国环境规划署定义,经济的绿色转型或者发展绿色经济是指发展能"改善人类福利和社会公平,同时极大地降低环境危害和生态稀缺性"的经济模式。中国要实现经济的全面绿色转型,发展绿色经济,企业是关键。

一 企业绿色转型的内涵与意义

(一)企业绿色转型的内涵

绿色转型是生态文明时代企业为了应对绿色浪潮的冲击,获得可持续发展,主动地、创造性地对自己的战略内容进行调整,改变原来的资源投向,再造企业的生产流程,提高资源的利用率,减少有毒物质的排放,生产绿色产品,培育绿色文化,树立绿色形象,实现向生态企业的蜕变。

关于企业的绿色转型,人们往往理解为,企业在生产经营活动中更加节约资源和爱护环境,实现对环境的最小扰动。然而,这样理解远远不够。从广义上来看,企业的绿色转型至少应该包含三个方面的内容:一是考察企业对外部环境的影响,就是企业要节约资源,推进国家可持续发展战略的实施,处理好自身与自然环境之间的关系;二是在企业内部,要充分关注劳动力的工作环境和福利,坚决摒弃资本对劳动力的"残酷"盘剥,协调好劳动力与资本的关系;三是企业的产品要符合健康标准,要做到满足人们不同层次的需求而不构成对健康的损害,协调好企业与社会的关系。

(二)企业绿色转型的意义

1. 绿色转型增强企业的国际竞争力

在国际贸易领域,加注生态标签、能效标签以及最新的碳标签逐步成为国际贸易的一种惯例,并演变为一种新的贸易壁垒。中国制造业大多处于产业链的中低端,属于浪费资源、破坏环境、依赖廉价劳动力的制造环节,自主创新能力弱、缺乏核心技术和自主品牌,环境标准、环境技术与发达国家差距明显,绿色贸易壁垒对中国对外贸易的制约将越来越大,对我国出口造成严重影响的标准主要包括食品中的农药残留量,陶瓷产品中的含铅量，皮革中的五氯苯酚（PCP）残留量，烟草中有机氯含量，机电产品与玩具的安全性指标，汽油的含铅量，汽车尾气排放标准，包装物的可回收性指标，纺织品染料指标，保护臭氧层的受控物质，等等。中国传统产业和战略新兴产业等所有出口产业都将遭受绿色贸易壁垒，在国际竞争中处于被动地位。

世界各国通过发展绿色经济创造新的经济增长点，绿色化发展成为企业竞争的焦点，绿色贸易壁垒成为保护当地企业发展的重要手段。近年来各国环境标准越来越严格、人们可持续发展意识不断提高和深化，这就要求我国企业应达到低碳、绿色、环保的标准。企业实施绿色设计，采用先进的绿色技术和少废、无废的绿色工艺，对产品的生产过程和服务过程进行严格的环节控制，实现资源消耗最少化、废弃物排放减量化、回收利用资源化的效果，生产出绿色产品，树立企业绿色品牌。这样既可以降低企业生产成本，又可以使企业产品顺利突破绿色贸易壁垒，走向世界市场。

2. 绿色转型为企业树立良好的形象

中国"先污染、后治理"的粗放型工业生产方式，使得工业污染成为环境污染的罪魁祸首。根据《2016—2019年全国生态环境统计公报》，2016年全国工业固体废弃物产生量共37.1亿吨。黑色金属、有色金属、皮革制品、造纸、石油、煤炭、化工医药、化纤橡塑、矿物制品、金属制品、电力等行业各种污染物的排放，使河流、地下水、空气、土壤遭受严重污染，甚至导致某些疾病流行及一些物种灭绝等环境灾难。大多数污染来自工业生产，以及对矿产、森林、土地、淡水等资源的过度开发、开采，污染所导致的对生态的破坏以及由此引起的生态危机一直困扰着人们。国家统计局数据显示，2016年全国污染治理投资总额为9220亿元，占同期GDP的1.24%左右。环境污染和生态破坏严重影响到当地群众的正常生活和生命健康，给周围环境带来沉重负担，在国际社会上也造成不良影响。

企业形象是企业的无形财富。发展绿色经济使企业的环境行为成为新的竞争结构中最基本的要素，由此促进企业绿色转型，加快绿色文化的塑造和绿色战略的实施，有利于企业在公众心中树立良好的绿色形象，从而大大提升企业的信誉和可持续发展的软实力。

3. 绿色转型为企业创造新的发展机遇

资源环境生态压力越来越大,传统发展模式大量依赖对自然资源,特别是那些不可再生矿产资源的开发、利用,必然导致这些资源数量的不断减少直至枯竭,从而使得发展进程难以持续。21 世纪经济的主旋律是绿色经济,包括绿色产品、绿色生产、绿色消费、绿色市场、绿色产业等内容,这是可持续发展理念对经济生活的具体要求。绿色发展在全球处于正在进行时,没有成熟的经验和模式,从理论到实践都处于探索中。谁率先进行绿色转型,采取绿色战略,谁就能在未来的竞争格局中占据主动。世界各国纷纷从战略、制度、政策等方面促进绿色发展,以使本国获得新一轮发展的先机。各行业都在积极探索绿色发展模式,寻求发展的新契机。因此,企业无论是在绿色技术创新、绿色产业发展等方面,还是在绿色包装、绿色服务等方面,只要走在前面,就会抢占绿色发展的制高点。

二 企业绿色转型的措施

(一) 遵循相应的环境法律法规

企业需要遵守相关的环境法律法规,履行必要的社会责任,与当地居民和睦相处,积极参与公益慈善事业和环境保护事业。企业在进行对外投资前,需要做好充分的前期准备工作,其中重要的一点就是围绕该投资项目的生态环保义务做尽职调查,充分考虑当地的生态环境承载力。具体来说,企业需要对国内有关对外投资的环境法律法规充分熟悉,对东道国的环境法律法规以及国情、社情、民情等进行充分调查,对国际、区域的环境政策及非正式的生态环保义务进行充分掌握。在"走出去"发展自身的同时,降低不可逆的环境风险。

(二) 培育可持续发展的绿色投资理念

根据联合国贸易和发展会议统计,中国于 2012 年成为仅次于美国和日本的全球第三大投资国。绿色投资是一种区别于传统投资的投资理念和投资方式,它将环境因素纳入企业项目投资决策中,要求企业合理权衡追逐利润同保护环境之间的关系，在实现自身利益的同时，实现可持续发展。企业应积极参与全球契约、环境管理体系标准等国际自愿性环境规则，这既能体现企业的社会责任感，有助于企业应对绿色贸易壁垒和提升国际竞争力，又顺应了全球经济绿色发展、可持续发展的世界潮流。另外，需要注意的是企业在借鉴国际经验的同时需根据自身情况制定适合企业发展的环境管理政策，在倡导绿色环保的基础上，循序渐进地推进企业投资绿色项目，这样不仅有助于企业打造绿色品牌，而且有助于企业于无形之中获得一笔隐形财富。

（三）建立高透明度的环境信息披露制度

信息披露制度是包括投资者在内的利益相关方评估企业的价值和风险的基础制度。研究表明，建立高透明度的环境信息披露制度有利于提高企业的环保意识和社会责任感，引导投资者避免污染性投资，加大绿色投资力度。随着环境问题越来越严重，企业的环境政策、主要排放物、控制措施、成效等一系列环境信息已经成为债权人、投资者、社区和消费者评估价值与风险，做出投资或购买决策的重要依据。与此同时，社会公众、投资者等还可依据披露的环境信息反过来对环境污染企业施加压力，形成一种倒逼机制。截至 2019 年，我国实际披露环境信息的上市公司只有 25.54%。[①] 根据中国人民银行等七部委联合发布的《关于构建绿色金融体系的指导意见》，未来将对上市公司和发债企业实行强制性环境信息披露制度。

建立环境与社会风险信息违规披露惩罚机制，对上市公司和发债企业发布虚假、重大遗漏、伪造环境信息的行为加大惩罚力度，提高违规成本。培养第三方专业机构为上市公司和发债企业提供环境信息披露服务，鼓励第三方专业机构参与收集、研究企业的环境信息并发布分析报告。

[①]《〈中国上市公司环境责任信息披露评价报告（2019）〉发布——上市公司环境责任信息披露情况有所改善 仍有逾七成未公布有效样本》，http://env.people.com.cn/n1/2020/1118/c1010-31935702.html。

(四) 创新节能环保技术

科技创新是推动企业发展的不竭动力，只有坚持技术创新，重视节能环保，才能推动企业的可持续发展。

建立健全绿色科技的激励机制，需要做好以下七个方面的工作。第一，建立健全绿色标准和标识制度。通过制定国际领先或国内领先水平的标准，推动中国绿色技术标准的国际化，获得国际绿色技术话语权。第二，建立绿色技术验证制度。绿色技术验证应由验证评估机构、专家小组、技术持有方等共同参与进行，各方分工合作。根据绿色技术的分类特征，建立分类型的绿色技术验证中心。为了保证验证制度的科学化和规范化，需要制定与绿色技术验证相配套的机制。第三，建立绿色科技知识产权保护制度。强化知识产权保护是促进我国绿色技术自主创新及自主知识产权创造、运用、保护和管理，提升中国绿色产业未来竞争力和发展权益的基本制度保障。第四，制定绿色科技税收优惠政策。加强对税前扣除、税收抵免等科研税收激励和管理机制的探索、完善和推广、落实，使研发税收优惠成为对企业创新有效的、普适性的激励政策。第五，建立绿色技术创新投融资机制。政府和金融机构可通过财政投入、贷款优惠、绿色科技风险投资及政府购买等政策加大对绿色技术创新领域的投融资。第六，建立绿色科技成果采购制度。第七，设立绿色技术创新投资基金。在政府进行补贴、加大投入的同时，吸收社会资金参与绿色技术创新活动，降低企业研发风险，提高资金配置效率，加速科技成果转化，提高产业化。

(五) 构建绿色供应链体系

1996年，美国密歇根州立大学的制造研究协会第一次提出"绿色供应链"概念。绿色供应链也称为可持续供应链，作为一种创新的环境管理手段，它在传统供应链基础上纳入环境因素，减少产品在整个生命周期中对环境造成的影响，最终实现经济与环境的和谐、可持续发展。

鼓励企业进行绿色采购，在采购合约中明确规定交易双方应遵循环境约束机制。一方面，对有重大违反环保行为的供应商，企业可采取降低采购份额、暂停采购或者终止采购合同等措施；供应商隐瞒违反环保行为致使企业遭受损失的，企业有权请求人民法院责令供应商赔偿损失。另一方面，企业可以通过适当提高采购价格、增加采购数量、缩短付款期限等市场机制的方式，激励供应商培育绿色环保意识，实现产业链的生态化和绿色化。

鼓励产业链上的核心企业率先构建绿色供应链体系，全面实现绿色设计、绿色采购、绿色生产以及绿色物流。一方面，大幅提高绿色产品的有效供给，引导消费者绿色消费；另一方面，将供应链的绿色标准和价值观植入产业链的上下游企业，以点带面，从而有序推动广大中小企业的绿色供应链管理。例如，华为作为深圳市大型企业集团之一，是深圳第一批推行绿色采购的企业，一直致力于把环保理念融入产品规划、设计、研发、采购、制造、服务等各个环节，促使上下游企业遵守环保法律法规，完善绿色生产过程，加强节能环保能力建设，推动数百家企业在产品研发和运营过程等方面持续创新，同时华为自身受益于绿色供应链管理，提升了绿色设计和绿色制造的竞争力，塑造了绿色品牌。此外，跨国公司沃尔玛是实施绿色供应链体系的典范，曾促使200多家中国供应商实现了大约20%的能效提升，节约能源费用超过3亿美元。

鼓励对外投资企业加强与国际企业交流合作，健全同国际贸易、国际投资准则相适应的绿色供应链管理制度。

（六）做好相关绿色项目选择和环境尽职调查

在企业投资、收购、并购或新扩建项目时，加强环境尽职调查。结合当地的环境监管要求，系统地确认其环境风险和责任，进行环境风险评估。

环境尽职调查的意义不仅在于对一个投资（特别是绿色投资）进行风险识别，而且有利于项目施行之后在其管理过程中进行有效的控制。环境尽职调查的结果有两种：交易中断（红灯）和法规符合性问题（黄灯）。交易中断（红灯）可能由调查中发现的土壤或地下水污染或扩张限制引起；而导致法规符合性问题（黄灯）这种结果的原因有很多种，例如环境影响评价存在问题,不符合环境健康和安全法规或标准,总量许可证的问题或者整改、调查费用过高等。在环境尽职调查中发现问题之后可以采取有针对性的后续行动,包括通过信息披露、提出土地修复要求、进行风险评估、整合和纠正措施以及许可证过户等方式进行解决。

环境尽职调查有助于投资者加强对现在和将来企业运行环境风险的管理,筑牢环境风险的屏障,从而降低投资的风险,实现稳起步再加强,逐步推动绿色金融向更高水平发展。

第五节 消费者绿色消费意识的培育和形成

中国正处于快速工业化和城镇化的进程中,广大人民群众收入普遍且显著提高,消费增长是必然的。然而近年来随着我国工业化进程的加快,超出实际需求的高消费拉动 GDP 增长,粗放的发展方式带来剧增的资源消耗和污染排放,给生态环境造成了严重的破坏。因此,改变传统消费方式,以绿色消费为起点推动生态文明建设,从我做起构建绿色金融体系,是一条低成本的、以满足幸福最大化为目标的新现代化之路。

绿色消费是以消费者身体健康和节能环保为宗旨,符合人的健康和环境保护的各种消费行为的总称。绿色消费的核心是可持续性消费,是一种具有生态意识的、高层次的理性消费行为。1987 年联合国在《环境与发展报告》中提出"可持续发展观念"之后,各国意识到绿色消费的重要性。倡导绿色消费是从需求端解决环境危机问题的途径,培育绿色消费意识可以改变消费者偏好,通过市场供求机制促进绿色金融体系的构建。

一 绿色消费的内涵

(一)绿色消费的概念

1987 年,英国学者 John Elkington 和 Julia Hailes 出版的《绿色消费指南》一书中,第一次提出了"绿色消费"概念。这本书中把"绿色消费"阐述为避免以下产品的消费:一是危及消费者和他人健康的产品;二是在生产、使用或废弃中明显破坏环境的产品;三是带有过分包装、多余特征的产品或由产品寿命过短等原因引起不必要浪费的产品；四是从濒临灭绝的物种或者环境资源中获得材料，用以制成的产品；五是包含虐待动物、不必要的乱捕滥猎行为的产品；六是对别国特别是发展中国家造成不利影响的产品。

任何一种消费行为都包含消费者、消费对象、消费过程、消费结果等几个要素。与传统的消费行为相比，绿色消费的消费者具有较强的社会责任意识，在消费过程中考虑所消费的产品对资源、环境、自己、他人的影响；消费对象具有资源材料消耗少、有害物质排放少、有利于循环再生和健康保健以及环境保护等特征；在消费过程中，不对消费者、他人以及周围环境造成不良影响；消费结果有利于健康和环境保护，并且所产生的废弃物少，易于处理和循环利用。同时，绿色消费的实现依赖产品或服务的绿色设计和绿色生产。因此本书把绿色消费定义为：消费者基于对环境和社会的高度责任意识，选择物质消耗少、环境影响小、有利于自身健康与资源环境保护的产品或服务，并且在消费过程及消费后的废弃物处理中不对资源环境、自身以及他人健康产生不利影响的理性、公平的消费行为。

（二）绿色消费的特征

绿色消费作为消费领域对资源环保行动的响应，与传统的消费模式相比，它具有自身明显的特征（见表9-1）。

表 9-1　绿色消费与传统消费的比较

指标	绿色消费	传统消费
消费者社会责任意识	高	低
产品或服务的资源消耗	少	多
废弃物产生与排放量	少	多
产品质量与耐用性	优质、耐用	劣质、易损
购买次数	少	多
对自身健康	利于健康	不利于健康
对环境影响	环境友好	对环境有害
对社会影响	促进公平	有失公平
对可持续发展影响	支持可持续发展	阻碍可持续发展

第一，消费者具有很高的社会责任意识，在购买产品或服务时会考虑到个人消费对环境和他人的影响，个体消费行为成为履行社会公共责任和实现可持续发展的有效途径。消费者的消费选择权利曾经被西方一些学者看作"比国家主权还更独立更自由的一种权利"，然而在社会责任意识下，消费者的消费选择权利受到约束，消费者不仅需要考虑到自身消费所取得的效用，还需要考虑到个人消费可能产生的外部效应，并且接受国家有关法律和社会公共道德的约束，消费不再仅仅是一种完全自由、不受约束的个人行为选择，更是一种有效践行绿色发展、完成社会公共目标的公民义务。

第二，产品或服务资源消耗量少，废弃物产生与排放量少，耐用、优质。绿色消费依赖产品或服务的绿色设计，这些产品具有环境友好、不损害消费者自身及他人健康等特点。而且，这些产品优质、耐用，消费者可以有效减少购买次数。

第三，消费结果有益于消费者自身的健康，并且可以有效克服环境负外部性，促进社会公平，支持可持续发展。绿色消费首先必须满足消费者对自身健康的追求，消费者拒绝接受对自身健康有害的产品或服务。绿色消费还必须有利于环境保护和增进社会公平，减轻传统消费模式带来生态环境的沉重负担。满足他人、下一代对自身健康的追求是绿色消费的重要目标追求，也是其区别于传统消费模式的重要体现。

（三）绿色消费的分类

按消费的主体分类，绿色消费可以分为政府绿色消费、机构绿色消费和私人绿色消费。政府绿色消费一般指的是政府绿色采购；机构绿色消费指的是企事业单位、社会组织的绿色消费，如企业绿色采购；而私人绿色消费指的是个人与家庭的绿色消费。

按消费的用途分类，绿色消费又可以分为生活型绿色消费和生产型绿色消费。生活型绿色消费主要是指满足日常生活需求的绿色消费；而生产型绿色消费主要是指为了再生产而购买的消费品或服务，如企业用于生产过程的各种原材料以及服务等。

二 促进消费者绿色消费意识形成的途径

(一) 政府引导构建绿色消费模式

绿色消费具有明显的正外部性,即绿色消费行为人对他人或公共的环境利益有溢出效应,他人不必支付任何费用就可以无偿地享受该福利。由此,消费者会面临在环保利益与自身利益之间进行取舍的两难选择。消费者在绿色消费和传统消费行为之间难以抉择,导致绿色消费模式构建过程中存在市场失灵现象。而在市场失灵的情况下,政府必须介入,发挥宏观调控的作用,通过经济、行政、法律等手段规范、引导生态环境的保护,解决绿色发展和生态问题。

在社会上培育绿色消费风气:倡导绿色消费观念,加大绿色消费观念教育力度,扩大绿色消费观念教育范围;反对一切严重违背绿色消费和可持续发展的观念和行为,积极开展反对破坏环境、反对浪费资源的社会性活动。为此,政府应该加大对环境保护教育的投入力度,深入开展全民绿色教育,着力培育消费中的"人本主义"理念,培育绿色消费观念;深入开展全社会反对浪费、反过度包装、反过度消费等行动,以潜移默化地影响消费者的消费观,营造倡导践行绿色消费、反对奢侈浪费的社会风气。

政府应鼓励创新、规范认证标准以提升绿色产品质量。政府应支持、引导企业进行绿色材料、绿色生产技术创新,给予适当的支持和补贴,以降低绿色产品的生产成本,降低绿色产品价格,提高绿色产品的质量;与行业协会等相关机构协作,在绿色产品认证方面建立健全统一、完善的标准体系,消除绿色产品市场上认证标志混乱的现象,确保消费者能买到真正的绿色产品,增强消费者对自己绿色消费行为的自我认同感。

从法律法规、经济政策、行政管理三方面建立健全绿色消费长效机制。法律方面的内容包括:健全绿色消费相关的法律法规,保障绿色消费的消费者合法权益不受侵害,使消费者能够放心消费。经济政策方面的内容包括:完善经济政策,加强金融扶持;方便绿色产品生产企业进行生产、销售和融资,助力绿色生产发展,从生产的角度促进绿色消费长久发展。行政管理方面的内容包括:加强行政管理建设,提高行政队伍素质和能力；加强作风建设，杜绝贪污腐败，反对奢侈浪费的生活方式。

（二）企业积极开拓绿色产业领域

绿色消费在很大程度上依托市场的供需关系，如果绿色产品供给不足，那么人们的绿色需求便得不到有效满足。解决这一问题的关键便是在更广泛的意义上大力发展生态产业，将绿色理念渗透到各行各业中，使绿色产品展现于人们多样化的消费中。

1. 以清洁生产代替传统的粗放式生产

我国的资源总量在世界上排名较为靠前，但是人均资源占有量很贫乏，即我国的资源环境承载能力较弱。而我国的传统生产方式为高投入、高消耗，很容易导致资源的浪费，加速资源枯竭和能源危机，恶化环境，影响人类的生存。清洁生产则有效避免了这种外延式生产的弊端，将综合预防的环境保护策略持续应用于生产过程和产品中，既能够减少甚至消除它们对人类及环境的危害，又能满足人类的需要，真正实现经济效益和社会效益的共赢。企业实行清洁生产，提供绿色产品，可以体现企业的环保意识和社会责任，树立企业的绿色形象，有利于企业在众多生产者中脱颖而出，在市场竞争中获得有利地位。

2. 加大绿色产品的开发力度

在国际上，绿色消费观念已经深入人心，绿色产品非常畅销，绿色市场也较为成熟。很多国家制定了绿色产品的生产标准和认证制度，尤其在进口方面，建立了严格的环境技术标准和产品包装要求，规定了烦琐的检验、认证和审批制度，保护本国的产品和市场。这种绿色贸易壁垒在一定程度上使我们面临"国外产品进得来、国内产品出不去"的困境。要想打破这种困境，就需要企业积极主动地迎合这种国际竞争的大趋势，以国际上的绿色消费需要为导向，加大绿色产品的开发力度，并努力使产品达到国际绿色标准，获得相关的环境标志认证，提高绿色产品的出口创汇能力，在国际市场上赢得一席之地。

3. 全面拓展绿色消费领域

绿色消费主要包括以下 5 个领域：环境标志产品、有机食品、节能产品等绿色产品；绿色服务业；生态建筑和绿色社区创建；公众意识和绿色消费意识的增强；政府绿色采购。在我国，绿色食品占有较大比重，而在其他方面消费者的选择余地有限。要提高绿色消费水平，就必须在上述5个方面都有所提高，才能为消费者提供一个良好的绿色消费环境，创造绿色消费动力。对于企业来说，提供绿色产品和服务面临成本和技术等挑战，但这更是一个千载难逢的机遇，需要牢牢把握。

促进绿色消费，不仅要让人们有足够的绿色消费选择空间，也要有能够激发人们绿色消费需求的营销手段。在现有绿色产品的基础上激发人们的绿色消费需求，可以选择以下几种营销方法。一是要合理制定绿色产品的基本价格，让人们感觉买得起、划得来。二是要充分利用"互联网+"模式，打造线上、线下的绿色产品营销模式，无论是线上网页的设计、网店的布置还是线下的仓库建立和产品贮存、运输、售卖等都应尽可能地选择绿色元素加以装饰。三是要明确绿色产品的品牌定位，努力拓展其品牌深度，实现其品牌效应最优化，从而在消费者心目中获得较好的绿色口碑。

（三）消费者主动提高绿色消费意识

消费者要不断学习有关绿色消费和绿色产品的知识，正确理解绿色消费的内涵，认识到绿色消费是以保护消费者健康为主旨，其消费行为和消费方式符合人的健康和环保标准；认识到绿色消费不仅有利于人民生活水平的提高和生命健康的保障，还有利于保护生态环境和自然资源，使人民的生活消费与环境、资源相协调。消费者要主动提高绿色消费意识，破除对绿色消费的错误认识，消除心理戒备，增强对绿色产品的辨别能力，树立绿色消费观念，追求绿色消费时尚，主动选择绿色消费。

要强化消费者权益保护组织的职能，切实维护消费者绿色消费权益。消费者权益保护组织应从维护消费者权益出发，继续深化绿色消费主题活动，找准活动的切入点，注重活动效果，尤其要注意对广大农村消费者和城镇中低收入消费者的绿色宣传与教育，真正使绿色消费观念深入人心；同时要积极受理消费者在绿色消费中的投诉，加大维权力度，维护消费者的绿色消费权益,增强消费者的绿色消费信心。

综上所述,思想是行动的先导,应引导消费者形成绿色消费意识。政府部门、公共机构应通过各种渠道大力宣传绿色消费观,尤其通过新闻媒体宣传绿色消费理念以及绿色消费的典型事迹,同时给予绿色产业发展更多的政策性支持,促进全社会的绿色消费。

参考文献

陈敬元：《发展绿色保险的思路与对策》，《南方金融》2016年第9期。

陈青松、张建红：《绿色金融与绿色PPP》，中国金融出版社，2017。

邓艳、冯大军：《绿色金融的实践路径》，《银行家》2018年第5期。

段雅超：《我国新型绿色保险的发展及建议》，《现代管理科学》2017年第4期。

冯馨、马树才：《中国绿色金融的发展现状、问题及国际经验的启示》，《理论月刊》2017年第10期。

冯亚锦：《绿色信贷的监督机制探究》，《职工法律天地》2017年第2期。

高磊、许争、曾昭旭：《我国碳金融市场体系的构建与风险防控》，《甘肃金融》2017年第6期。

谷树忠、谢美娥、张新华：《绿色转型发展》，浙江大学出版社，2016。

管晓明：《绿色金融体系的构建与中国经验》，《浙江金融》2017年第9期。

郭濂等编著《生态文明建设与深化绿色金融实践》，中国金融出版社，2014。

何建坤主编《国外可再生能源法律译编》，《中华人民共和国可再生能源开发利用促进法》专家建议稿起草小组组织编译，人民法院出版社，2004。

胡静怡、陶士贵：《绿色信贷：研究现状及分析》，《特区经济》2018年第4期。

胡雪萍：《绿色消费》，中国环境出版社，2016。

霍成义、刘春华、任小强、刘晓晴：《构建绿色金融体系的国际经验及启示》，《中国经贸导刊》（理论版）2017年第32期。

林萍：《绿色信贷的创新与风险》，《环渤海经济瞭望》2017年第8期。

卢树立、曹超：《我国绿色金融发展：现状、困境及路径选择》，《现代管理科学》2018年第3期。

绿色金融工作小组：《构建中国绿色金融体系》，中国金融出版社，2015。

马骏主编《构建中国绿色金融体系》，中国金融出版社，2017。

马中、周月秋、王文主编《中国绿色金融发展报告（2017）》，中国金融出版社，2018。

马忠玉、翁智雄：《中国碳市场的发展现状、问题及对策》，《环境保护》2018年第8期。

乔晓楠、何自力：《理解〈巴黎协议〉——一个产业变迁与碳排放的双层分析框架》，《政治经济学评论》2016年第3期。

盛春光：《碳金融市场发展与中国碳金融市场体系设计》，《商业研究》2013年第1期。

史英哲、王遥：《绿色债券》，中国金融出版社，2018。

谭旭红、吴梦旸：《我国碳金融市场发展存在的问题及解决对策》，《价值工程》2018年第7期。

王丽颖、付琼：《绿色信贷》，中国环境出版社，2017。

王顺庆、张莺：《绿色保险》，中国环境出版社，2016。

王小江：《绿色金融关系论》，人民出版社，2017。

王一名：《我国绿色保险的现状问题及对策建议》，《消费导刊》2017年第4期。

杨姝影、蔡博峰、肖翠翠、刘文佳、赵雪莱：《国际碳金融市场体系现状及发展前景研究》，《环境与可持续发展》2013年第2期。

杨星等编著《碳金融概论》，华南理工大学出版社，2014。

游春、何方、尧金仁：《绿色保险制度研究》，中国环境科学出版社，2009。

原庆丹、沈晓悦、杨姝影、罗朝辉、肖翠翠等：《绿色信贷与环境责任保险》，中国环境科学出版社，2012。

张晨：《碳金融市场价格与风险研究：理论·方法·政策》，科学出版社，2018。

张承惠、谢孟哲：《中国绿色金融：经验、路径与国际借鉴（修订版）》，中国发展出版社，2017。

张靖窈：《国际金融市场的发展趋势和特点探析》，《金融经济》2018年第4期。

张雯：《优化我国银行业绿色信贷体系的对策研究》，硕士学位论文，首都经济贸易大学，2017。

张哲强：《绿色经济与绿色发展》，中国金融出版社，2012。

张子登：《绿色信贷的应用与发展》，《中国科技投资》2016年第31期。

赵峥、袁祥飞、于晓龙：《绿色发展与绿色金融——理论、政策与案例》，经济管理出版社，2017。

中国人民大学重阳金融研究院、中国人民大学生态金融研究中心：《绿色金融与"一带一路"》，中国金融出版社，2017。

周月秋：《中国绿色金融产品发展与趋势展望》，《武汉金融》2018年第5期。

图书在版编目(CIP)数据

探索与构建：新时代中国绿色金融体系 / 徐京平著.——北京：社会科学文献出版社，2021.6
ISBN 978-7-5201-8539-4

Ⅰ.①探… Ⅱ.①徐… Ⅲ.①金融业-绿色经济-研究-中国 Ⅳ.①F832

中国版本图书馆 CIP 数据核字（2021）第 114593 号

探索与构建：新时代中国绿色金融体系

著　　者 / 徐京平

出 版 人 / 王利民
组稿编辑 / 恽　薇
责任编辑 / 田　康
文稿编辑 / 王红平

出　　版 / 社会科学文献出版社·经济与管理分社（010）59367226
　　　　　　地址：北京市北三环中路甲 29 号院华龙大厦　邮编：100029
　　　　　　网址：www.ssap.com.cn

发　　行 / 市场营销中心（010）59367081　59367083
印　　装 / 三河市尚艺印装有限公司

规　　格 / 开本：787mm × 1092mm　1/16
　　　　　　印　张：15.75　字　数：242 千字
版　　次 / 2021 年 6 月第 1 版　2021 年 6 月第 1 次印刷
书　　号 / ISBN 978-7-5201-8539-4
定　　价 / 98.00 元

本书如有印装质量问题，请与读者服务中心（010-59367028）联系

▲ 版权所有 翻印必究